상무관과 함께하는

미얀마 경제 여행

상무관과 함께하는 미얀마 경제 여행

초판 1쇄 발행 2024년 8월 8일

지은이 김진수
펴낸이 강수걸
편집 이선화 강나래 오해은 이소영 이혜정 김효진 방혜빈
디자인 권문경 조은비
펴낸곳 산지니
등록 2005년 2월 7일 제333-3370000251002005000001호
주소 부산시 해운대구 수영강변대로 140 BCC 626호
전화 051-504-7070 | 팩스 051-507-7543
홈페이지 www.sanzinibook.com
전자우편 sanzini@sanzinibook.com
블로그 http://sanzinibook.tistory.com

ISBN 979-11-6861-358-4 93320

* 책값은 뒤표지에 있습니다.
* 잘못 만들어진 책은 구입처에서 교환해드립니다.

Revaluation

상무관과 함께하는

미얀마 경제 여행

김진수 지음

산지니

추천사

미얀마는 10년 전만 해도 지구상의 마지막 '엘 도라도(기회의 땅)'라 일컬어졌으며 금을 비롯한 광물자원이 풍부하여 '황금의 땅'이라고 불리기도 했다. 사실 불교가 국교인 이 나라의 쉐다곤을 비롯한 유명한 불탑(파고다)과 불상들은 황금으로 금박이 되어 있을 정도여서 미얀마는 황금의 땅이라는 별칭도 갖고 있다. 그래서 미얀마가 개혁개방 정책이 시작된 2011년 '떼인세인' 정부 시절에는 양곤 공항에 전 세계 투자자들의 발길이 끊이지 않았다.

그러나 2016년 아웅산수찌 정부가 들어서고 개혁개방 정책이 더 가속화될 것으로 예상되었으나 오히려 경제정책 방향이 불명해지면서 경제성장이 둔화되다가 2021년 군부 쿠데타를 맞이하였다. 이로 인한 국제제재로 미얀마는 이제 국제사회에서 잊혀가는 나라가 되고 있다. 발전 잠재력이 큰 나라가 잘못된 정치적 선택으로 나락으로 떨어지는 비극을 마주하고 있는 것이다.

그럼에도 불구하고 시간은 걸리겠지만 미얀마의 잠재력은 여전하므로 정치적 불확실성이 제거되어 그 잠재력이 발현될 수 있을 앞날을 준비할 필요가 있다. 밤이 깊어지면 새벽이 가까워지는 것이기에 미래를 준비하는 지혜의 부엉이는 황혼 녘에 날아오르기 시작한다고 하지 않는가. 지금이야말로 미얀마를 가망 없는 나라로 치부할 것이 아니라 미얀마에 대한 실상을 제대로 파악해서 미얀마 문이 다시 열릴 미래를 대비해야 할 때라고 본다.

이런 점에서 이 책은 어두운 새벽을 깨우는 닭 울음소리 같은 책이다. 그간 미얀마에 대해 여러 가지 소개서들이 발간되었지만 미얀마를 이 책처럼 정치, 경제, 사회 그리고 국제관계 측면에서 망라하여 기술한 책은 처음으로 알고 있다. 또한 저자가 미얀마에서 외교관으로 두 번이나 근무하면서 미얀마의 명과 암의 양면을 모두 관찰하고 이를 현지 밀착형으로 기술했다는 측면에서 이 책은 다른 책이 따라올 수 없는 장점을 가지고 있다. 최근까지 미얀마에 근무하면서 축적한 지식과 경험을 담은 이 책은 미얀마를 새롭게, 깊이 알기 원하는 독자들의 필요를 잘 충족시킬 것으로 확신한다. 10여 년 전이지만 미얀마 대사를 역임한 본인도 이 책을 흥미롭게 완독을 하고 새롭게 배운 점이 많이 있을 정도이다.

책 여러 곳에 저자가 현지 근무 당시 겪었던 실화들을 에피소드처럼 엮어 넣은 것도 책 읽는 재미를 더해주어 이 책은 전문성과 재미 양쪽 측면을 다 채워준다는 장점이 있다.

외교관으로 근무하면서 주재국에 대한 책을 발간하는 경우는 더러 있으나 대부분 산문집 형태인 데 비해 이 책은 미얀마에 대한 전문적 입문서로 평가되기에 손색이 없다. 그런 면에서 본인과 같이 대사관에 근무하기도 한 저자가 상당한 주경야독을 했다는 점을 초안을 보고 단박 알 수 있었다. 같은 경험을 가진 본

인도 이런 책을 발간하기까지 노고를 누구보다 잘 알기에 그의 학구열과 미얀마에 대한 애정에 찬사를 보낸다. 이 책은 미얀마의 기구한 운명을 가슴 찡한 애정의 눈으로 바라보고 그 미래까지를 그리며 쓴 책이라는 점을 독자들은 책장을 접으며 느낄 수 있을 것이다. 이 책이 모쪼록 미얀마를 바로 아는 길잡이가 되기를 고대한다.

이백순(전 미얀마 대사)

추천사

오래전, 재미얀마 한국 대사관에 외교관으로 봉직 했던 한 공직자가 『시간이 멈춘 땅, 미얀마』라는 책을 집필했었다. 나의 기억으로 그 책은 주로 미얀마의 정치와 문화 등을 주로 다루었는데, 그 제목이 강렬했든지 혹은 미얀마를 표현하기에 아주 적절했든지, 이후 미얀마를 소개할 때마다 '시간이 멈춘'이라는 수식어가 그 앞에 붙었다. 어쩌면 여전히 시간이 멈춰 있는 것 마냥, 그대로의 또는 여전히 발전 없이 과거에 머문다는 그런 느낌일지 모르지만, '시간이 멈춘'이라는 표현 이면에 미얀마는 여전히 느리지만 미래를 향해 나아가고 있다.

미얀마에 깊은 애정을 가진 나에게 미얀마는 '시간이 멈춘 땅'이 아닌 많은 잠재력과 역동성을 이면에 감추고 있는 나라이다. 뭇사람들 눈에 다 보이지 않았고 개발되지 않은, 여전히 날것 그대로의 잠재력을 가진, 그래서 그 순간적인 힘을 폭발할 수 있는 역동성이 있는 나라가 미얀마이다. 이러한 미얀마에 대해 김진수 상무관은 많은 자료와 정보, 또 자신의 경험을 바탕으로 미얀마에 대한 책을 집필하였다. 아마도 미얀마의 정치, 경제, 사회 및 기업문화까지 심도 있게 다룬 책을 집필한 것은 김진수 상무관이 처음이 아닐까 싶다. 부끄럽지만 30년 가까이 미얀마를 경험했던 본인보다 훨씬 짧은 재임 기간에도 더 많은 것을 공부하고 경험했던 그의 노력이 이 책 한 권에 녹아들어 있다. 발로 뛰며 몸소 체험하고 얻은 풍부한 자료가 없었다면 도저히 알 수 없는 정보와 경험들이 다양하게 그려져 있다. 자신이 축적한 소중한 정보와 경험을 많은 사람들과 나눈다는 것은 정말 표현할 수 없이 소중하고 용감한 일일 것이다.

김진수 상무관은 외교부에서 파견된 외교관이 아닌 산업부에서 파견된 상무관이었지만 그 어떤 외교관 못지않게 자신의 일을 넘어 한국의 외교사절로서도 그 역할을 잘해왔다. 상무관으로서 현지에 진출한 한국 기업체들을 위해 직접 현장에 나가 그들의 어려움을 살피고 도우며 성장할 수 있도록 최선의 조력을 하는 모습을 지켜보았고, 미얀마의 기업인들과 교류하며 한국의 국격을 높이고자 힘썼다. 이러한 그의 외교관으로서의 노력과 미얀마에 대한 사랑과 열정은 이 책에 고스란히 담겨 있다.

김진수 상무관의 글은 그와 함께 공감하지만 정리되지 않았던 것들을 명확하게 정립하는 소중한 기회를 줄 것이다. 내가 공감했던 것처럼, 많은 사람들이 이 책을 읽고 공감하며 미얀마에 대해 더 잘 알아가는 기회가 되기를 소망한다. 김진수 상무관의 책이 많은 사람들에게 읽히고, 더 나아가 김진수 상무관이 표현했던 것처럼 느리지만 여전히 역동성과 잠재력이 있는 미얀마라는 수식어가 붙기를 고대해 본다.

유선하(전 재미얀마 한인회장)

* 일러두기

이 책에서 주장되는 내용은 전적으로 작가 개인의 의견이며,
대한민국 정부의 공식적인 입장과는 무관함을 밝힙니다.

글을 시작하며

미얀마와의 인연

전 세계 200여 개 국가 중 미얀마는 한국의 관심도 측면에서 몇 위쯤 될까요? 계량화하기는 어렵겠지만 2021년 2월 1일 이후 한동안은 최상위에 있지 않았을까 합니다. 단기간에 산업화와 민주화를 이룬 한국 사람들에게 쿠데타(미얀마 군부는 헌법상 규정된 국가비상사태로 명명)로 지난 10여 년의 개혁개방, 민주화 노력이 수포로 돌아간 미얀마의 현실이 남의 일처럼 보이지 않았을 것입니다. 쿠데타가 발생한 2021년 2월 1일 이후 거의 모든 한국 언론들이 연일 미얀마 관련 뉴스를 쏟아냈습니다. 1년 후 러시아가 우크라이나를 침공하기 전까지 말입니다. 물론 지금도 간간이 미얀마 관련 뉴스가 보도되고 있지만, 미얀마에 대한 폭발적 관심은 여기까지였습니다.

그렇다면 한때 마지막 남은 기회의 땅이었던 미얀마는 이렇게 잊혀져야 하는 것일까요?

2020년 9월 1일부터 2023년 8월 31일까지 3년간 상무관으로 미얀마를 지켜본 저의 생각은 '그렇지 않다' 입니다. 사실 저는 공무원으로는 조금 특이한 경력을 갖고 있습니다. 2013년 2월에서 2015년 2월까지 외교통상부 1등 서기관으로, 그리고 2020년 9월에서 2023년 8월까지는 산업통상자원부에서 파견된 상무관으로 미얀마에서 근무한 것입니다. 같은 지역에서 두 번 근무한 것도 특이하거니와 성격이 전혀 다른 업무를 한 것도 그러합니다.

2013년 미얀마에 대한 첫인상은 '정리되지는 않았지만 활기차고 곳곳에 할 일이 많은 진흙 속의 진주' 같은 느낌이었습니다. 그도 그럴 것이 2011년 출범한 떼인세인(Thein Sein) 정권이 개혁개방정책을 선언했고, 세계 각국이 미얀마에 몰려오고 있을 때였으니까요. 한국도 1983년 아웅산 묘소 폭탄테러 사건 이후 30여 년 만인 2012년 이명박 대통령이 미얀마를 방문하는 등 미얀마에 대한 관심이 고조되고 있던 시점이었습니다. 직전 근무지가 캐나다의 수도 오타와(Ottawa)였는데, 모든 일상이 정리되어 현지인들의 생활패턴만 따르면 되던 편안하지만 단조로운 사회와 대비되는 미얀마의 역동성이 너무나도 신선하게 다가왔습니다.

2020년 9월 1일 두 번째 근무를 위해 미얀마에 입국했을 때는 한국에서는 코로나19 2차 유행이 끝나가고, 미얀마에서는 2차 유행이 막 시작되던 시점이었습니다. 출입국 공항에서 마주한 코로나19의 위력은 말 그대로 전대미문의 경험이었습니다. 인천공항 출국장 앞 도로에는 저를 태우고 온 차량 외에 자동차를 찾아볼 수 없었고, 미얀마에서는 과거에는 10분이면 되던 입국수속이 2시간 가까이 걸릴 정도로 까다로웠습니다. 미얀마는 그만큼 바이러스 유입 차단에 필사적이었습니다. 열악한 의료 환경과 11월 8일 총선을 앞둔 상황이었기에 불가피한 조치라고 이해되었습니다. 2

주간 격리를 마치고 다시 만난 미얀마에서는 강화된 방역조치로 2013년의 활기를 찾아볼 수 없었습니다. 극과 극의 미얀마를 마주하니 '미얀마를 입체적으로 경험하겠구나!' 하는 막연한 생각이 들었습니다만, 이내 다시 과거의 활기를 찾을 것을 의심하지는 않았습니다.

그런데 그것이 다가 아니었습니다. 군부 쿠데타는 저의 모든 계산을 미궁에 빠뜨리고 말았습니다. 2021년 2월 1일 이날은 미얀마의 시간이 멈춘 아니, 후퇴한 날로 기억되고 있습니다.

왜 미얀마 경제에 주목해야 하는가?

2021년 9월 미얀마에 상무관으로 부임하면서 저 스스로에게 부여한 과제는 조금은 소박했습니다. 사무적이었다고 하는 것이 더 적절할지도 모르겠습니다. 과거 정무, 홍보 업무를 하면서 어렴풋이 경험한 미얀마 경제를 좀 더 자세히 알아보자 정도였으니까요. 역시나 숫자로 나타난 경제지표는 미얀마의 갈 길이 멀다는 것을 보여주기에 충분했습니다. 하지만 시간이 지나면서 얻은 보이지 않는 현지 경험은 미얀마가 생각했던 것보다 훨씬 더 큰 경제적 잠재력을 지닌 나라라는 것을 알게 해주었습니다.

60여 년에 걸쳐 연이어 나타난 개인적 야망을 가진 지도자들 때문에 경제발전은 더뎠지만, 국가의 구성요소 중 '국민'과 '영토'는 온전히 보전되어 있기 때문입니다. 2020년 UN 세계인구전망 기준 24세 이하 인구가 42.6%일 정도로 대다수가 젊은 미얀마 국민은 어떤 국가의 국민에 비해서도 뒤지지 않을 정도로 규범을 준수하고 도덕성을 갖춘 사람들입니다. 게다가 한때 TV 방영 드라마 80%가 한국 드라마일 정도로 한국을 친숙하게 느끼고 한국에 대한 이해도가 높아서인지 이들은 한국의 발전을 부러워하고 따라하고자 노력하고 있습니다. 교육의 질만 보완된다면 훌륭한 인재로 성장할 수 있다고 생각합니다. 또한, 한반도의 3배인 미얀마의 영토에는 다양한 자원이 있습니다. 천연가스 등 안정된 중부와 남부의 부존자원만으로도 이미 많은 부가가치가 창출되고 있습니다. 주로 산악이면서 소수민족 거주지인 미얀마 동·북·서부 지역에는, 반군과 전투가 빈번하게 일어나고 있지만, 중(重)희토류와 같은 전략 자원이 다량 매장되어 있습니다.

이러한 미얀마의 경제적 잠재력은 한국의 미래와도 많은 관련성이 있습니다. 남북통일, 사회통합, 마약 대응 등 정치·사회적 난제들이 가득하지만 한국이 봉착한 가장 큰 경제 현안은 인구소멸 위기로 인한 노동력 부족, 신냉전·무한경쟁 시대의 취약한 공급망일 것입니다. 장기적인 관점에서 미얀마의 잠재력이 한국 경제 분야의 당면 과제 해결에도 긍정적으로 작용할 것입니다. 현재에도 300여 개 한국 기업들이 미얀마에서 수만 명을 고용하고 있고, 연 1만 명 이상의 미얀마 노동자들이 한국으로 입국하고 있습니다.

구슬이 서 말이라도 꿰어야 보배가 되듯이 쿠데타 정국인 미얀마 경제의 잠재력을 활용하기 위해서는 해결해야 할 문제들도 많습니다. 그러나 같은 상황에서 우리의 경쟁국들은 적극적으로 대미얀마 경제활동을 영위하고 있다는 점을 염두에 둘 필요가 있습니다. 이런저런 이유로 우물쭈물할 여유가 없다는 것입니다. 미얀마를 사이에 둔 거대 문명 친디아(Chindia) 즉 중국과 인도는 물론 인접국이자 경쟁 관계였던 태국조차도 명시적으로 미얀마 군부 당국을 승인하고 활발한 경제협력을 펼치고 있습니다. 우리와 처지가 비슷한 일본 또한 조용하지만 끈기 있게 미얀마와의 경제협력에 공들이는 모습을 직접 볼 수 있었습니다.

2021년 2월 1일 쿠데타가 발생하고 나서 저에게는 한 가지 과제가 추가되었습니다. 총칼을 맞댄 군부와 반군부 사이에서 선뜻 누구의 편에도 설 수 없는 우리 기업의 이익 보호였습니다. 사실 상무관으로서 미얀마 근무 기간 대부분을 이 과제 대응을 위해 보냈다고 해도 과언이 아닐 것입니다. 대사관, 코트라, 재미얀마한인상의, 한인회와 미얀마 당국을 만나며 분주하게 보냈지만 활동의 한계는 분명했습니다. 하지만 제 스스로가 미얀마 경제 잠재력에 대한 확신이 있었기에 우리 기업들 지원업무를 지치지 않고 수행할 수 있었습니다. 역으로 우리 기업들의 활동을 보면서 미얀마 경제에 대한 재평가를 할 수 있기도 했습니다. 지난 3년간 저의 미얀마 생활을 한 문장으로 표현하자면 '미얀마의 잠재력을 재확인하고 좀 더 긴 호흡으로 미얀마를 바라보아야 한다는 것에 대한 믿음이 강해진 과정'이라고 말할 수 있겠습니다.

책의 제목과 내용

'상무관과 함께하는 미얀마 경제 여행'. 평범한 이 책의 제목은 역설적이게도 많은 고민 끝에 나온 것입니다. 쿠데타로 인해 미얀마의 시간이 후퇴했기 때문에 잠깐 생각해봤던 '시간'과 관련된 제목은, 과거 미얀마에서 근무하신 선배 외교관의 『시간이 멈춘 땅 미얀마』라는 훌륭한 책이 이미 존재하고 있기에 자연스럽게 배제되었습니다. 과거로 되돌아가 버린 미얀마에서 시간을 빼버리고 나니 제목을 정하는 것이 큰 고민거리가 되고 말았습니다. 상무관인 제가 담당한 '미얀마 경제'가 들어가면서 미얀마의 현실을 보여줄 수 있는 제목을 고민하여 나온 결과가 '상무관과 함께하는 미얀마 경제 여행'입니다. 제목 위 영어로 표시된 'Revaluation'은 정치적인 이유로 미얀마 경제가 지나치게 저평가되어 있기 때문에, 미얀마 경제의 잠재력이 제대로 된 평가를 받았으면 하는 개인적인 희망 사항을 담은 표현입니다.

주지하다시피 이 책은 미얀마의 '경제'에 관한 서적입니다. 그간 미얀마의 정치, 사회 또는 여행을 다룬 책들은 꾸준히 출간되었습니다. 외교관 출신 선배님들만 해도 위에 언급한 『시간이 멈춘 땅 미얀마』와 2022년 이상화 전 미얀마 대사님이 『롤러코스터를 탄 미얀마』라는 훌륭한 책들을 출간하여 미얀마의 정치 현실을 잘 설명해주었습니다. 일종의 미얀마에 대한 총론으로 보면 될 것 같습니다. 저의 책은 이전 선배 공무원 분들의 저술에 비하면 각론에 가까운 책이라고 보면 되겠습니다. 다만, 경제에 초점을 맞추고 있지만 살아 있는 생물과도 같이 시시각각 변화하는 미얀마의 경제를 설명하기 위해 필요한 부분에서는 정치, 사회에 대한 언급도 상당 부분 가미될 것입니다.

이 책에서는 미얀마 시장이 뜨겁던 2010년대 초반 2년간 그리고 싸늘하게 식어버린 2020년대 초반 3년간 제가 미얀마에서 경험한 현실을 바탕으로 미얀마의 경제에 관한 이야기를 기술하려 합니다. 미얀마의 현실을 표현하면서도 가능성 측면에서 미얀마를 바라보면서 기술하고자 합니다. 그리고 미얀마에서 겪은 인상적이었던 경험들은 박스 처리로 강조했습니다.

2010년 이후 10년간 미얀마는 그 전 50년간의 변화보다 더 많은 변화를 겪었고 변화의 속도는 점점 빨라질 듯이 보였습니다. 그러나 모든 인간사가 그렇듯이 오르막이 있으면 내리막도 있는

법. 2021년 2월 1일 쿠데타 이후 미얀마의 시간은 거꾸로 흐르고 있습니다. 그렇다면 앞으로 미얀마 그리고 미얀마 경제는 어디로 갈까요?

미래를 정확히 예측하기는 어렵습니다. 다만 신중하게 그리고 최근 몇 년간의 현상만을 보고 성급하게 미래를 판단하는 실수를 범하지는 말아야 할 것입니다.

미얀마의 경제는 멈추었습니다. 하지만 미얀마 경제의 잠재력은 지금도 유효합니다.

과거의 성공과 실패를 되돌아보고 앞날을 준비해야겠습니다. 기왕이면 조금은 희망적인 측면을 바라보면서.

감사의 마음

혼란스러운 미얀마였기에 직장 즉 대사관 업무는 매우 분주했고 매일매일이 새로운 도전이었습니다. 이러한 와중에 대사관 생활이 부담으로만 다가왔다면 이 책을 집필할 엄두를 내지 못했을 것입니다. 대사관 생활이 화목할 수 있도록 이끌어주신 주미얀마 한국대사관의 강금구 대사님과 동료 직원들에게 특별히 감사드립니다.

외교부에서 공무원 생활을 시작하고 계속 인연을 이어온 이민철 선배님, 정상천 선배님, 박상우 후배의 주기적인 피드백과 격려가 없었으면 이 책이 완성되기 어려웠을 것입니다. 과분한 추천사를 써주신 이백순 전 미얀마 대사님과 유선하 전 한인회장님께 대한 감사한 마음도 금할 길이 없습니다.

상업적인 측면에서 한계가 있음에도 불구하고 이 책이 나올 수 있도록 적극 지원해주신 산지니 출판사 강수걸 사장님과 이선화 편집자님께도 감사의 마음을 전합니다.

마지막으로 한국에서 묵묵히 주도적으로 자기 삶을 개척한 첫째 김우진, 미얀마에서 시간을 같이한 아내이자 친구인 정유정과 귀염둥이 선물 둘째 김선우 그리고 장성한 아들이 밥은 잘 먹고 다니는지 항상 걱정하시는 부모님께 이 책을 바칩니다.

차례

Part III. 미얀마의 국제관계 : 너무나 뚜렷한 친구와 적

Part IV. 한국 그리고 미얀마

Parv V. 우리의 선택, 어떻게 미래를 만들어가야 하는가?

미얀마에서 겪은 인상적인 경험

Part I

희망의 날개가 꺾인 미얀마: 반복되는 역사

역사의 변곡점에서 발생한 21세기 쿠데타

2021년 2월 1일 이른 아침 에어로빅 강사인 카잉닌와이(Khing Hnin Wai) 씨는 여느 때와 마찬가지로 미얀마의 수도 네피도(Nay Pyi Taw)에 위치한 국회의사당 주변 회전교차로(로터리)에서 에어로빅을 즐기고 있었습니다. 그녀의 뒤로 한 무리의 군용 트럭이 지나갔지만, 그녀는 대수롭지 않게 여겼습니다. 흔히 볼 수 있는 광경이었기 때문입니다. 그런데 이번에는 그 흔한 트럭 행렬이 아니었습니다. 민아웅흘라잉(Min Aung Hlaing) 군(軍) 총사령관이 쿠데타를 일으킨 것이었습니다.

(좌) 쿠데타 당일 아침 에어로빅을 즐기는 카잉닌와이
(우) 한 시민단체의 쿠데타 항의 퍼포먼스. 공연자들이 입은 야전 상의는 대한민국 육군의 군복이다. 입수 경위를 정확히 알 수는 없지만, 한국 근무 노동자 등 한국에서 생활한 사람들을 통해 구입한 것으로 추정된다.

사실 미얀마에서는 2021년 들어 쿠데타설이 심심찮게 나오고 있었습니다. 그러나 많은 사람들이 이를 진지하게 받아들이고 있지는 않았던 듯합니다. 2020년 11월 8일 총선을 통해 드러난 아웅산수찌(Daw Aung San Suu Kyi)*가 이끄는 민주주의민족동맹(NLD, National League for Democracy)에 대한 미얀마 국민들의 지지는 상하원 공히 80%**를(상원 선거구의 85.7%, 하원 81.9%) 상회하여 너무나 확고했고, 지난 10여 년간 개혁개방정책이 있었기 때문에 미얀마는 쿠데타로 인해 잃을 것이 너무나도 많다는 생각이 지배적이었기 때문입니다. 민주주의민족동맹이 집권한 2016년 이후 가끔씩 나온 쿠데타설로 인해 경각심이 무뎌진 영향도 있었을 것입니다. 그런데 1962년 이후 미얀마를 지배해온 군부의 생각은 달랐습니다. 11.8 선거를 부정선거로 규정하고 이를 명분으로 한 쿠데타는 현실이 되고 말았습니다.

군부의 주장은 다음과 같습니다. '11.8 총선에서 약 8백여만 명에 달하는 선거인 명부가 조작되었고 이에 대해 아웅산수찌 정부의 해명을 요구하였으나 응답이 없다.', '지난 5년간 국정운영이 군출신인 전임 떼인세인(Thein Sein) 정부보다 못하다.', '우리가 나라를 더 많이 발전시킬 수 있다.'

2021년 2월 1일은 미얀마 의회가 개원하는 날이었습니다. 아웅산수찌를 비롯한 모든 의원들과 각료들이 수도 네피도에 모이는

---

* 이 책에서는 미얀마 이름과 지명을 미얀마어 발음에 최대한 가깝게 표기하기 때문에 영어 발음 또는 우리가 익히 들어 익숙한 발음과는 다를 수 있습니다. Daw(도)는 여성에게 붙이는 존칭으로 '여사' 정도로 해석할 수 있습니다.

** 2008년 미얀마 헌법에 의하면 전체 의원의 4분의 1은 군총사령관이 임명하는 군부 인사로 구성되므로, 80% 이상 의석은 정확히 말하면 군부 인사를 제외한 4분의 3 의원의 80% 이상을 의미합니다. NLD는 최종적으로 상원 224석 중 138석(61.6%), 하원 440석 중 258석(58.6%)을 차지합니다.

날이었기에, 군부가 거사를 치르기에 가장 좋은 날이었을 것으로 생각됩니다. 그리고 이날은 민족주의민족동맹 정부가 새로운 5년을 구상하는 날이기도 했습니다. 향후 5년이 지나면 민족주의민족동맹이 집권한 지도 강산이 변한다는 10년이니 반군부 민주 정권이 미얀마를 변화시키기에 모자란 시간은 아니었을 듯합니다.

물론 많은 사람들이 보고 느낀 2016년 이후 민족주의민족동맹 정부 5년은 조금은 실망스러운 모습이었을 수 있습니다. 기대가 워낙 컸으니까요. 민족주의민족동맹의 5년은 비록 외형적으로 민주적이었을지는 모르지만 경제가 발전하지도, 외부 세계로부터 크게 인정받지도 못한 5년이었습니다. 경직적인 관료시스템이 변하지 않았기 때문에 아웅산수찌를 정점으로 한 권력의 중심에는 인의 장막이 처졌을지도 모르는 일입니다. 2020년 9월 미얀마에 상무관으로 복귀하고 나서 조금은 충격적이기도 했지만 그럴 수도 있다는 수긍이 가는 이야기를 들은 기억이 있습니다. 네피도에 주로 거주하는 아웅산수찌 국가고문이 양곤을 방문하면 그녀를 태운 차량이 지나가는 대로변에는 노숙자나 심지어는 노상에서 식사하는 사람들도 보이지 않도록 조치를 취한다는 것이었습니다. '군부가 전면에서 통치할 때와 크게 달라진 것이 없구나. 사람이 변하지 않으면 안 되는구나'라는 생각이 들었지만, 그 또한 해결 못 할 문제는 아니라는 희망적인 생각을 가졌던 기억이 있습니다.

다행스러운 사실은 지나온 민주주의민족동맹 집권 5년으로 인해 미얀마에 대한 희망을 버린 사람은 그리 많지 않아 보인다는 것이었습니다. 한국만 해도 2019년 문재인 대통령이 미얀마를 국빈 방문하고 다양한 협력 프로젝트가 차근차근 진행되고 있었습니다. 코로나19 위기도 시간이 지나면 해결될 것으로 보였습니다. 그래서 저는 2021년 이후 5년도 희망의 연장선에 설 것으로 예상했습니다.

반면, 11.8 총선 전 군부는 이런 생각을 가졌을 듯합니다. '지난 5년 아웅산수찌의 민주주의민족동맹의 경제 성적은 높지 않다.', '게다가 군부가 2017년 소수민족인 로힝자를 탄압할 때 이를 막지 못한 아웅산수찌의 국제적 인지도도 하락하고 국내적 지지도 예전 같지 않다.', '헌법상 군부에 할당된 25%와 친군부 연방단결발전당(USDP, United Solidarity Development Party)이 20%를 득표하고 소수민족 정당 일부와 연대하면 집권할 수 있다.'

그런데 선거 결과가 군부의 참패로 나오자 '시간은 군부의 편이 아니구나'라는 생각을 가졌을 듯합니다.

민주주의민족동맹이 집권한 2016년 이후 5년간 미얀마에 군부가 우려할 만한 극적인 변화는 없었지만, 군부의 영구집권을 위해 구상한 2008년 헌법* 개정 논의**가 수면 위로 떠올랐기 때문에 5년 후에 어떤 일이 일어날지 불안감을 가지고 있었던 듯합니다. 더욱이 2011년부터 11년째 군총사령관직을 맡으면서 65세에 이른 민아웅흘라잉 개인 차원의 권력욕도 쿠데타에 영향을 미쳤을 수

---

* 2008년 헌법의 주요 내용으로는 ①양원의 25%를 군부에 배당, ②일부 헌법 조항 개정을 위해서는 총 재적 의원 75% 이상 찬성 필요(사실상 군부의 헌법 개정 거부권), ③군총사령관의 군통수권, 내무 · 국경 · 국방부장관 임명권 등이 있습니다.

** 아웅산수찌 국가고문이 2021년 신년 연설에서 2008년 헌법의 재검토 필요성을 언급하면서 헌법 개정이 중요 정치 의제로 등장하게 됩니다.

있다는 생각이 듭니다.

이렇게 미얀마의 개혁개방, 민주화가 탄력을 받을 수 있는 변곡점을 앞둔 절묘한 시점에 21세기 미얀마 쿠데타가 발생했습니다. 군부 입장에서는 더 이상 미룰 수 없는 일, 마지막 순간에 기회를 잡은 일로 볼 수도 있겠습니다.

2021년 2월 1일 대사관 24시
(일부 시간 전개 각색)

2021년 2월 1일 새벽, 군부의 쿠데타 소식이 빠르게 전파되었습니다. 군부는 사전정지작업으로 인터넷 접속을 차단하였지만 쿠데타 소식이 전파되는 것을 막지는 못했습니다.(말로만 듣던 쿠데타를 경험하다니…)

양곤대학로(University Avenue)에 자리 잡은 주미얀마한국대사관도 이른 아침부터 직원들로 붐빕니다. 비상회의가 소집된 것입니다. 이른 출근길 차량은 드물었지만 곳곳에 설치된 바리케이드와 멀리서 피어오르는 검은 연기를 보면서 사태가 생각보다 심각하다는 것을 직감할 수 있었습니다.

교민들에게 빠짐없이 쿠데타 소식이 전파되었는지? 혹시 군부에 체포된 교민이나 기업인은 없는지? 최악의 경우 소개 작전은 어떻게 진행할 것인지? 이 경우 중간 집결지는 어디로 할 것인지? 회의에서 논의된 주요 내용입니다.

오전 10시 회의가 끝나고 상무관인 저는 우리 기업들 안전 상황을 점검하기 위해 기업들이 밀집한 공단 지역을 둘러보러 나갔습니다. 가는 길에 보이는 국영방송사는 이미 군인들이 접수한 상태였습니다.

출근길 멀리서 본 검은 연기는 공단 지역 대로(大路) 가운데, 타이어를 태우는 화재 현장에서 나오는 것이었습니다. 군용차들의 기동력을 방해하려는 시위대의 조치로 보였습니다. 공단 지역 곳곳에서 타이어, 나무, 모래주머니로 만들어진 조잡한 바리케이드를 목격할 수 있었습니다. 이 또한 주민들이 군인이나 외부 약탈자가 마을로 진입하는 것을 차단하기 위해 설치한 것이었습니다. 아마도 과거 유사한 사태가 발생할 때마다 습득한 지식인 듯합니다. 공단 외곽지역에서는 삼삼오오 모여 있는 청년들도 발견할 수 있었습니다. 일부는 단도보다는 길지만, 일본도보다는 짧은 칼을 차고 오와 열을 맞춰 있기도 했습니다.

대사관은 만약의 사태에 대비해 롯데호텔에 임시 사무소를 설치했습니다. 대사관은 시위대나 군경이 허락 없이 들어올 수 없는 지역이지만, 비상사태가 발생했기 때문에 만에 하나 생길 수도 있는 위험을 분산하기 위한 조치였습니다.

오후 8시가 되자 사방에서 냄비 두드리는 소리가 시끄럽게 들려왔습니다. 미얀마 일반 국민들의 저항정신을 담은 퍼포먼스였습니다. 이 모든 사항은 서울 본부에 긴급 전문으로 타전됩니다. 이렇게 쿠데타 발생 첫날 대사관의 하루가 저물어갔습니다.

참고로 당일은 아니지만 쿠데타가 발생한 지 얼마 지나지 않아 대한민국 대사관과 같은 대학로에 위치한 미국문화원(American Center) 외부 유리벽에 총격이 가해집니다. 방탄유리였기 때문에 건물 내부로 총탄이 관통하거나 유탄으로 인한 주변 인명피해는 없었지만, 상황이 점점 긴박해지는 신호로 보였습니다. 미국문화원 총격 사건 이후 미국대사관은 필수인원을 제외한 외교관들을 철수하는 조치를 취합니다.

미국 문화원 외관과 미국문화원 총격 현장

20세기 미얀마에서 발생한 다양한 쿠데타*

2021년 2월 1일 쿠데타 진행상황은 초기 약 1개월간 제지받지 않은 반군부 시위, 3월 이후 군부의 발포와 대규모 인명피해 발생, 2022년 이후 (소수민족) 지역 중심의 반군부 활동 및 도시 지역 안정화로 구분 지을 수 있을 듯합니다.

이 일련의 과정에서 보인 군부의 행태는 시나리오에 따라 움직이는 것처럼 매우 계획적이고 조직화된 것으로 보였습니다. 과거 몇 차례 쿠데타를 행한 경험이 있는 군부이기에 나름대로 큰 그림을 그리고 쿠데타를 감행했을 것입니다. 1948년 영국의 식민지에서 해방된 이후 2021년 2월 전까지 미얀마에서는 크게 세 차례 각

---

* 장준영, 『버마/미얀마: 우리가 알아야 할 사실들』, 높이깊이, 2011. David I. Steinberg, *Burma/Myanmar What Everyone Needs to Know*, Oxford University Press, 2010의 번역서

기 다른 형태의 쿠데타가 있었습니다.

1958년 9월 24일 동의에 의한 쿠데타 또는 선제적(pre-emptive) 친위쿠데타가 있었습니다. 당시 네윈(Nay Win) 등 주요 군 인사들은 총리였던 우누(U Nu)를 찾아가 소수민족과의 내전을 막고 연방을 보존하기 위해 쿠데타가 필요하다고 했습니다. 당시 법에는 규정되지 않은 불법적인 쿠데타였기에 우누는 입법과정을 통해 군부가 합법적으로 6개월간 통치할 수 있는 대안을 마련해줍니다. 군부는 18개월간 통치 후 자발적으로 퇴진하고, 우누는 총선을 통해 재집권합니다.

하지만 우누 정부의 무능력이 계속되자 네윈의 군부는 1962년 3월 2일 또다시 쿠데타를 일으킵니다. 1958년 9월 쿠데타의 성공으로 군부는 자신들이 미얀마 분열을 막을 최후의 보루라는 믿음에 확신을 가지게 되었을 것입니다. 그리고 18개월간 과도정부시기에 맛본 권력의 유혹도 떨치기 어려웠을 것입니다. 이 전형적인 쿠데타 이후 미얀마는 군부독재의 길로 들어섭니다.

세 번째 쿠데타는 1988년 9월 18일 발생했습니다. 1988년 8월 8일 정점에 도달한 8888민주화시위의 결과로 민간행정부로 정권이 이양될 시점에 군 내부의 또 다른 세력인 신군부가 기존 군부의 정치행로를 거부하고 일으킨 쿠데타입니다. 소마웅(Saw Maung)* 등이 민간이양을 거부하고 군부의 권한을 강화했기 때문

---

* 소마웅(1928~1997)은 1988년 쿠데타의 중심 인물로 1992년까지 미얀마 국가법질서회복위원회(SLORC, State Law and Order Restoration Council) 의장과 버마의 제7대 총리를 역임한 버마군의 장군이자 정치인입니다. 버마 왕이 자신

에 이를 거부쿠데타라고도 합니다.

세 차례 쿠데타를 거치면서 다민족으로 구성된 미얀마의 혼란을 막고 국가의 앞길을 밝힌다는 군부의 초기 명분은 점점 희석되고 개인 또는 집단의 이익만 남게 되었습니다. 그에 비례해 군부의 미얀마 통치는 체계를 갖추고 더욱 정교해졌습니다. 한편, 미얀마 국민들은 두 세대에 걸친 군부의 지배를 받으면서 군부의 미얀마 통치에 익숙한 삶을 살아가게 됩니다. 당연히 군을 대체할 만한 세력이나 경제 주체 형성도 어려웠습니다. 그사이 한때 아시아의 모범국가였던 미얀마 경제는 나락으로 떨어졌습니다.

미얀마 군부의 지도자들

네윈

소마웅

딴쉐

이에 대한 일부 위정자들의 반성이 있었을 것입니다. 특히, 2008년 사이클론 나르기스* 이후 UN을 포함한 국제사회의 미얀마 지

으로 환생했다고 하며 기이한 행동을 한 결과 1992년 SLORC 의장직에서 축출됩니다.

* 2008년 5월 미얀마 남부를 강타한 열대성 저기압으로 희생자 13만 명 이상, 이재민 250만 명이 발생했습니다(CIA WORLD FACTBOOK). 2004년 남아시아 대

원을 계기로 미얀마는 조심스럽게 외부와 교류를 시작합니다. 딴쉐(Than Shwe)*가 통치하던 시절의 일입니다. 그 결과 2011년 출범한 떼인세인(Thein Sein) 정부는 개혁개방 정책을 야심차게 추진하고 전 세계가 미얀마를 주목하게 됩니다. 이윽고 2016년 아웅산수찌의 민주주의민족동맹 집권과 민주적 정권교체 등 21세기 미얀마의 정상국가화 행보는 점점 속도를 높이는 듯 보였습니다.

많은 사람들이 미얀마가 과거로 되돌아가기에는 너무 멀리 왔기 때문에 더 이상의 쿠데타는 없을 것이라고 말했습니다. 저 또한 코로나19 팬데믹만 끝나면 미얀마 경제는 다시 도약할 것이라 예상했습니다. 마침 집권 2기를 맞는 아웅산수찌 정부도 지난 5년간의 학습을 바탕으로 미얀마 개혁개방에 박차를 가할 것이라 기대했으니까요. 돌이켜보면 역사의 굴곡에 대한 이해가 부족한 순진한 생각이 아니었나 합니다.

미얀마는 한순간에 다시 군부가 지배하는 과거로 회기했습니다. 마치 타임머신을 타고 과거로 되돌아가듯 말입니다. 그런데 미얀마가 과거로 되돌아가 직면한 현실은 익히 경험했던 그 과거가 아닙니다. 국제사회가 변하고 있기 때문입니다. 1960년대 네윈이 쿠데타를 일으킨 시기 세계는 미-소 냉전체제였고, 딴쉐(Than Shwe)가 미얀마를 지배한 1990년대는 냉전에서 승리한 미국이 세

지진에 이어 21세기 제2위 재난으로 기록되어 있습니다.

* 딴쉐(1933~)는 1992년 소마웅의 뒤를 이어 국가법질서회복위원회(SLORC) 의 장직에 올랐으며, 2011년 3월 새 입법부가 수립된 후 최고 지도자로서의 지위를 포기했으나, 이후에도 막후에서 영향력을 발휘했습니다.

계화를 추진하던 시기였습니다. 2021년 또다시 쿠데타라는 구시대의 난제를 만난 미얀마는 변화하는 국제정치 현실이라는 도전에도 직면하고 있습니다.

21세기 국제정세와 미얀마

'같은 강에 두 번 발을 담글 수는 없다.' 고대 그리스 철학자 헤라클레이토스의 이 말은 오늘의 미얀마에도 적용될 수 있겠습니다. 미얀마의 현실을 논할 때 끊임없이 변화하는 국제사회의 구조가 고려되어야 하기 때문입니다. 21세기 미얀마 쿠데타를 전후하여 주목해야 할 국제사회의 변화를 몇 가지 키워드 중심으로 살펴봅니다.

미-중 갈등(신냉전)

미국과 중국 G2의 경쟁은 점점 그 강도를 더해가고 있습니다. 미국은 '인도 · 태평양 전략', '인플레이션감축법(IRA, Inflation Reduction Act)'*, '반도체 협력체제(CHIP4)'로 중국을 압박하고 있습니다. 반면 중국은 '자원의 무기화', '위안화 기축통화화' 등으로 미국을 자극하고 있습니다. 글로벌 패권 경쟁이 21세기에 다시 재

---

* 미국 내 급등한 인플레이션을 완화하기 위해 마련된 법으로 기후변화 대응, 의료비 지원, 법인세 인상 등을 담고 있지만, 전기차 구매 시 보조금(세액공제) 혜택과 전기차 제조에서 중국 등 우려국가의 배터리 부품과 광물 사용을 제한하는 것을 주 내용으로 하고 있습니다.

연되고 있는 것입니다.

미-중 갈등은 쿠데타 정국 미얀마에게 선택을 강요하고 있습니다. 경제제재를 가하는 미국에서는 멀어지고, 후원국인 중국에게는 가까워질 수밖에 없는 구조가 만들어지고 있는 것입니다. 그런데 한 꺼풀 벗겨 보면 미얀마가 처한 모순된 상황을 엿볼 수 있습니다. 국가 안정을 위해서는 외자가 필요하고 외자를 도입하기 위해서는 국제사회의 제재가 완화되어야 합니다. 미국과의 관계회복 없이는 요원한 이야기입니다. 상황이 급한 현재는 후원자를 자처하는 중국에 기대고 있지만, 마냥 중국에 가까워질 수는 없는 일입니다. 중국의 역사는 팽창의 역사이기 때문입니다.

미국vs중국 패권주의 비교

중국	쟁점	미국
국경선 안정과 에너지 안보 확보	핵심이익	미국 주도 세계질서 유지
불간섭주의로 내정 불개입	외교노선	광범위한 관여
스텔스기, 항모 등 독자개발 확대	군비경쟁	초음속미사일 등 차세대무기 주도
시장경제 틀에서 정부가 개발 주도	경제정책	시장과 기업의 자유 최대한 보장
미국 배제한 아세안+3 선호	자유무역	중국 배제한 TPP 추진
위안화의 기축통화 추구	외환정책	달러화의 유일 기축통화 사수
원조와 교역 통해 경제영토화	팽창전략	전략적 요충지마다 미군기지 건설
아세안 위주로 경제블록 구축	아시아전략	한국·일본·호주 축으로 안보동맹 구축

미국, 중국 패권주의 비교(출처: 〈매일경제〉)

전쟁의 재등장(열전)

적게는 5,000만 명 많게는 1억 명 가까운 사상자를 낸 2차 세계대전 이후 국제사회는 인류에 반하는 죄(Crimes against Humanity),

전쟁범죄(War Crimes) 등의 개념을 통해 전범들을 단죄했습니다. 시간이 지나면서 전쟁은 점점 불법화되고 인류는 의식적으로 전쟁이란 용어를 쓰지 않게 됩니다. 그러나 21세기에 일어난 몇몇 사건 특히 2022년 발발한 러시아-우크라이나 전쟁은 국제사회에 금기어처럼 여겨지던 '전쟁'의 봉인을 풀었습니다. 선전포고, 전면전 등 전통적 전쟁의 요소가 일부 빠져 있기는 하지만, 러시아의 푸틴 대통령은 2023년 5월 9일 전승절 연설에서 공식적으로 '전쟁'이라는 용어를 사용했습니다. 2023년 10월 하마스가 이스라엘을 기습공격하면서 발생한 무력충돌에 대해서도 대다수 언론은 주저없이 전쟁(2023 Israel-Hamas War)이란 단어를 썼습니다.

이러한 전쟁의 재등장과 함께 21세기 패권 경쟁 또한 전후 세대가 알고 있는 냉전과는 다른 양상으로 진행되고 있습니다. 미국과 중국에 이어 러시아도 기회만 된다면 다시 경쟁에 뛰어들 태세입니다. 무엇보다도 냉전과 함께 열전도 동시에 진행된다는 점이 국제사회를 더 일촉즉발의 상황으로 몰고 있습니다.

국제분쟁에서 러시아의 전면 등장은 미얀마에게는 그리 나쁜 상황은 아닌 듯합니다. 사방이 적으로 둘러싸인 러시아와 미얀마는 서로에게 동병상련을 느끼고 있을 것입니다. 실제로 최근 2~3년 양국의 교류협력은 눈에 띄게 늘고 있습니다.

GVC와 TVC(공급망 재편) 그리고 국가 산업정책의 부활

코로나19 발생 이전 양자 및 다자 국제협의에서 빠지지 않고 논의되던 의제 중 하나는 GVC(Global Value Chain) 즉 글로벌 가치사슬이었습니다. 이는 세계화와 국제분업을 전제로 하는 것으로 전 세계에 걸쳐 자원배분의 효율성을 극대화하자는 개념입니다. 패권국 미국이 세계화를 추진하고 세계무역기구(WTO)를 중심으로 자유무역이 국제교역관계의 모범 답안이던 시절에는 무리없이 추진될 수 있었습니다. 그러나 미국과 중국 간 패권경쟁, 러시아-우크라이나 전쟁 등 지구촌 곳곳에서 일어나는 분쟁으로 글로벌 가치사슬은 더 이상 효율적으로 작동하지 못하고 있습니다. 1995년 출범한 WTO가 더 이상 제 기능을 못 하는 것도 같은 맥락에서 이해할 수 있습니다.

이에 등장한 개념이 신뢰 가치사슬(TVC, Trust Value Chain)입니다. 효율성을 일부 포기하더라도 공급망의 안정성을 추구하겠다는 것입니다. 동맹 또는 자유무역협정(FTA, Free Trade Agreement)으로 맺어진 신뢰할 수 있는 국가들과 전략물자 및 공급망을 공유하면 가능한 일입니다. 한국도 참여하고 있는 인도·태평양경제프레임워크(IPEF, Indo-Pacific Economic Framework)*가 대표적인 예입니다. 좀 더 극단적인 예로는 중국산 소재의 미국내 수입금지를 궁극적 목표로 한 미국의 인플레이션감축법(IRA, Inflation

---

* 인도태평양 지역에서 중국의 경제적 영향력 확대를 억제하기 위해 미국이 동맹, 파트너 국가를 규합해 추진하는 다자경제협의체로 바이든 미 대통령이 2021년 10월 동아시아정상회의(EAS, East Asia Summit)에서 처음 제안, 2022년 5월 협상을 개시했습니다. 한국, 미국, 일본, 인도, 호주, 뉴질랜드, 피지, 브루나이, 인도네시아, 말레이시아, 뉴질랜드, 필리핀, 싱가포르, 태국, 베트남 등 14개국이 참여했으며 협상분야는 '무역', '공급망', '청정경제', '공정경제'입니다. 일괄 타결이 아닌 항목별 협상이 가능합니다.

Reduction Act)을 들 수 있습니다. 보조금을 통해 특정 산업의 성장을 지원하는 인플레이션감축법은 세계화 시대에 선진국에서는 사라져가던 산업정책의 부활로도 해석될 수 있습니다.

신뢰 가치사슬(TVC)은 당연히 천연가스, 희토류 등이 풍부하게 매장되어 있는 미얀마에도 영향을 미치고 있습니다. 미국이나 서구 자본이 빠져나간 자리는 빠르게 중국 자본으로 채워지고 있습니다. 과거와 다른 점은 중국 외에 태국, 인도 등 인접국들이 미얀마와의 가치사슬 연계에 공을 많이 들이고 있다는 것입니다.

대마불사, 'Too big to fail'에서 'Too connected to fail'로

바둑 용어인 대마불사는 1997년 IMF 외환위기를 계기로 언론에 자주 등장하면서 경제용어로 변모한 단어입니다. 규모가 거대한 기업이나 금융기관이 도산할 경우, 그와 이해관계가 얽힌 수많은 경제 주체들이 피해를 보고 경제 전체적으로 재앙적인 사태가 벌어지므로 이를 정부가 구제해주는 상황에 빗대어 쓰인 말이었습니다. 영어로 직역하면 'A big horse never dies'지만 적절한 영어 표현은 'Too big to fail'입니다. 그런데 이 대마불사가 시대의 흐름을 타고 변화하고 있습니다.

전통적 대마불사 'Too big to fail'은 고도의 네트워크로 연계된 21세기에 'Too connected to fail'이라는 표현으로 변하고 있습니다. 'Too connected to fail'은 2023년 3월 발생한 미국 실리콘밸리은행(SVB, Silicon Valley Bank) 파산과 미국 정부의 즉각적인 지원 이후 등장한 용어입니다. 미국 정부는 고객이 맡긴 예금을 보험 보증 한도와 관계없이 전액 보증하고 유동성이 부족한 금융기관에 자금을 대출하는 적극적인 조치를 취했습니다. 덕분에 우려했던 글로벌 금융위기는 발생하지 않았지만, 대마불사는 변화하는 세계에 적응하여 새로운 버전으로 등장하게 되었습니다.

연계성으로 인한 변화는 미얀마에서도 감지되고 있습니다. 중국과의 물리적 연계성 강화는 이미 미얀마 내 중국 온라인 사기단 활동 등 부작용을 낳고 있습니다. 미얀마 MZ세대 중심으로 이루어지는 SNS를 통한 반군부 활동도 연계성이 강화된 사회에서 어떠한 영향을 미칠지 지켜볼 필요가 있습니다.

무탄소(carbon free) 에너지 전환, 새로운 에너지 전쟁

러시아-우크라이나 전쟁 이후 러시아의 대유럽 가스공급중단 위협은 에너지의 무기화를 잘 보여주는 예입니다. 그리고 세계 곳곳에서 발생하는 이상기후에 대응한 탄소중립은 화석원료 중심에서 무탄소(carbon free) 에너지로의 전환 필요성에 설득력을 더하고 있습니다. 2022년 7월 유럽 의회는 원자력 발전을 'EU그린택소노미'*에 추가하는 안을 가결했는데, 이러한 배경이 영향을 미쳤을 것으로 보입니다. 미국 또한 바이든 대통령의 행정명령 1호로 '파리 기후변화협약'에 재가입했을 정도로 에너지 전환은 글로벌

---

* 그린택소노미는 녹색산업을 뜻하는 그린(Green)과 분류학을 뜻하는 택소노미(Taxonomy)의 합성어입니다. 어떤 산업 분야가 친환경 산업인지를 분류하는 '녹색산업 분류체계'로, 녹색 투자를 받을 수 있는 산업 여부를 판별하는 기준으로 활용됩니다.

대세로 자리 잡았습니다. 그런데 러시아나 사우디아라비아 등 화석원료 수출국은 에너지 전환이 반가운 일만은 아닐 것입니다. 미국과 사우디 관계가 소원해진 배경에도 에너지 전환과 관련된 에너지 전쟁이 자리 잡고 있습니다. 중국 또한 태양광, 이차전지 산업을 국가 차원에서 전폭 지원하고 있기 때문에 에너지 전쟁 양상은 더욱 복잡다단하게 펼쳐지고 있습니다.

전력보급률이 61.6%*에 불과한 미얀마는 2022년 러시아와 원자력협력협정을 체결했습니다. 원하든 그렇지 않든 미얀마도 에너지 전선에 뛰어든 셈입니다.

국제사회, 제재와 완화 사이

2021년 군부 쿠데타로 미얀마는 지난 10여 년간 어렵게 쌓아온 경제기반 대부분을 잃었습니다. 민주주의 진영 국가들과 국제기구들의 개발원조가 중단 또는 취소되었고, 무엇보다 미국, EU 등 서방의 경제제재(Economic Sanctions)가 부활했습니다. 미국, EU, 영국, 캐나다, 호주 등 서방국가들의 제재는 미얀마 기관 및 기업을 통한 자금유입 방지, 군부 인사들의 국제 이동 제한 등 대동소이하지만, 달러라는 기축통화를 보유하고 글로벌 금융시스템이라는 플랫폼을 가진 미국 조치의 영향력이 압도적입니다. 이하에는 미국 제재를 중심으로 하되, 미국의 미얀마 제재가 길고 복잡한

* 미얀마 전력에너지부 발표 자료 기준

구조를 가지기 때문에 2021년 쿠데타 전과 이후로 나누어 기술합니다.

미국 2021년 쿠데타 전

1988년 8월에 있었던 미얀마의 8888민주화 시위가 군부의 폭력적 진압과 이어진 쿠데타로 무위로 돌아간 이후 미국의 대미얀마 제재가 본격화됩니다. 이후 1990년대는 미국이 미얀마에 대한 경제제재를 점증적으로 강화한 시기입니다. 2000년대 소강상태를 거치고, 2011년 떼인세인 정부의 개혁개방 정책이 실시된 이후에는 1990년대와는 반대로 순차적으로 미얀마에 대한 미국의 경제제재 조치가 완화됩니다. 이해를 돕기 위해 미국이 대미얀마 경제제재를 가한 1990년대와 제재를 완화한 2010년대 미국과 미얀마의 경제 외교관계를 간단히 정리하면 아래와 같습니다.

1989년 4월 미국 정부, 1974년부터 포함된 미얀마를 일반특혜관세제도(GSP)* 대상국에서 제외

1991년 4월 미얀마, 미국 대사에 대한 아그레망 취소

1991년 4월 미국 상원, 미얀마 인권상황 규탄 결의안 채택

---

* 일반특혜관세제도(GSP, General System of Preferences)란 선진국이 특별히 지정한 개발도상국으로부터 수입되는 특정 제품에 대해 조건 없이 무관세 또는 저율의 관세를 부과하는 특혜 관세제도입니다. 일반적인 GSP 대상 품목은 3,500개이지만 GSP 최빈국(LDC, least-developed countries)으로 지정될 경우 추가적인 1,500개 품목에 대해서도 관세철폐 혜택을 받는데, 미얀마는 GSP LDC 자격을 부여받습니다.

1991년 7월 부시 행정부, 대미얀마 경제제재 조치

1996년 10월 미국 정부, 국가법질서회복위원회(SLORC, State Law and Order Restoration Council) 고위관리 및 가족의 미국 입국사증발급 제한

1997년 4월 미국 정부, 대미얀마 신규투자 금지 결정, 국제금융기구의 대미얀마 금융지원 반대

2011년 12월 힐러리 클린턴 미 국무부장관, 미얀마 방문

2012년 2월 미국 정부, 미얀마에 대한 원조제재 완화 발표

2012년 5월 미국 정부, (4월 보궐선거에서 아웅산수찌 국회의원으로 당선) 미얀마 외교장관 미국 방문 계기 금융거래 재개와 투자제재 완화 발표

2012년 11월 미국 정부, 오바마 대통령 미얀마 방문 계기 수입금지 완화 발표

2013년 5월 USTR-미얀마 정부, 무역투자협정(TIFA, Trade and Investment Framework Agreement) 서명

2016년 9월 미국 정부, 아웅산수찌 미국방문 계기 GSP 부활

GSP 부활로 사실상 미얀마에 대한 일반적인 경제제재는 해제되었다고 볼 수 있습니다. 그런데 당시의 제재 완화는 두 가지 점에서 여지를 남겨두고 있었습니다. 대부분의 대미얀마 경제제재가 법률개정 없이 행정부 조치인 적용유예(waiver)를 통해 이루어졌다는 것인데, 이는 상황이 변하면 미국은 언제든 길고 복잡한 절차 없이 포괄적 제재를 다시 가할 수 있다는 의미를 지닙니다. 다른 하나는 특정 개인이나 기업에 대해서는 특별지정제재대상(SDN, Specially Designated Nationals) 리스트 중심의 선별적 제재

를 유지한 것입니다. 마약거래, 자금 세탁, 무기 거래 등에 연루된 인사나 기업이 주 대상인데, 비정기적으로 추가 또는 삭제되어왔습니다. 결과적으로 2021년 쿠데타가 발생하고 미국이 신속하게 대미얀마 제재를 재개했기 때문에 미국의 미얀마 제재 해제에 대한 신중한 접근은 장기적인 안목에서 이루어진 합리적 정책 결정으로 보입니다.

미국 2021년 쿠데타 이후

미얀마에서 쿠데타가 발생한 지 불과 열흘 만인 2021년 2월 10일 조 바이든 미국 대통령은 미얀마 경제제재를 내용으로 하는 행정명령을 발령하였습니다. 민아웅흘라잉 군총사령관을 포함한 10명의 미국 입국금지, 자산동결 등이 미얀마 쿠데타 이후 내려진 미국의 첫 번째 제재조치입니다. 이후 미국은 지속적으로 대미얀마 제재를 추가했는데, 대부분 군부 인사 및 군부관련 기업에 대한 미국 입국금지, 자산동결 등을 내용으로 하고 있고 행정명령 또는 경제제재 주무부처인 미국 재무부 외국자산통제국(OFAC, Office of Foreign Assets Control) 조치를 통해 이루어져왔습니다. 위에 언급된 특별지정제재대상 리스트도 외국자산통제국이 관리하고 있습니다.

그런데 미국 행정부의 연이은 미얀마 제재에도 불구하고 제재의 강도와 속도에 불만이 제기됩니다. 대표적인 집단이 NGO와 미국 의회인데, 특히 미국 의회의 활동이 두드러집니다. 2022년 12월에는 바이든 대통령이 상원을 통과한 2022년 버마*법(Burma Act 2022)에 서명하여 미얀마 제재의 법적 근거를 공고히 한 바 있습니다. 동 법은 반군부 국민통합정부(NUG, National Unity Government), 반군부 시민방위군(PDF, People's Defense Force) 등에 대한 지원과 미얀마 군부에 대한 제재 강화를 주 내용으로 하고 있습니다.

특이한 점은 미국 대통령 재량으로 미얀마석유가스공사(MOGE, Myanmar Oil and Gas Enterprise) 등을 추가 제재 대상에 지정할 수 있도록 하고 행정부가 6개월마다 제재 보고서를 의회에 제출하도록 규정한 것입니다. 미얀마 군부 제재와 관련해 강경한 입장을 보이는 의회와 상대적으로 신중한 태도를 보이는 행정부 간 타협의 산물로 보입니다.

2022년 버마법에 따라 미국 재무부는 2023년 6월 국영 미얀마무역은행(MFTB, Myanmar Foreign Trade Bank)과 미얀마투자상업은행(MICB, Myanmar Investment and Commercial Bank)에 대한 제재를 발표하게 됩니다. 이미 자금세탁방지기구의 미얀마 블랙리스트 등재(다음 장에 상세 기술), 주요 은행들의 대(對)미얀마 달러거래 금지 등으로 외환 수급에 큰 타격을 입은 미얀마에게 2개 은행에 대한 제재는 상당히 큰 부담으로 다가왔습니다. 이 조치 이후에 또다시 환율상승 랠리가 있었기 때문에 제재 강화를 주장하는 입장에서는 어느 정도 효과가 있었다고 평가할

---

* 현재 미얀마의 공식적인 국명은 군부 정권이 1989년 '버마(Burma)'에서 '미얀마(Myanmar)'로 바꾼 것입니다. 미국과 서방 국가들은 군부의 정통성을 인정하지 않는다는 의미에서 미얀마 대신 '버마'로 국명을 표기하고 있습니다.

수도 있겠습니다.

그런데 항상 문제인 것은 이러한 제재로 인한 피해는 미얀마 국민과 미얀마에 투자한 외국 기업이 고스란히 받는다는 것입니다. 미얀마무역은행(MFTB)과 미얀마투자상업은행(MICB) 제재에 대한 미얀마 군부 대변인의 반응은 과거와 마찬가지였습니다. "이미 이전에도 제재를 경험해본 적이 있다. 국영은행에 새로운 제재가 있더라도 미얀마는 손실을 입지 않을 것이다. 미국의 제재는 미얀마의 다당제 민주주의 체제를 향한 노력에 불필요한 지연만 야기할 뿐이다."

미얀마무역은행과 미얀마투자상업은행 다음 제재 대상으로 언급되는 단체 중 유력한 곳은 미얀마석유가스공사(MOGE)입니다. 미얀마석유가스공사는 미얀마에서 진행되는 가스 및 석유 개발 사업에 지분 참여를 하고 있기 때문에 미얀마의 주요 외화 공급처로 기능하고 있습니다. 미얀마 군정은 2021/2022 회계연도 미얀마석유가스공사를 통해 미얀마로 유입되는 외환을 약 15억 달러로 추정한 바 있습니다.

미얀마석유가스공사 제재는 한국에게도 큰 현안입니다. 한국 기업인 포스코 인터내셔널이 미얀마 쉐(Shwe) 가스전을 개발 운영하고 있기 때문입니다. 실제 미국은 2023년 10월 31일 미얀마석유가스공사에 대한 제재를 발표한 바 있습니다. 다만 직접 제재 대상인 특별지정제재대상으로 지정하지는 않고 미국민들의 미얀마석유가스공사에 대한 재정적 기여 등을 금지하는 조치를 취한 상태입니다.(… following activities by a U.S. person are prohibited

… financial services to or for the benefit of MOGE …*) 향후 미얀마 사태에 따라 미얀마석유가스공사에 대한 더 강력한 제재조치가 내려질 수도 있는 상황입니다. 물론 미국은 미얀마 제재로 인한 동맹국의 불필요한 손실을 회피하려 하겠지만, 국제관계라는 것이 항상 그러하듯이 미국의 국익을 위해 미얀마석유가스공사를 직접 제재하는 것은 언제라도 현실이 될 수 있을 것입니다.

한편, 2016년 부활한 미얀마에 대한 일반특혜관세제도(GSP)는 어떻게 되었을까요? 2024년 5월까지 미국 정부의 일반특혜관세제도 중단에 대한 공식 발표는 없습니다. 다만, 미국무역대표부(USTR, US Trade Representative)는 2021년 2월 29일 무역투자협정(TIFA, Trade and Investment Framework Agreement, 2013년 5월 체결)에 따른 모든 교역 관련 약속을 미얀마에 민주적으로 선출된 정부가 복귀할 때까지 중단한다고 발표하면서, 일반특혜관세제도 재승인에도 미얀마 상황을 고려할 것이라고 발표합니다. 현재 미국 의류업체들이 미얀마 공장으로의 의류 주문을 중단한 상태이기 때문에, 법률상(de jure) 중단 이전에 사실상(de facto) 미얀마에 대한 일반특혜관세제도는 중단된 상황입니다.

여타 국제사회의 제재 조치

2021년 2월 1일 쿠데타 직후 미얀마 일각에서는 UN군의 개입

* OFAC, DIRECTIVE 1 UNDER EXECUTIVE ORDER 14014, Prohibitions Related to Financial Services to or for the Benefit of Myanmar Oil and Gas Enterprise(October 31, 2023)

등 근거 없는 낭설이 돌기도 했습니다. 아마도 절박한 미얀마 국민들의 바람을 나타낸 말인 듯합니다. UN안전보장이사회 상임이사국들의 거부권으로 인해 국제사회의 평화유지라는 UN 본연의 기능이 무력화된 지 이미 오래이고 UN군은 실체가 있는 상설군대가 아니라, 주권국가들인 회원국의 동의를 전제로 수시로(ad hoc) 구성되는 군대이기 때문입니다. UN군이 관여하여 성공적으로 평화가 재건되고 장기적으로 국가가 성장한 사례는 아마도 한국전쟁을 겪은 대한민국이 거의 유일한 경우인 듯합니다.

미얀마 쿠데타에 대해서도 UN은 제 기능을 발휘하지 못합니다. UN군은 차치하고 군부를 규탄하는 UN안전보장이사회 결의조차 시원스럽게 이루어지지 못한 상태입니다. 거부권을 가진 중국과 러시아가 (특히 쿠데타 직후) UN이 미얀마 군정을 비난하는 것에 동의하지 않았기 때문입니다. 그나마 다행인 것은 2022년 12월 21일(뉴욕 시간) UN안전보장이사회가 미얀마 관련 결의 2669호(2022)를 채택하여, '즉각적인 폭력 중단', '모든 당사자 간 건설적 대화 개시', '아세안 의장 특사 중재', '인도적 지원 제공', '아세안 의장 특사단 미얀마 방문 및 모든 당사자 면담'을 촉구한 것입니다. 이마저 UN안전보장이사회 상임이사국인 중국과 러시아, 비상임이사국인 인도의 기권이 있었기에 가능한 결의였습니다.

이리하여 공은 개별 국가들에게 넘어가게 됩니다. 미국의 조치는 앞서 설명한 바와 같습니다. 미국과 더불어 EU도 미얀마에 지속적으로 제재를 가하고 있고 때로는 미국보다 앞서나가기도 합니다. EU는 이미 2023년 2월에 미얀마석유가스공사를 제재 리스트에 추가했습니다.

2022년 10월 미얀마 경제에 또 다른 차원의 충격이 가해집니다. 10월 21일 프랑스 파리에 본부를 둔 국제자금세탁방지기구(FATF, Financial Action Task Force)가 미얀마를 블랙리스트* 중 낮은 단계인 강화된 주의의무(EDD, Enhanced Due Diligence) 국가로 지정한 것입니다. 국제자금세탁방지기구의 조치는 권고적 효력에 불과하지만, 각국 금융기관들은 평판 관리를 위해 국제자금세탁방지기구의 권고를 준수하고 있기 때문에 권고의 파급효과는 매우 큽니다. 국제자금세탁방지기구 권고가 발표된 2021년 10월 21일 직후 환율이 1달러당 4,000짜트까지 급등한 해프닝이 있었지만, 이미 많은 은행들이 외환심사를 까다롭게 해오던 터라 환율은 이내 당시 미얀마 시장환율인 3,000짜트 수준으로 내려갔고 급격한 충격은 오지 않았습니다. 하지만 국제자금세탁방지기구는 매년 2월, 6월, 10월 총회를 개최하고 있기 때문에 언제든 미얀마를 북한과 이란만이 대상인 높은 단계의 블랙리스트인 대응조치(Countermeasures) 국가 즉, 전면적 국제금융거래 중지 대상으로 지정할 수 있습니다.

국제자금세탁방지기구의 권고는 지속적으로 미얀마 경제에 어

---

* 국제자금세탁방지기구(FATF)의 블랙리스트 국가 범주에는 대응조치(Countermeasures)와 강화된 주의의무(EDD, Enhanced Due Diligence) 국가가 있으며 미얀마는 전면적 국제금융거래 정지를 권고하는 대응조치보다는 한 단계 낮은 EDD 국가로 분류되었습니다. FATF는 40여 개 권고사항 충족 여부에 따라 국가 범주를 분류하고 있습니다.

려움을 가중시키고 있습니다. 2023년 4월부터 JP모건체이스, 뉴욕멜론은행(이상 미국), UOB, OCBC(이상 싱가포르) 등 달러 중개 은행들이 인도적 사유 등 일부 예외를 제외한 미얀마 관련 달러 거래 중개를 중단한다고 발표했고, 중개 업무 중단 은행은 점점 더 늘어나는 추세입니다. 당시 주미얀마 미국대사관 경제담당관에게 JP모건 등이 조치 전에 미국 정부와 사전 상의를 했었는지를 문의해보니, 사전 상의는 없었다는 말을 들었습니다. JP모건 등의 자발적 조치는 'FATF의 권고가 금융기관을 포함한 민간기업들의 미얀마 관련 의사결정에 상당한 영향을 미치고 있음'을 방증하고 있다고 보아도 무방할 듯합니다. 이 책의 출간을 앞둔 2024년 7월 현재 국제자금세탁방지기구는 미얀마를 강화된 주의의무 국가로 분류하고 있지만 향후 미얀마를 대응조치 국가로 지정한다면 미얀마 경제는 더더욱 궁지로 몰릴 것입니다.

군부의 반시장적 경제조치와 그 여파

"우리는 이미 이전에도 제재를 경험해본 적이 있다. 새로운 제재가 있더라도 미얀마는 손실을 입지 않을 것이다. 미국의 제재는 미얀마의 다당제 민주주의 체제를 향한 노력에 불필요한 지연만 야기할 뿐이다." 앞서 언급한 미얀마 군부 대변인의 언론 브리핑은 국제사회의 대미얀마 제재에 대한 미얀마 군부의 인식을 가감없이 보여주고 있습니다. 1962년 이후 미얀마를 지배하면서 긴 시간 독점적 지위를 구축해온 군부에게 분명 이 말은 진심일 수 있습니다. 관련하여 군부와 직접적으로 관련된 인구를 대충이라도 수치화해보도록 하겠습니다. 미얀마 군 · 경찰이 약 60만 명, 그들의 가족까지 포함하면 240~300만 명이니, 이림잡아 미얀마 인구의 5% 정도는 현재 상황에 그럭저럭 만족하고 있다고 할 수 있겠습니다. 그런데 이를 바꾸어 말하면, '5%를 제외한 대부분 미얀마 국민들이 국제사회 제재의 파고를 고스란히 받아내고 있다'가 됩니다. 그리고 국제사회의 미얀마 제재에 가장 큰 고통을 받고 있는 또 다른 주체로 우리 기업 300여 곳을 포함한 미얀마에 투자한 외국기업*을 들 수 있습니다.

가장 큰 타격을 미친 국제사회의 제재조치는 주요 군부 관련 기업의 자산동결과 미얀마로의 달러 유입 차단으로 인한 외환부족입니다. 쿠데타 초기인 2021년 2월 이래 지속적으로 미얀마 군부 및 정부 인사, 기관, 주요 친군부 기업, 경제 인사들이 제재 리스트에 올랐으며, 다수 외국 은행들이 이들과 관련한 송금 등 금융거래에 극도로 신중한 자세를 취하게 됩니다. 그 결과 외환 수급의 경색이 오게 되었습니다. 미얀마 중앙은행(CBM, Central Bank of Myanmar) 발표에 의하면 쿠데타 이전 미얀마 외환보유고는 약 70억 달러였는데, 이후 관련 통계가 발표되지 않아 현재의 정확한 수치는 알 수 없습니다. 2023년 8월에 만난 친군부 성향 기업인은 외환보유고가 아직도 70억 달러 그대로라고 했으나,

---

* 한중일 3개국 기업의 대미얀마 투자는 금액 및 숫자 면에서 타국에 비해 압도적으로 큽니다. 미얀마에서 거대한 영향력을 행사하는 중국을 제외하면, 실제 미얀마 당국의 조치로 손실을 보는 기업 대부분은 한국과 일본 기업입니다.

근거 있는 주장은 아닌 듯합니다. 그간 비정기적으로 미얀마 외환당국이 외환시장에 개입하는 한편 천연가스 등 자원개발 수익 지분 외환 유입이 있었으나 외환수급에 대한 정확한 수치는 알 수 없는 상황입니다.

외환부족에 대응한 미얀마 군부의 조치는 매우 극적이고 극단적이었습니다. 여기서 극적이라는 것은 조치를 시행 하루 전 발표하는 등 전격적인 조치를 의미하는 것이고, 극단적이라는 것은 시장의 가격기능을 무시하고 사유재산을 침해한 매우 통제적인 방식의 조치라는 의미입니다. 매우 다양하고 세부적인 조치들이 있지만 대표적인 조치들을 소개하면 아래와 같습니다.

외환규제(4.3 신외환조치)

달러 부족에 시달리자 미얀마 외환 당국은 민간이 시중은행에 예금한 달러를 활용할 계획을 세우고 전격적으로 실시합니다.

2022년 4월 3일 미얀마 중앙은행이 시중은행에 예치된 외환을 고시환율인 1달러당 1,850짜트로 강제 환전토록 하는 조치를 취한 것입니다.*

당시 시장환율이 2,300짜트 내외였기 때문에 시중은행에 달러를 예치해둔 기업은 앉은 자리에서 20% 가까운 환 손실을 보게

* 중앙은행은 달러의 현실 가치를 반영하기 위해 2022년 8월 5일 공식환율을 '달러당 2,100짜트'로 한 차례 조정했으나 시장거래 환율과의 괴리는 여전히 해소되지 않았습니다. 실제로 2024년 5월 현재 시장거래 환율은 달러당 약 4,000짜트 수준까지 상승하여 공식환율과의 간격이 더 크게 벌어졌습니다.

됩니다. 더군다나 향후 환율 상승이 예상되었기 때문에 비자발적 미얀마 화폐 보유로 인한 손해는 더 커질 것으로 예상되었습니다.

이를 우리 대사관과 우리 기업은 '4.3 신외환조치'라고 칭하는데, '4.3 신외환조치'의 또 다른 주요 내용은 정제유, 식량 등 필수품 수입은 장관급으로 구성된 외환관리위원회(FESC, Foreign Exchange Supervisory Committee)의 승인을 얻은 후 공인허가(Authorized Dealer License)를 보유한 은행을 통해 외환 관련 업무를 진행해야 한다는 것입니다. 이 경우 시중 환율보다 좋은 조건인 달러당 1,850짜트로 달러를 구할 수 있어 해당 기업이 이익을 보는 것 같지만, 이 또한 미얀마 당국이 허용한 양만 수입이 가능하기 때문에 근본적인 사업성을 확보하기는 힘듭니다. 그리고 필수제 수입을 허용한다는 말을 바꾸면 필수제가 아닌 제품 구입에는 미얀마 당국을 통한 외환공급이 되지 않는다는 뜻이 됩니다. 비필수제를 수입하는 기업은 일반 환전상을 통해 비싸게 외환을 조달한 이후 또 송금허가를 받아야 하니 이중, 삼중의 어려움에 직면하게 된 것입니다.

미얀마 당국은 또한 외환 규제 조치의 실효성 확보를 위해 수입허가제도(IL, Import License)를 강화했습니다. 외환이 필요한 수입 절차를 까다롭게 해서 외환유출을 막아보자는 계산이었습니다. 미얀마 상무부(Ministry of Commerce)는 쿠데타 이전인 2000년 8월 품목분류 코드(HS Code) 10단위 기준 3,000여 품목이던 수입허가 대상 품목을 2023년 5월에는 9,000여 개 품목으로 확대했습니다. 이 조치로도 미얀마에 생산시설을 둔 투자기업들은 큰 과제를 떠맡게 됩니다. 원료 조달이 어려워지고 원료를 구하더라도 미얀마에 도입되는 시기가 지연되었기 때문입니다. 만성적으로 외환이 부족하기 때문에 수입허가 품목은 계속 확대될 것으로 예상됩니다.

무역대금 통제

많은 달러가 오가는 무역대금을 관리·감독하기 위한 후속 규제들도 '4.3 신외환조치' 이후 발표되기 시작했습니다. 먼저 미얀마 중앙은행이 2022년 8월 5일 "수출기업의 외화 수취금액 중 65%를 공식환율인 '달러당 2,100짜트'(2022년 4월 3일 시행된 1,850짜트 공식환율이 이날부터 2,100짜트로 상승)를 적용해 즉시 환전한다"라는 내용의 행정명령 제36/2022호를 발표합니다. 이후 미얀마의 모든 수출기업들은 외화로 획득한 수출대금(Export Earning)의 65%를 1영업일 이내에 현지화로 일괄 환전했으며, 나머지 35%의 수출대금외환도 1개월 이내에 적법하게 소진하거나 다른 기업에 양도하도록 강제됐습니다. 만약 보유 기한인 1개월이 경과할 때까지 외화를 처분하지 못할 경우 해당 잔액은 중앙은행 공식환율로 자동 환전 조치되었습니다.

수출입에 따른 외환 흐름(2022.8.5.~2023.6.21.)

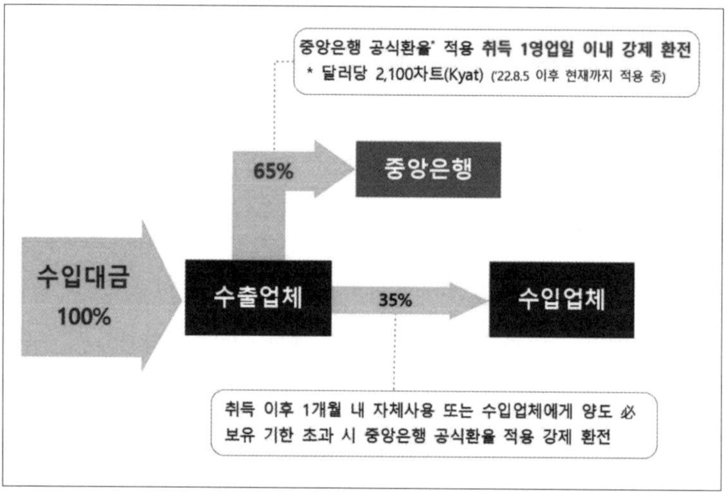

자료 정리: 코트라 양곤 무역관

이 조치는 얼핏 보면 수입업체 즉 달러 수요 기업에게 유리해 보이지만, 수입 기업들 또한 무역대금 통제 조치에 따른 다양한 문제에 직면하였습니다. 우선 시장에서 수입대금 결제용 외화 획득이 어려워졌습니다. 수출업체들에 남겨진 35%의 수출대금은 수입업체들의 달러화 수요를 감당하기에는 불충분했기 때문입니다. 수요-공급 불균형에 따른 수출입업체 사이의 거래 환율 즉 시장환율 상승도 불가피했습니다. 또한 은행으로부터의 외환 매입도 원활하지 못했습니다. 원칙상 수입업체는 외환감독위원회(FESC)로부터 승인받은 수입대금만큼을 중앙은행 공식환율로 매입할 수 있었으나 실제로는 은행의 달러화 보유액이 부족해 환전 승인이 나지 않는 경우가 대부분이었습니다. 제도 시행 초기에 코트라가 실사한 인터뷰에서 현지 바이어 대부분은 "은행으로부터의 환전 매입이 사실상 이뤄지지 않고 있다"라고 답변했습니다.

온라인 트레이딩 시스템 도입과 폐지

외환 규제와 무역대금 통제로 미얀마의 산업생산과 경제활동은 크게 위축되었습니다. 환율은 지속적으로 상승해서 달러당 3,900짜트까지 치솟기도 했으며, 대부분을 수입에 의존해야 하는 산업용 원자재와 기초생활필수품을 중심으로 초(超)인플레이션 현상이 발생하기도 했습니다. 그러자 미얀마 당국은 2023년 6월 22일 수출입업체 간 수출대금(Export Earning) 거래를 직접 통제하는 '온라인 트레이딩 시스템' 도입으로 대응합니다.

'온라인 트레이딩 시스템'은 중앙은행이 시중의 외환거래 면허(Authorized Dealer License)를 보유한 은행을 통해 수출업체들의 수출대금 매도 수요를 취합한 다음, 수입업체들의 구입 희망 품목과 필요 외화를 파악하고 이를 연결(Match Making)해주는 방식으로 운영되는 시스템이었습니다. 매칭 작업 이후에는 중앙은행이 정한 '수출대금(Export Earning) 전용 환율'을 적용해 수출업체와 수입업체 사이의 외환거래를 강행시킵니다. 이때 적용되는 '수출대금 전용 환율'은 달러당 2,920짜트 내외로, 중앙은행 공식환율보다는 높고 당시의 실제 시장거래 환율인 달러당 3,200짜트보다는 낮았습니다. 이로써 (일시적이나마) 미얀마에는 ①공식환율, ②수출대금 전용 환율, ③시장 환율 세 가지 환율이 혼재하게 됩니다. 그런데 과거에도 미얀마에 세 가지 환율이 존재했던 시절이 있습니다. 이는 1993년에 도입되어서 2012년에 폐지된 달러 태환권(FEC, Foreign Exchange Certificate)이라는 제도에서 비롯되었으며 이 시기 미얀마 경제왜곡은 정점을 찍었습니다. 참고로 수요-공급 연결 작업은 모두 수작업으로 진행됐으며, '온라인 트레이딩 시스템'이라는 명칭과는 달리 이를 위한 전자정부 플랫폼은 따로 존재하지 않았습니다.

달러 태환권

달러 태환권(FEC)은 부족한 달러를 대신하는 일종의 환전 증명서로 1FEC는 1달러에 해당했습니다. 그리고 당시에는 아래 세 가지 환율이 사용되었습니다.

* 정부 공식환율(Official Rate): 1달러=5~6짜트, 미얀마가 고정환율을 채택한 1997년부터 사용, 정부 통계 목적으로 주로 사용
* 공정환율(Fair Rate): 1달러=450짜트, 시장환율과 타협하여 정부 지정 환전소에서 운용하는 환율, 수출기업들의 수출세 납부에 사용
* 시장환율(Market Rate): 미얀마 일상 생활(이른바 블랙마켓)에서 실제 통용되는 환율, 당연히 공정환율보다 높은 수준

2000년대 초반 한국에서 미얀마에 출장한 A씨는 '호텔에서 정부 공식 환율로 100달러를 환전했는데 시중에서 음료수 한 잔을 마시니 환전한 돈이 다 없어졌다'는 달러 태환권 관련 사례를 지인으로부터 전해 들었습니다. 사실이 아닌 과장된 이야기일 수 있지만, 정보가 부족한 외국인

들이 상상하지 못할 환율제도로 인해 많은 어려움을 겪었던 것은 사실이었을 것입니다.
떼인세인 문민정부 이후 달러 태환권(FEC)은 폐지되고 미얀마에도 변동환율제도가 도입되었지만, 2021년 쿠데타 이후 이중환율제도를 통해 비정상적인 환율제도가 미얀마 경제를 왜곡시키고 있습니다.

온라인 트레이딩 시스템의 도입으로 수출업체의 경영 리스크는 더욱 증가했습니다. 시장에서 자유롭게 매도해왔던 수출대금(Export Earning) 35%를 실거래 환율보다 낮은 '수출대금 전용 환율'에 판매하게 됐기 때문입니다. 중앙은행이 2023년 7월 13일부터 수출대금의 50%를 수출대금으로 보유할 수 있도록 기준을 완화했지만, 기업이 체감하는 손해는 이에 따른 혜택을 상회했습니다. 반면 수입업체들이 온라인 트레이딩 시스템을 통해 시장거래 환율보다 낮은 2,920짜트 내외로 일부나마 달러화를 구할 수 있었기 때문에 그들의 자금 운용에 어느 정도 도움이 된 것은 사실입니다만, 가격이란 시장 기능 왜곡으로 경제 전반의 비효율성은 더 커지게 됩니다.

외환의 수요에 비해 공급이 절대적으로 부족한 구조에서 동 제도는 지속되기 힘들었습니다. 그 결과 중앙은행은 제도 시행 5개월여 만인 2023년 12월 5일 온라인 트레이딩의 전면 폐지를 선언합니다. 이에 따라 수출업체와 수입업체 사이의 수출대금 양도는 기존과 같이 은행이 자율적으로 중개하게 되고, 거래에 강제되던 '수출대금 전용 환율' 역시 사라졌습니다. 또한 다음 날인 12월 6일에는 수출기업의 수출대금 보유한도를 65%까지 상향하는 '행정조치 제26/2023호'를 발표합니다. 이미 10여 년 전에 실패한 극단적 조치를 다시 도입한 것은 미얀마 금융당국의 절박함을 나타내는 것으로 보이기도 합니다. 다행히 이내 이 조치는 철회되었습니다.

그러나 온라인 트레이딩 시스템 폐지가 미얀마 정부의 외환시장 개입 전면 철회나 '고정환율제 포기'를 의미하는 것은 아닙니다. 2022년 4월 3일 이후 적용되는 '4.3 신외환조치'의 기본 체계는 2024년 7월 현재에도 유효하며, 중앙은행 공식환율은 여전히 '달러당 2,100짜트'입니다. 기업의 달러화 소지 금지 원칙과 수출대금 보유 기한 1개월 기준도 그대로 유지되고 있습니다.

반시장적 조치의 여파

반시장적 조치의 여파는 매우 반시장적인 결과를 가져왔습니다. 대표적인 예로 미얀마의 자동차 가격을 들 수 있습니다. 미얀마에는 현대차, 스즈키 등 일부 완성차 조립공장(SKD, Semi Knock Down)*이 있지만 차량은 대부분 해외 수입에 의존하고 있습니다.

---

* SKD는 자동차 부품 일부를 조립하여 모듈상태로 수입한 다음 현지조립공장에서 최종 조립을 완료하여 판매하는 방식입니다. 비슷한 용어로 CKD(Complete Knock Down)가 있는데 SKD보다 수입되는 부품(모듈) 수가 많은 방식입니다.

수입차 중 대부분은 중고차이지만 이 역시 달러를 주고 사와야 하는 즉 대량의 외환을 유출하는 비필수제 품목에 해당합니다.

쿠데타 이후 미얀마 당국은 외환 유출 방지를 이유로 신차는 물론 중고차 수입도 원칙적으로 불허합니다. 그리고 자동차 조립에 필요한 부품 수입도 사실상 중단하였습니다. 때문에 미얀마 내 중고 자동차 가격은 천정부지로 치솟았습니다. 3년을 탄 자동차를 판매할 경우 구매한 가격보다 높은 가격으로 되파는 경우가 허다했었는데, 물가상승을 감안한 실질 가격 수준이 그러했습니다. 미얀마에 자동차 수입이 공식적으로 금지되는 한 이러한 가격왜곡은 지속될 것으로 보입니다. 자동차만큼 파급력이 크지는 않지만 식료품의 경우도 버터 등 미얀마 일반 국민이 소비하지 않는 비필수재는 수입이 중지되어, 한 한국 제빵업체는 자체적으로 대체원료를 생산하기도 했습니다. 의도하지 않게 신제품이 출시된 것입니다.

미얀마에서 활동하는 기업 중 가장 어려움을 겪는 곳은 원자재를 해외에서 수입한 후 이를 가공하여 완제품을 만들어 미얀마 내에서 판매하는 기업입니다. 앞서 말한 대로 외환관리위원회의 승인을 얻지 못한 경우 달러를 시중환전상을 통해 비싸게 구입하여 원재료를 수입하고, 미얀마 내수용으로 판매 후에는 미얀마 화폐인 짜트만 금고에 쌓이는 악순환을 겪는 것입니다. 게다가 짜트 환율은 지속적으로 상승하고 있으니 짜트 보유는 그 자체로 손실입니다. 이 책의 출간을 앞두고 있는 2024년 7월에도 미얀마의 기형적인 외환조치는 지속되고 있기 때문에, 원재료를 수입한 후 미얀마에서 가공하여 미얀마 내수용으로 판매하는 비즈니스 모델을 가진 기업 상당수가 시간이 지날수록 더 큰 어려움에 처할 것으로 예상됩니다.

외환부족을 만회하기 위한 무역대금 통제와 온라인 트레이딩 시스템의 역효과도 뚜렷하게 나타났습니다. 무역대금 통제의 낮은 실효성과 행정상 어려움은 이미 예견되었고, 실제로 온라인 트레이딩 시스템 도입 이후에도 달러화 구매에 적용되는 시장거래 환율은 계속해서 상승한 바 있습니다. 오히려 수출기업들이 손해를 줄이기 위해 역외거래(Hundi)* 비중을 더욱 늘리면서 미얀마로 유입되는 외화의 규모가 더 줄었다는 추측이 나오기도 했습니다. 경제의 기초체력 변화 없이 정부의 인위적 규제만으로 금융 시장을 통제할 수 없다는 것을 다시 한번 보여준 셈입니다.

미얀마 진출 기업들의 대응

투자기업들이 직면한 어려움

미얀마 투자기업관리국(DICA, Directorate of Investment and Company Administration, 투자청에 해당) 통계 기준으로 외국인이

---

* 실크로드 교역을 하던 이슬람 대상들이 재산을 사막의 도적들로부터 보호할 목적으로 고안된 이슬람의 전통적인 송금시스템입니다. 송금을 원하는 고객은 역외 훈디 점포에 들러 송금 금액과 수수료를 내놓고 비밀번호를 부여받은 후 이를 송금받을 사람에게 알려주면, 송금받을 사람은 가까운 훈디 점포에 들러 비밀번호를 대고 약속된 자금을 수령하면 됩니다.

미얀마에 투자한 프로젝트 수는 약 2,400여 개에 달합니다. 이 중 포스코 인터내셔널(구 대우인터내셔널)처럼 1980년대 이후 수십 년간 미얀마에 투자해온 기업들도 있지만, 대부분은 미얀마가 개혁개방정책을 추진한 2010년대 이후 미얀마에 진출한 기업들입니다. 그리고 이들 대부분 기업에게 최근 미얀마에서의 경험은 매우 큰, 어쩌면 한 번도 경험해보지 못한, 경영애로사항(business risk)일 것입니다.

전 세계 모든 기업들의 고통이었던 코로나19는 인터넷 등 온라인 기반이 약한 미얀마에서 활동하는 기업들에게 더 큰 고통으로 다가왔을 것입니다. 코로나19라는 구름이 막 걷히려는 순간 발생한 쿠데타는 이미 코너에 몰린 이들 기업에 또 한 번의 결정타를 날린 것입니다.

2021년 미얀마 군부 쿠데타 이후 기업들은 크게 세 가지 측면에서 어려움에 처합니다. 하나는 국제사회의 제재로 인한 자금흐름의 어려움입니다. 다른 하나는 경제제재에 대한 군부의 대응, 특히 기형적인 미얀마 외환시장과 수출입 통제로 인한 미얀마 사업 수익성 하락입니다. 이 두 부분은 앞서 설명한 바 있습니다. 마지막 하나는 반군부 국민통합정부(NUG, National Unity Government)와 NGO들이 주도하는 기업의 평판 위험입니다. 반군부와 NGO의 논리는 명쾌합니다. "미얀마 투자기업의 이득은 지분 이득과 세금 등을 통해 미얀마 당국 즉 군부로 흘러 들어간다. 미얀마 군부는 그 돈으로 미얀마 국민들을 탄압하고 있다. 따라서 미얀마 투자 외국기업은 철수해야 한다." 하지만 이론과 주장을 현실에 적용할 때는 다양한 요소를 고려할 필요가 있습니다. 미얀마 사업을 포기할 때 기업에 발생하는 손실이 매우 큰 경우, 해당 기업이 고용하는 미얀마 노동자들과 그 가족들의 생계, 기업이 철수한 공백은 누가 메울 것인지? 이는 몇 가지만 예를 든 것입니다. 고려할 요소가 많을수록 기업들의 셈법은 복잡해질 것입니다.

문제는 기업에게 대응할 선택지가 많지 않다는 것이었습니다. 단기적으로는 미얀마에 진출한 많은 기업들이 영업을 축소하고 감원을 하게 됩니다. 그리고 쿠데타로 인한 미얀마 비상사태가 장기화될수록 한계상황에 부딪히는 기업이 늘어나고, 미얀마에서 철수하는 기업이 늘어나게 될 것입니다.

어떤 기업들이 철수했을까?

일부 글로벌 기업들은 쿠데타 초기부터 미얀마 시장 철수라는 강경책을 들고 나왔습니다. 노르웨이 통신 기업인 텔레노(Telenor)가 주요 외국투자기업 최초로 2021년 7월 미얀마 모바일 사업을 레바논 기업인 M1에 1.05억 달러에 매각한다고 발표했습니다. 텔레노는 한국의 SKT 등 경쟁사들을 물리치고 2014년 미얀마 통신시장에 진출한 기업입니다. 미얀마 정부가 통신사업자를 선정할 당시 한국의 SKT가 주미얀마한국대사관에도 미얀마 통신시장 진출을 위해 협조해 줄 것을 요청해왔던 일이 기억납니다. 텔레노의 미얀마 시장 철수 발표 이후 독일의 도매업체 메트로(Metro, 2021년 9월), BAT(British American Tobacco, 2021년 10월), 프랑스의 토탈에너지(Total Energies, 이하 토탈, 2022년 1월), 호주 에너지 기업 우드사이드(Woodside, 2021년 1월), 일본 맥주회사 기린(2022년 2월), 항공유 공급업체 푸마에너지(2022년 10월), 외국계 은행으로는 최초로 호주의 ANZ은행(2022년 11월) 등이 연이어 철수를 선언했습니다. 전 세계 저임금 봉제공장에 자사 상품 제작을 의뢰하는 자라(ZARA), H&M 등 글로벌 의류업체들도 미얀마 주문 중단을 선언한 바 있습니다.

각기 다른 기업들이기에 다양한 이유로 철수 결정을 내렸을 것입니다. 하지만 이들 기업들이 철수한 공통적인 이유를 찾아보자면, 이는 다름 아닌 비용(cost) 증가일 것입니다. 여기서 비용이란 토지 임대료, 임금 등 전통적 비용 외에 평판 악화로 인한 브랜드 이미지 하락, 현재의 비용 외에 미래의 비용과 과거에 들인 노력도 포함된 복합적이고 통시적인 측면에서의 비용을 의미합니다.

텔레노, 메트로같이 2010년대 이후에 미얀마에 진출한 기업들의 비용 계산은 비교적 단순해 보입니다. 특히 메트로 같은 소매 소비업은 물류 창고 외에 대규모 장치나 시설이 필요 없기 때문에 기업의 움직임이 가벼웠을 것입니다. 이러한 이유로 앞으로 미얀마 시장에서 철수하는 한국 기업이 나온다면 소비재 또는 서비스를 판매하는 기업이 될 가능성이 높습니다. 자라, H&M 등 의류업체도 값싼 노동력을 제공할 수 있는 대체생산지가 존재한다면 자기 상표를 부착한 미얀마 생산공장을 대체하는 데 주저할 이유가 없을 것입니다.

미얀마에서 장기간 투자를 해왔더라도 이미 비용(cost) 대비 수익(benefit)이 크고 미얀마 사업 이외 여타 부문의 수익구조

(business model)가 튼튼한 기업이라면 미얀마 시장 철수 유인이 크다고 하겠습니다. 이 범주에 속하는 철수 기업으로는 토탈을 예로 들 수 있습니다. 토탈은 1992년부터 야다나(Yadana) 가스전을 운영해왔는데, 야다나 가스전은 2022년 중 감산기에 돌입하고 2030년 경 생산이 중단될 것으로 평가되는 가스전입니다. 토탈은 이미 투자 대비 충분한 수익을 창출했으니 미얀마 철수는 지극히 합리적인 결정으로 보입니다. 이에 더해 토탈은 미얀마 시장을 철수하면서 프랑스 정부 등에 미얀마 군부에 대한 제재를 강화할 것을 요청함으로써 자사의 평판까지 관리할 수 있었으니 토탈의 철수는 더더욱 장기적 이익에 부합하는 결정이라 하겠습니다. 우연인지는 모르겠으나, 토탈의 미얀마 시장 철수 발표 직후인 2023년 2월 유럽이사회(European Council)는 미얀마석유가스공사를 제재대상에 추가하면서 미얀마 군부에 대한 압박수위를 높인 바 있습니다.

남은 기업들의 대응은?

위에 예시한 기업들이 미얀마 시장에서 철수했지만 나머지 다수 기업들의 입장은 신중합니다. 쿠데타 초기 사업축소와 감원을 하며 미얀마 상황을 지켜보기로 한 대부분 기업들은 2023년에 있을지도 모를 총선 후 미얀마 사업 지속여부를 결정할 계획이었습니다(미얀마 총선과 관련된 자세한 사항은 '미얀마의 미래 어떻게 될까?' 참고). 2023년이 다 가도록 미얀마 총선이 치러지지 않았고 2024년 총선도 어려울 것으로 보이므로 이들 중 상당수는 상황을 좀 더 지켜보아야 할 것 같습니다.

한편 2021년 2월 쿠데타 이후 3년여 시간이 지나는 동안 미얀마 사업의 불확실성을 해소하고 사업의 방향성을 정한 일부 기업도 있습니다. 미얀마 서민들의 수요가 큰 소액대출기관(MFI, Micro Finance Institute)의 경우 비교적 안정을 되찾은 도심 지역 중심으로 일부 업체들이 영업을 확장하고 있습니다. 한국의 '배달의 민족' 인수로 유명해진 독일 음식 배달 서비스 회사 '딜리버리 히어로(Delivery Hero)'가 운영하는 배달 앱 '푸드판다'도 미얀마에서 꾸준히 영업 중입니다. 소수이기는 하지만 경제학에서 말하는 야성적 충동(animal spirit)*을 바탕으로 미얀마 투자를 늘리는 기업도 있습니다. 베트남이나 중국에 진출했다가 인건비 상승으로 미얀마로 주력 업체를 이전하고 있는 의류제조업체들을 예로 들 수 있습니다.

그렇다면 우리 기업들과 대사관의 대응은 어떨까요?

우리 기업들 또한 다수가 사업을 축소하고 인원을 감축하는 조치를 취하고 있습니다. 물론 철수를 결정한 기업도 소수 있습니다만, 앞서 언급한 서구권 국가들과는 달리 대규모 철수는 이루어지

---

* 영국의 경제학자 존 메이너드 케인스(John Maynard Keynes, 1883~1946)가 처음 사용한 개념으로, '불확실성을 감수하고 투자를 결정하는 기업가의 직감'을 가리키는데, 예측이 어려운 시장에서 합리적인 계산보다는 직감에 따른 기업가의 결정이 기업의 성장은 물론 국가의 경제 발전에도 기여한다는 의미로 사용됩니다.

지 않고 있습니다. 우리 기업들의 미얀마 진출이 서구 기업들과는 소위 말하는 결이 다르기 때문인 듯합니다. 서구 기업들은 대부분 2010년대 미얀마의 개혁개방 시기에 미얀마에 진출한 반면 우리 기업들은 장기간에 걸쳐 꾸준히 미얀마에 진출해왔습니다. 또한, 우리 기업들 다수는 중소중견기업이기 때문에 생계형 진출인 데 비해 세계 곳곳에 사업체를 둔 서구 글로벌 기업들은 상대적으로 쉽게 미얀마 시장을 포기하는 상황입니다. 장기간 미얀마에서 활동한 우리 기업들은 그간의 다양한 경험을 바탕으로 장기적인 관점에서 정책을 결정하고 있습니다. 경험 중 하나가 한 번 철수한 기업은 다시 미얀마 시장에 진출하는 것이 어려울 수도 있다는 우려입니다. 아시아 금융위기 이후 태국 시장에서 철수한 한국계 은행들이 아직도 태국 시장에 재진출하지 못하고 있는 주변국 상황도 사업 지속 여부에 영향을 미치고 있는 듯합니다.

이러한 상황에서 대사관의 역할은 기업인들의 안전 확보와 기업의 의사가 미얀마 당국에 가감 없이 전달되게 하는 것입니다. 사업 지속을 희망하는 기업은 활동을 원활하게 할 수 있도록, 사업을 철수하는 기업은 불필요한 손실 없이 신속하게 미얀마를 빠져나갈 수 있도록 지원하는 것입니다. 미얀마 투자위원회(MIC, Myanmar Investment Commission) 승인을 얻어 미얀마에 진출한 기업은 철수할 때도 미얀마 투자위원회의 승인이 필요한데, 이 과정이 신속하게 진행되도록 지원하는 것도 대사관의 역할입니다. 대사관은 위와 같이 개별 기업의 어려움 해결을 지원하는 것과는 별도로 재미얀마한인상공회의소(KOCHAM) 주재로 분기 1회 기업

지원협의회를 개최하여 우리 기업 전반 또는 업종별 어려움을 파악하여 양곤 소재 투자기업관리국(DICA, Directorate of Investment and Company Administration), 네피도의 투자대외경제관계부, 상무부, 외교부 등과 수시로 협의하고 있습니다.

쿠데타 초기에는 대사관의 본업인 기업지원 활동이 불편한 오해를 산 적도 있습니다. 아래에 일명 11.15행사 사건을 간단히 기술합니다.

한국 정부가 미얀마 군부와 경제협력 재개?

2021년 11월 15일 재미얀마한인상공회의소(KOCHAM)는 쿠데타 이후 어려움에 처한 우리기업들의 애로사항을 청취하고 이를 미얀마 측에 전달하기 위한 간담회를 개최한 바 있습니다. 미얀마 측에서는 미얀마 투자기업관리국(DICA) 국장과 미얀마 연방상공회의소(UMFCCI) 회장 등이 참석하여 우리 기업들의 질문에 답하는 세션도 개최하며 우리 기업들의 궁금증을 푸는 기회를 제공했습니다.

그런데 이 간담회가 왜곡되어 한동안 대사관의 골칫거리가 된 사건이 발생하게 됩니다.

폐간된 반군부 성향의 주간 영자 신문 〈미얀마타임즈(Myanmar Times)〉에서 근무한 경력이 있는 한 기자가 트위터에 위 행사에 대해 자의적인 해석의 글을 올린 것입니다. 요약하자면 "미얀마 국민들은 죽어가고 있는데 한국과 미얀마 군부당국은 추가적인 경제협력(further economic cooperation)을 논의하고 있다"였습니다. 초기에는 인터넷

매체들이, 이후에는 주요 언론사들까지 트위터 글을 확대 재생산하면서 세간의 주목을 받게 된 것입니다.

급기야 영국의 〈파이낸셜타임즈(FT)〉는 2021년 12월 17일 아래 자극적인 제목으로 기사를 게재하기에 이릅니다. "South Korean Companies met Myanmar officials despite coup censure(쿠데타 와중에 한국기업과 미얀마 공무원들 만남 가져)" 주요 내용은 '대사관이 개최한 고위급 회의(South Korea's Embassy in Myanmar organized a high-level meeting)에 삼성, LG, 포스코 등 기업 대표 참석' 등입니다.

애초에 왜곡된 트위터에 기초한 〈파이낸셜타임즈〉의 기사 또한 몇 가지 오류가 있습니다. 우선 간담회 목적은 쿠데타로 어려움을 겪고 있는 우리 기업들의 애로사항을 미얀마 경제당국에 전달하기 위한 것이지, 미얀마 군부와 경제협력을 논의하려는 것이 아니었습니다. 또한 간담회 개최의 주체는 재미얀마 한인상공회의소(KOCHAM)이지 대사관이 아니었습니다. 물론 대사관의 지원이 있었기는 하지만 기업들의 필요에 의해 개최된 자리이고 정부 간 협의 자리는 더더욱 아닌 것입니다. 더불어 간담회에 참석한 유일한 미얀마 측 공무원인 투자기업관리국장은 수도인 네피도가 아닌 양곤에서 근무하는 인사인데, 일반적으로 지방에서 근무하는 국장을 경제정책을 결정하는 고위급이라 칭하지는 않습니다. 물론 저나 대사관의 누구와도 개별적인 협의가 있었던 것은 아니었습니다.

진실이 아님에도 불구하고 우리 기업들에게도 이 일의 여파는 적지 않았습니다. 기사에 언급된 삼성, LG, 포스코 미얀마 법인 또는 지점은 본사에 관련 경위를 설명하느라 꽤 많은 시간과 노력을 들였다고 합니다.

후에 확인한 바로는 트위터 글을 게재한 기자는 대만 국적인 사람으로 대만에서 활동하며 투자기업관리국(DICA) 홈페이지의 국장 활동 홍보 자료를 보고 글을 작성했다고 합니다. 이 대만인 기자가 사전에 대사관에 관련 사항을 확인했었다면 불필요하고 소모적인 오해는 없었을 텐데, 아쉬운 마음입니다.

미얀마의 미래, 어떻게 될까?

민아웅흘라잉 군총사령관이 이끄는 미얀마 군부는 2020년 11월 8일 치러진 미얀마 총선에서의 부정을 이유로 2021년 2월 1일 쿠데타를 일으켰습니다. 쿠데타 직후 군부는 1년간 국가비상사태를 선언하고 비상사태가 끝나면 공정하고 민주적인 총선을 통해 정권을 이양하겠다고 발표합니다. 한편 미얀마 현지의 많은 사람들은 2008년 미얀마 헌법 제425조에 허용된 대로 1년간 국가비상사태 이후 6개월 기한으로 2회 즉 1년간 추가적인 국가비상사태를 더해 총 2년간 국가비상사태를 유지한 이후 총선이 실시될 것으로 예상했습니다. 이들의 예상대로라면 2023년 1월 31일 미얀마 국가비상사태는 종료되었어야 합니다.

그런데 2023년 1월 미얀마 군부는 헌법 해석을 통해 국가비상사태 6개월 연장을 선언합니다. 2008년 미얀마 헌법 제425조*는

---

* The National Defence and Security Council may, if the Commander-in-

“정상적인 경우(normally) 2회 각 6개월 국가비상사태를 연장할 수 있다”라고 규정하고 있는데, 미얀마 군부는 미얀마가 처한 상태가 정상적이지 않다고 판단한 것입니다. 이러한 군부의 논리에 의하면 국가비상사태는 계속 연장될 수 있습니다. 비상사태 종료 이후 6개월 이내에 치러지는 총선도 국가비상사태가 연장되는 만큼 연기될 것입니다. 실제 군부는 2023년 7월 말과 2024년 1월 말 국가비상사태를 6개월씩 연장했습니다. 군부가 유리하다고 생각되는 정치지형이 형성될 때까지 국가비상사태는 연장될 것으로 예상됩니다.

법률적인 문제를 떠나 미얀마 내 정치 현실 또한 총선을 실시하기에 녹록지 않은 것으로 보입니다. 2023년 현재 양곤, 네피도, 만달레이 등 대도시와 인근 지역은 쿠데타 이전에 준하는 안정을 되찾았다고 볼 수 있지만 마그웨, 사가잉, 샨, 카인, 친 등 외각 지역은 소수민족무장단체(EAO, Ethnic Armed Organization), 반군부 시민방위군(PDF, People’s Defense Force)과 정규군 간 전투가 빈번히 일어나고 있어 총선은 차치하고 인구조사 등 총선을 위한 사전 조치도 어려운 상황입니다. 일부 지역에서는 군부가 열세라는 뉴스도 심심찮게 보도되고 있습니다. 또한 상당수 이들 외곽지역은

Chief of the Defence Services submits the extension of the prescribed duration by giving reasons why he has not been able to accomplish the assigned duties, on the expiry of the term of the Pyidaungsu Hluttaw(의회), normally permit two extensions of the prescribed duration for a term of six months for each extension.

이미 수십 년 전부터 소수민족이 무장세력(EAO)을 형성하여 반정부 무장투쟁을 해오던 지역입니다. 시민방위군(PDF)이 소수민족 지역에서 활동한다는 것은 미얀마 국가통합구도에도 새롭고 큰 변수가 발생했음을 의미합니다. 미얀마의 분쟁관계를 군부-소수민족 양자 구도에서 군부-소수민족-시민방위군 삼각구도로 변화시킴으로써 소수민족과의 평화협정을 더욱 어렵게 만들기 때문입니다.* 버마족과 소수민족이 통합하여 진정한 민족국가(Nation State)를 형성한다는 미얀마의 숙원사업은 그만큼 어려워질 것으로 예상됩니다.

참고로 미얀마 소수민족 무장투쟁은 미얀마가 영국으로부터 독립하기 이전부터 이어져왔으며, 소수민족과 평화협정은 식민지 말기 아웅산, 20세기 군부 정권, 21세기 아웅산수찌 민주 정부에 이르기까지 일관되게 미얀마의 가장 중요한 정치 의제로 다뤄진 사항입니다.

미얀마의 미래 시나리오

미얀마의 미래를 예측할 때 고려해야 할 변수는 수없이 많지만 중요한 변수로는 '군부'와 '반군부'로 단순화시킬 수 있을 듯합니다. 반군부는 소수민족무장세력(EAO)과 시민방위군(PDF)으로 세분할 수도 있겠습니다만, 변수가 지나치게 많아지는 관계로 이 글

---

* 정재완, 「미얀마 쿠데타 발발 1년: 정치 · 경제 동향과 한국에 대한 시사점」, 대외경제정책연구원, 2021.2.23

에서는 구분하지 않겠습니다.

그리고 현재 미얀마에서 가장 중요한 '군부의 행태 또는 상태'를 좀 더 세분화해서 시나리오에 대입해보고자 합니다.

	군부	반군부	평가/예상
①	기득권 유지	분쟁 지속	현 상태/장기간 지속 가능
②		화해	낮은 가능성
③	기득권 포기	분쟁 지속	떼인세인 정부 시기
④		화해	이상적 시나리오
⑤	와해	-	최악의 시나리오

①번 시나리오는 군부가 기득권을 유지하고 군부가 반군부 단체인 소수민족무장단체, 시민방위군과 전투를 지속하는 상태입니다. 현재의 상황이고 군부, 반군부 모두 한치의 물러섬이 없기 때문에 상당 기간 지속될 것으로 예상되는 시나리오입니다.

②번 시나리오는 군부가 기득권을 유지한 가운데 반군부와는 화해하는 경우인데, 소수민족이 거주하는 지역에서 분쟁이 격화되고 있음을 감안하면 가능성이 낮아 보입니다.

③번 시나리오는 개혁개방 등 군부가 기득권을 포기하지만 반군부와 화해는 이루어지지 않은 상태입니다. 떼인세인 정권 및 민주주의민족동맹(NLD) 집권기와 유사한 상태로 볼 수 있습니다. 군부의 기득권 포기를 어떻게 해석할지 논란이 있을 수 있지만 '미얀마 총선 결과를 국제사회가 인정할 정도'로 군부가 유화적인 태도를 보인다면 현실에서 기대할 수 있는 최상의 시나리오로 생

각됩니다. 제가 만난 군부 인사들 또한 현재 미얀마 군부가 희망하는 미래는 '떼인세인 정권기 미얀마'라고 언급한 바 있습니다.

④번 시나리오는 군부 기득권 포기와 반군부와의 화해입니다. 미얀마 민족국가 형성과 개혁개방이 동시에 진행되는 이상적인 상황이지만, 현실성은 떨어지는 시나리오입니다.

⑤번 시나리오는 어떠한 이유로 군부가 와해되어 권력에 공백이 생기는 경우인데, 내전 등 극도의 혼란이 발생할 가능성이 있는 최악의 시나리오입니다. 이 경우 소수민족무장단체 간 또는 소수민족무장단체와 시민방위군 간 반목이 발생할 가능성도 배제하기 어려울 것입니다. 다행히 이 또한 비현실적 시나리오로 보입니다.

그래도 미얀마 총선 가능할까?

주지하다시피 미얀마 국내외 여건 모두 총선을 치르기에는 여의치 않은 상황입니다. 미얀마 국내정치적 안정과 국제사회의 압력 완화라는 조건이 충족되어야 평화롭고 공정한 선거 그리고 국제적으로 인정을 받는 선거가 가능할 것인데 현실은 그렇지 않기 때문입니다.

위의 요건이 충족되려면 상당한 시간이 걸릴 것으로 예상됩니다. 그리고 그 시간이 얼마나 될지는 그 누구도 알 수 없는 일입니다.

그럼에도 불구하고 일각에서는 미얀마와 직접 관련된 내외부 요인과는 별개로 가능한 빠른 시일 내 미얀마 총선이 있을지도 모를 시기를 예상하기도 합니다. 가능성 있는 시기로는 미국의 대통령 선거가 치러지는 2024년 하반기 이후가 거론됩니다. 2024년은 50개국 20억 명이 대선이나 총선 투표장으로 나서는 선거의 해입니다. 미국, 러시아, 인도, 대만, 인도네시아 등 지정학적 영향력이 큰 국가의 선거 사이클이 겹치면서 선거 결과에 따라 국제 정세가 급변할 수 있습니다. 영국 일간지 〈가디언〉이 '트럼프가 미 대선에서 당선될 경우 국제 질서가 뒤집히고 시대의 균형추가 권위주의와 독재 쪽으로 기울어질 수 있다'고 한 것처럼, 미얀마로서는 이 과정에서 만에 하나 상황을 개선시킬 계기를 엿볼 수도 있기 때문입니다.

그리고 선거 관련 한 가지 대안으로 거론되는 것은 안정된 지역만을 대상으로 한 소규모 선거입니다. 고비마다 (창조적인 방식의) 대안을 들고 나오는 군부이기도 하고, 민주주의민족동맹도 2020년 총선에서 라카인 일부 지역을 총선에서 제외한 전례가 있기 때문에 불가능한 상황만은 아닌 듯합니다.

한편, 군부의 총선 의지는 분명해 보입니다. 2023년 7월 이후 구체적인 방법이 제시되지는 않았지만 미얀마 총선이 전자선거로 이루어질 것이라는 뉴스가 가끔씩 보도되고, 실제 미얀마에 진출한 모 전자회사가 미얀마 당국으로부터 테블릿 수십만대 주문을 받았다는 소문이 돌 정도로 미얀마 내에서도 총선 관련 동향이 모든 이의 이목을 집중시키고 있습니다.

미얀마 총선과 관련하여 총선 개최 자체와는 별개로 총선의 효력에 대한 이슈 또한 존재합니다. 미얀마의 권위주의적 국내 정치 현실이 계속된다면 향후 총선을 시행한다고 해도 국제사회 특히 미국 등이 공정한 선거 결과로 인정할지는 미지수입니다. 이 문제는 군부가 얼마나 미얀마를 평온하게 통치할 것인가라는 현실과 결부된 문제입니다.

총선을 염두에 둔 군부의 행보

앞서 설명했듯이 미얀마의 정치 현실은 총선 실시가 쉽지 않은 상황입니다. 그러나 미얀마 총선과 관련하여 2023년 이후 작지만 변화가 감지되기도 합니다. 우선 군부는 2023년 4월 반기문 전(前)UN사무총장을 초청하여 민아웅흘라잉 군총사령관이 면담하고 미얀마 정세를 논하는 자리를 가졌습니다. 아웅산수찌 여사를 교도소 독방 대신 다른 거처로 옮겨 신변에 변화를 주었으며, 형량*도 6년을 감하는 조치를 취합니다. 또한 정치범 2천여 명을 사면하는 등 유화적인 조치를 취하고 있습니다. 물론 반기문 전UN사무총장은 현역이 아니고, 아웅산수찌의 석방도 이루어지지 않았으며 2023년 8월 현재 교도소에는 1만 5천명 이상 정치범들이 수용되어 있으니 근본적인 변화라고 볼 수는 없습니다. 그런데 최근 미얀마 군부가 취한 일련의 조치는 사이클론 나르기스가 미얀마를 강타한 2008년 이후 행보와 너무나 흡사합니다.

2008년 이전부터 미얀마에 거주하신 분들께 미얀마에서 겪은

---

* 미얀마 군정은 아웅산수찌 여사에게 부패 혐의 등 19건으로 33년형을 선고했고, 2023년 8월 1일 불교기념일에 5건 혐의에 대한 6년 감형조치를 시행했습니다.

가장 어려웠던 사건을 질문하면 많은 분들이 사이클론 나르기스를 이야기할 정도로 2008년 5월 2일 미얀마에 상륙한 나르기스의 위력은 대단했습니다. 같은 해 5월 16일 공식 발표한 집계에 따르면 사망 77,738명, 실종 55,917명으로 총 133,600여 명이 희생되었다고 합니다. 〈매일경제〉 당시 인구 4백만이던 양곤에서는 가옥 2만 채가 파괴됐고 전기와 가스 공급이 나흘째 중단되었습니다. 제가 이름으로만 듣던 미얀마라는 나라를 인지하게 된 것도 나르기스 관련 〈타임즈〉 기사를 읽고 나서 부터였습니다. 국제사회에 철저히 문을 닫았던 미얀마 군부는 나르기스 이후 조심스럽게 국제사회의 지원을 받기 시작했고, 국제사회 지원의 첫 단추가 반기문 사무총장이 이끌던 UN이었습니다. 2010년 말에는 아웅산수찌의 가택연금이 해제되었고, 2011년 출범한 떼인세인 정부는 지속적으로 정치범들을 석방하기에 이릅니다. 아마도 군부는 과거 떼인세인 정부의 개혁개방조치를 염두에 두고 행보를 이어가는 것으로 보입니다.

이상의 조치가 국제사회를 향한 군부의 행보라면, 군부는 불교도*가 87.9%인 미얀마 국민들을 대상으로 한 총선 준비(또는 민심 챙기기) 조치도 취하고 있습니다. 군부는 2023년 8월 1일 19m에 이르는 거대한 대리석 좌불상(미얀마 언론은 세계 최대 규모라고 함) 완공행사를 성대하게 개최했는데, 불심으로 국가를 통합하고 군

---

* CIA, WORLD FACTBOOK(2014년 인구센서스 기준) 불교 87.9%, 기독교 6.2%, 이슬람교 4.3%, 힌두교 0.5% 등

부에 대한 반발을 누그러뜨리기 위한 노력으로 생각됩니다. 그리고 이 불상 완공과 비슷한 시기에 미얀마에서 신성하게 여겨지는 흰 코끼리가 돌을 맞이한다고 하여 20,000짜트 기념 화폐를 발행하는 등 일상을 회복한 미얀마 사회를 보여주기 위한 노력을 병행해 가고 있습니다. 물론 그 효과가 어느 정도 일지는 미지수인데, 20,000짜트 지폐는 제한된 액수만 발행될 것이란 발표에도 불구하고 통화량 증가를 예상한 사람들이 많아서인지 2023년 7월 말에는 환율이 급격히 상승하는 부작용이 생기기도 했습니다.

(위) 19m 높이 대리석 좌불상(네피도에 위치)
(아래) 2만 짜트 화폐

왜 미얀마의 역사는 반복되는가?

유일한 진짜 실수는 우리가 아무것도 배우지 못하는 실수이다.

_헨리 포드

반복되는 군부 쿠데타와 도탄에 빠진 미얀마 경제를 표현하기에 적절한 말인 듯합니다.

왜 미얀마는 쿠데타라는 실수를 반복하는 것일까요?

가장 큰 이유는 군부에서 찾아야 하겠습니다. 군부의 의사와 능력이 없었다면 쿠데타도 없었을 것입니다. 그리고 미얀마에 군부를 대체할 세력이 형성되지 않은 것도 고비마다 군부가 미얀마 수호자를 자처하며 재등장하는 것을 막지 못하는 원인이 되고 있습니다.

군부의 의지, 무인국가(武人國家)*의 전통을 계승하다

"미얀마에 민주세력이 재집권하더라도 무기를 한 번 잡은 세력은 결코 총을 내려놓지 않을 것이다." 한 국내 일간지와 인터뷰한 미얀마인 반군부 인사가 한 말입니다. 미얀마의 현대사를 압축적으로 표현한 문장이기도 합니다.

사실 미얀마는 전통적으로 문(文)보다는 무(武)가 우선시되어 왔던 나라입니다. 종족 간 무력투쟁을 통해 통일되고 분열되는 역사를 반복해왔기 때문입니다. 분열된 국가를 통일한 왕조의 시조

---

* 장운용, 『미얀마 군부 '땃마도'』, 양서각, 2013

들은 한국으로 치면 이순신 장군이나 강감찬 장군처럼 지금도 구국의 영웅으로 존경받고 있습니다. 미얀마 최초의 통일 왕조인 바간(Bagan) 왕조(1044~1287)의 시조 아노야타(Anawrahta, 제위 1044~1077), 따웅우(Taung Oo) 왕조(1486~1752)의 실질적 시조 베인나웅(Bayint Naung, 제위 1551~1581), 미얀마의 마지막 왕조인 꼰바웅(Konbaung) 왕조(1752~1885)의 시조 아웅제야(Aung Zeya, 제위 1752~1760)*가 그들입니다. 수도 네피도에는 높이 38피트에 이르는 이들 3인의 정복왕 동상이 세워져 있고, 양곤 시내와 서북부 산업단지를 잇는 두 개의 대교 이름도 베인나웅 다리, 아웅제야 다리입니다. 굳이 비교하자면 우리나라의 이순신대교쯤 되지 않을까 생각됩니다. 그리고 미얀마독립의 아버지로 존경받는 아

미얀마의 전사(戰士)왕들(출처: 위키피디아)

---

* 아웅제야는 1755년 5월 쉐다곤 파고다가 있는 다곤을 점령하고 다곤의 이름을 양곤(적의 종말)으로 바꾼 인물이기도 합니다. 아웅제야를 따르는 사람들은 그를 알라웅파야(Alaungpaya, 미래의 부처님)라고 불렀는데, 아웅제야 대신 알라웅파야로 표기하는 책이나 기록도 많습니다.

웅산(Aung San) 또한 장군 즉 군인으로의 이미지가 지배적입니다.

미얀마 역사 속에 뿌리 깊이 박힌 무인국가(武人國家)의 특성은 미얀마 군부에게도 계승되어 미얀마 정치 현실에 그대로 투영되고 있습니다. 미얀마 군부는 '1948년 미얀마 역사상 최초로 수립된 민간정부 출범 후 국가질서의 붕괴, 종족 간 갈등, 이념적 대립'이 1962년 쿠데타로 귀결되는 것이 자연스러운 현상 또는 역사적 필연이라고 인식하고 있을지도 모르겠습니다. 1962년 쿠데타로 집권한 네윈은 군부의 권력 장악을 미얀마 통합을 위한 투쟁의 연장으로 보면서 군부를 미얀마 수호의 최후의 보루로 자처했습니다. 이러한 군부의 믿음은 2021년 2월 쿠데타까지 이어지고 있습니다.

군부의 능력, 압도적인 하드 파워와 취약한 소프트 파워

1962년 쿠데타로 집권한 네윈은 '버마식 사회주의(Burmese way to Socialism)'*를 표방합니다. 천연자원은 물론 쌀 등 식량이 풍부한 미얀마였기에 가능할 수도 있는 국가운영방식이었습니다. 네윈은 미얀마 석유회사, 24개 은행을 포함한 모든 기업을 국유화했습니다. 깜짝쇼 식으로 발표되는 반시장적 정책은 경제학을 공부하지 않은 사람도 쉽게 수긍하기 어려운 것들이었습니다. 불과 쿠

---

* 민주주의, 배타적인 쇄국정책, 현세의 욕망에 대한 자제를 추구하는 불교, 개인의 소유를 인정하지 않는 마르크스 레닌주의를 혼합한 1962년 미얀마 군부의 국정철학입니다. 이때 같이 발표된 문서가 '인간과 환경의 상관체계(System of Correlation of Man and His Environment)'인데, 사회주의와 불교를 종합하여 사회를 통합하자는 군부의 통치이념을 담고 있습니다.

데타 발생 5개월 만에 산업생산 40%가 감소하고 실업률이 급증하는 결과가 나타났습니다. 이후에도 극단적 경제정책은 계속됩니다. 지하경제를 끌어내기 위해 단행한 화폐개혁은 미얀마 사람들이 모아둔 돈을 종잇장으로 만들었습니다. 이렇게 군부의 시각에 맞춰진 경제정책은 미얀마 내 부(副)의 이동으로 귀결됩니다.

정책결정권과 독점적 정보력을 가진 군부가 경제적 부를 축적하기는 식은 죽 먹기보다 쉬웠을 것입니다. 그 결과 군부는 군사적 물리력 이외에 경제력 면에서도 미얀마에서 독보적인 위치에 올랐습니다. 물리력과 경제력은 상대방을 강제할 수 있는 전통적인 권력 즉 하드 파워(hard power)의 원천이고, 군부는 이를 바탕으로 권위주의적인 방식으로 미얀마를 통치해 나갔습니다. 그러나 모든 절대 권력이 그러하듯이, 군부 정책에 대한 미얀마 일반 국민들의 자발적 동의라는 측면에서의 권력 즉 군부의 소프트 파워(soft power)*는 시간이 지날수록 약해집니다. 이는 군부와 민주진영이 모두 참여한 1990년, 2015년, 2020년 총선에서 민주진영이 모두 압승한 사실이 잘 증명해주고 있습니다.

압도적인 하드 파워를 가지고 있지만, 미얀마 국민들의 민심을 잃은 군부는 국민들의 동의가 필요한 결정적 순간마다 물리력을 통한 강제적 복종 확보라는 손쉬운 방법을 선택해온 것입니다.

---

* 강제력보다는 매력을 통해, 명령이 아닌 자발적 동의에 의해 얻어지는 능력(Joseph S. Nye). 군사력이나 경제력으로 표현되는 힘인 하드 파워와 대비되는 개념으로, 조지프 나이는 소프트 파워의 원천은 문화, 가치, 정당한 국제정책 등이라고 언급했습니다.

성장의 지체와 민간 역량의 한계

과거 60여 년간 미얀마 군부는 분열될 위기에 놓인 국가의 통합을 유지하고, 제국주의 외세로부터 독립을 유지하는 것을 군부 통치의 명분으로 삼아왔습니다. 그러나 장기간의 독재는 국제사회로부터의 고립을 초래했고 개혁과 개방이라는 세계사적 흐름에 역행함으로써 근대화의 기회를 놓치는 결과를 가져오게 됩니다. 더 큰 문제는 이 성장의 지체현상이 단기간에 개선될 기미가 보이지 않는다는 것입니다.

한때 세계적인 종합대학이었던 양곤대학을 비롯한 미얀마 전역의 대학들이 단과대학별로 분리되면서 국가를 이끌어갈 인재 양성이 불가능해졌기 때문입니다. 훌륭한 인재는 출세가 보장된 사관학교로 몰려들게 되고 사관학교에서 체계적인 교육을 통해 민간과 군의 인적 자본 불균형은 시간이 갈수록 심해졌습니다. 그리고 1962년 쿠데타 이후 사기업을 국유화했기 때문에 양질의 일자리를 제공하는 기업집단도 형성될 수 없었습니다. 1990년대 이후 몇몇 민간 기업이 성장하기는 했지만, 군부 묵인하의 인허가권을 바탕으로 성장해왔기 때문에 이들 또한 군부의 영향력에서 자유롭지는 않습니다.

1988년 8888시위를 이끌었던 88세대도 해외 도피, 투옥을 거치며 정치세력으로 결집하지 못했고 이제는 나이가 들어버렸습니다. 2021년 2월 쿠데타 이후 미얀마 정통정부를 자처하는 국민통합정부(NUG, National Unity Government)도 해외임시정부이기 때문에 미얀마 내에서의 영향력은 미미한 실정입니다.

국가 경쟁력의 근간인 튼튼한 기업이 없고 역량 있는 인재가 부족하다면 단순히 군부가 사라지거나 약해진 것만으로 정상국가의 길에 들어서기는 어려울 것입니다. 고비마다 미얀마에서 신군부가 등장한 이유이기도 합니다.

군부와 소수민족무장단체, 의도하지 않은 공생

미얀마는 인구의 약 70%를 차지하는 버마족과 다양한 소수민족으로 이루어진 나라입니다. 버마족(68%) 외에 샨족(9%), 꺼인족(카렌족, 7%), 라카인족(아라칸족, 4%), 몬족(2%), 까친족, 친족, 꺼야족 등 공식적으로만 135개 민족이 있습니다.* 샨족은 중국, 태국, 라오스 접경 산악지대에 거주하며 일부는 양귀비를 재배하는 것으로 알려져 있으며, 꺼인족은 샨주 아래 태국 국경부근에 거주하고 포르투갈, 영국으로부터 기독교를 받아들이고 식민지 시절 군인과 치안업무에 중용되기도 하였습니다.

종족, 언어, 지형이 다른 이들 소수민족 거주 지역은 자치주(State)**를 형성하고 고유의 문화를 인정받고 있습니다. 일부 소수

---

* 민족 구성은 CIA, WORLD FACTBOOK(2014년 인구센서스 기준) 참조

** 이들 소수민족 중 규모가 큰 민족 거주 지역을 7개 자치주(State)로 지정해두고 있는데 까친, 샨, 꺼야, 꺼인(카렌), 몬, 라카인, 친 자치주가 그것입니다. 버마족이 주로 거주하는 지역은 주(Region)로 지정되어 있으며 양곤, 만달레이 등 대도시들이 포함되어 있습니다. 지리적으로는 남부, 중부 평원 지대에 주로 주가 위치해 있고 동, 서, 북부 주변 고원지대에 자치주가 자리하고 있습니다. (State와 Region 모두 주(州)이지만 State는 자치주로 번역함.)

민족들은 한 발 더 나아가 소수민족무장단체(EAO, Ethnic Armed Organization)를 보유하고 있는데, 2023년 말 현재 활동 중인 소수민족무장단체는 40여 개입니다. 이 중 큰 세력으로 아라칸군(AA, Arakan Army), 까친독립군(KIA, Kachin Independence Army), 샨남부군(Shan State Army-South), 샨북부군(Shan State Army-North), 따앙민족해방군(TNLA, Ta'ang National Liberation Army), 와주연합군(UWSA, United Wa State Army) 등이 있습니다. 세력이 큰 아라칸군(AA)과 와주연합군(UWSA)은 각각 30,000명, 25,000명이나 되는 병력을 보유하고 있고 때로는 중국과 무기 거래를 하기도 합니다. 사실상 국가와 같이 운영되기 때문에 평시 반군 지역에는 미얀마 정부군 진입은 당연히 불가능하고, 쿠데타가 있기 전에도 대사관이 소수민족 거주 지역 출장을 가는 경우 미얀마 정부의 특별허가가 필요했습니다.

이들 무장단체의 민족적, 지역적 배경만큼이나 결성 시기도 다양합니다. 가장 오래된 카렌민족독립기구(KNDO, Karen National Defence Organization)는 1947년 결성됐는데, 미얀마 군부의 전신이자 아웅산 장군이 1943년 창설한 버마독립군(BIA, Burma Independence Army)만큼이나 오래된 조직입니다. 미얀마가 독립된 이후에는 카렌민족해방군(KNLA, Karen National Liberation Army, 1949), 카렌군(KA, Karenni Army, 1949) 등 당시 가장 적극적으로 독립을 주장하던 꺼인(카렌)족 중심의 무장단체가 결성되었고, 이후 소수민족 무장단체 수는 지속적으로 증가해 왔습니다.

무장단체들은 상호 승인하고 때로는 미얀마 군부를 상대로 공동작전을 수행하기도 합니다. 2023년 10월 27일 '3형제동맹(Three Brotherhood Alliances)'이 중국과 국경지역인 샨주에서 미얀마 정부군을 공격한 사건이 발생하는데 3형제동맹은 아라칸군(AA), 미얀마민족민주동맹군(MNDAA, Myanmar National Democratic Alliance Army), 따앙민족해방군(TNLA)이 1999년 결성한 반군연합체입니다.

소수민족무장단체 세력이 증가하는 만큼 그 반대편에서는 미얀마의 통합을 명분으로 군부도 계속 집권하고 세력을 키워나가게 됩니다.

소수민족 문제의 해결이 없이는 '미얀마 분열을 막을 최후의 보루'라는 군부의 반복되는 쿠데타 명분은 사라지기 어려울 것으로 보입니다.

뿌리 깊은 소수민족 차별 문제

미얀마 내에서 인구의 68%를 차지하는 버마족의 영향력은 압도적입니다.

각 민족들이 살고 있는 지역만 봐도 버마족 위주로 돌아가는 미얀마 상황을 알 수 있습니다. 양곤, 만달레이, 바고 등 버마족이 다수를 구성하는 주(Region)는 중부와 남부 평원지대에 위치하고 있습니다. 세계적인 곡창지대인 남부 에야와디주도 버마족이 주류인 지역입니다. 반면 거주 요건이 열악한 동부, 서부, 북부 산악지대에 소수민족이 다수인 자치주(State)가 위치하고 있습니다.

이름, 직업 등을 통해 서로 출신 민족을 구분하고, 버마족이 소수민족 출신자들을 하대하는 경우도 볼 수 있습니다. 인구 560만인 양곤에는 버마족이 다수이지만 카렌, 샨, 몬 등 소수민족 인구도 무시할 수 없을 정도로 많습니다. 같은 동양인인 한국 사람들이 봐도 이들은 외형적으로 크게 구분되지 않습니다. 그런데 신기하게도 미얀마 사람들은 말투, 이름 등을 종합해서 출신 민족을 알아볼 수 있는 듯합니다.

직업이나 거주 지역을 통해 민족을 가늠할 수도 있습니다. 꺼인족(카렌족) 여성들은 가사도우미로 취직하는 경우가 많은데, 페이스북 등을 통해 가사도우미를 구하는 경우 꺼인족 여성들이 지원하는 경우가 많습니다. 반군과 정부군 간 전투를 피해 양곤으로 온 꺼인족들이 초기에 많이 종사한 업종이 가사도우미였기 때문인 듯합니다. 미국에서 폴란드 배관공(Polish plumber), 캐나다에서 레바논 택시기사(Lebanese driver)라는 말이 생긴 것과 같은 맥락으로 보입니다. 꺼인(카렌)주에서 이주한 사람들이 정착한 또 다른 지역이 위에 언급한 에야와디주입니다. 에야와디주의 소작농 중 다수가 꺼인족 출신입니다.

군부와 소수민족 무장단체의 화해 못지않게 미얀마 일반 국민들 간 화합도 미얀마 통합의 중요한 열쇠가 될 것으로 보입니다.

Part II

미얀마의 경제, 어디로 가고 있나?

1. 숫자로 본 미얀마 경제

7.1%vs5.7%, 떼인세인이 아웅산수찌보다 나았다?

미얀마는 2011년 떼인세인 정부의 개혁개방 이후 아웅산수찌의 민주주의민족동맹 집권기를 거치면서 동남아시아에서 가장 잠재력 높은 시장으로 주목받았습니다. 해당 시기 외국인 투자와 대외교역 모두 대규모로 증가했으며 경제성장률도 연평균 8~6% 내외로 높은 수준을 유지했습니다. 코로나19가 확산된 2020년에도 3.2%를 성장해 주변 아세안 국가들 대부분이 마이너스 성장을 했던 것에 비해 상대적으로 양호한 성장률을 기록했습니다.

떼인세인, 아웅산수찌 집권기 미얀마 경제성장률

(단위: %)

연도	2011	2012	2013	2014	2015	2016	2017	2018	2019	2020
성장률	5.5%	6.5%	7.9%	**8.2%**	7.5%	6.4%	5.8%	6.4%	6.8%	3.2%

자료: 국제통화기금(IMF)

기간을 좀 더 세분화해보면 흥미로운 결과가 나옵니다. 떼인세인 정부 시절인 2011년에서 2015년간 연평균 성장률은 7.1%인데 반해, 2016년에서 2020년 민주주의민족동맹 시절에는 연평균 5.7%로 성장률이 하락한 것을 볼 수 있습니다. 이를 두고 일부에서는 아웅산수찌 정부를 비판적으로 평가하기도 합니다. 실제로 미얀마에서 오랜 기간 사업을 하시는 분들 중 상당수는 떼인세인 정부 시절이 아웅산수찌 때보다 기업활동 환경이 훨씬 더 좋았다고 말합니다.

그런데 저는 아웅산수찌 정권 시절 경제 성적이 상대적으로 낮은 것은 아웅산수찌나 민주주의민족동맹이 통제하지 못하는 몇 가지 이유에서 기인했다고 봅니다. 우선 두 정부의 군부와의 관계를 지표 차이의 원인으로 볼 수 있을 것입니다. 군 출신의 떼인세인, 반군부 민주화의 아이콘인 아웅산수찌. 1962년 이후 미얀마 경제를 지배해온 군부는 누구에게 호의적이었을까요? 군부의 비호 또는 묵인하에 성장한 민간 기업들 또한 2016~2020년 아웅산수찌 1기 정부 시기에는 공격적인 투자를 하거나 가진 역량의 100%를 발휘하지 않았을 가능성이 큽니다. 5년 만에 끝날 수도 있는 60여 년 만의 민간 정부, 임기가 끝나는 5년 후에 능력을 판단해도 늦지 않을 것이라 생각했을 듯합니다. 이는 개인적으로 2016년 출범한 민주주의민족동맹 1기 정부의 경제 성적표가 기대만큼 좋지 않을 수 있다고 예상한 이유이기도 합니다. 동시에 2020년 11월 총선 이후 미얀마를 이끌어갈 민주주의민족동맹 2기 정부의 경제 성적을 긍정적으로 예상한 근거이기도 합니다.

둘째로 아웅산수찌가 이끄는 민주주의민족동맹 인적자본의 한계를 들 수 있습니다. 아웅산수찌 정권의 인력 풀은 60년 가까이 미얀마를 지배하며 야망 있고 국내외에서 양질의 교육기회를 부여받은 군부의 그것과는 비교되지 않을 정도로 제한적이었습니다. 민주주의민족동맹 정권의 장차관들 중에는 70을 넘은 고령자들이 상당수였는데 2017년경 저도 대표단으로 참석한 행사에서

뵌 미얀마 경제부처 장관은 80대 고령이었습니다. 또한 아웅산수찌 정부의 대부분 장관들과 마찬가지로 행정이나 정치, 경제 실무 경험이 없는 인사였습니다.

셋째, 미얀마 공무원 조직의 비효율성 · 비자율성도 아웅산수찌 정권의 활동을 제한하는 데 한몫했을 것입니다. 두 세대에 걸친 군부독재라는 엄중한 시절을 겪은 공직자들에게 복지부동은 어찌 보면 당연한 것일지도 모르겠습니다. 미얀마에서 업무하면서 느낀 한국과 미얀마 공직사회의 차이는 외부에서 제시되는 일을 수행하는 방식이었습니다. 한국의 경우 외부의 제안이 있는 경우, 실무자가 이를 검토하고 상위자에게 보고를 하여 진행되는 경우(bottom up)가 대부분이지만, 미얀마 실무자들은 (외부 제안자들이 상급자에게 설명하고) 상급자가 실무자에게 지시를 하는 것을 선호하는 경우(top down)를 자주 볼 수 있었습니다. 하위자들의 자율성이 제한적이어서 나타나는 현상인 듯합니다.

그리고 또 다른 중요한 요소는 로힝자* 문제에 보인 아웅산수찌의 자세에 대한 국제사회의 반응입니다. 2017년 군부의 로힝자 탄압에 대해 아웅산수찌는 묵인하는 태도를 보였는데, UN과 서방 중심의 국제사회는 아웅산수찌에 대한 맹비난으로 맞섰습니

---

* 로힝자(Rohingya)는 미얀마 서부 라카인주에 주로 거주하는 방글라데시계 이슬람교도 민족을 칭하는 말입니다. 미얀마 당국은 로힝자를 방글라데시에서 온 불법 이주민으로 규정하고 미얀마 시민권을 부여하지 않고 있습니다(로힝자를 비하할 때 '벵갈리'라는 표현을 쓰기도 함). 2017년 이전 기준 약 140만 명으로 추정합니다.

다. 이는 미얀마 경제성장의 큰 요소인 외국으로부터의 자본유치에 부정적인 영향을 미쳤습니다. 그런데 미얀마 국내 상황을 조금만 알면 로힝자 문제에 대한 답은 대안 없이 정해져 있음을 알 수 있습니다. 인구의 87.9%가 불교도인 미얀마에서 이슬람교도인 로힝자에 대한 태도는 매우 부정적입니다. 인권과 도덕적 정당성 이전에 현실정치에서 국제사회가 요구하는 수준으로 로힝자 문제에 접근하는 것은 자칫 국내 정치 기반을 흔들 수도 있기 때문에 아웅산수찌의 선택은 불가피했을 것입니다.

-17.9%, 쿠데타 직후 경제성장률

최근 미얀마의 연간 경제성장률

(단위: %)

연도	2011	2012	2013	2014	2015	2016	2017	2018	2019	2020	2021	2022
성장률	5.5%	6.5%	7.9%	**8.2%**	7.5%	6.4%	5.8%	6.4%	6.8%	3.2%	**-17.9%**	2%

자료: 국제통화기금(IMF)

2021년 쿠데타는 경제적 측면에서 보면 미얀마에게 지난 10여년의 성장을 무효화시킨 사건이라고 할 수 있습니다. IMF에 의하면 2021년에 미얀마는 무려 17.9%나 마이너스 성장을 하게 되는데, 주지하다시피 정치적 불안이 경제에 고스란히 전가된 결과입니다. 2022년에는 2% 플러스 성장으로 전환했으나 전년의 대규모 역성장을 감안하면 여전히 쿠데타 이전 대비 마이너스 성장을 보여주고 있습니다.

미얀마 경제에 가해지는 국제사회의 압력, 투자, 교역 등을 종합적으로 고려할 때 당분간 미얀마 경제의 미래가 밝아 보이지는 않습니다. 이코노미스트의 계열사인 EIU(Economist Intelligence Unit)는 아세안에서 가장 유망했던 미얀마가 장기적 성장동력을 상실했다고 분석하고 있습니다. 2023/2024 회계연도 경제성장률을 2.1%로 추산했으며, 이후의 경기 회복도 느리게 진행되어 2027/2028 회계연도에 이르러서야 4.8%에 도달할 것으로 전망했습니다. 특히 경제개방시기에 기록했던 6~8% 대의 성장세는 단기간 내에 재달성하기 어렵다고 평가했습니다.

미얀마의 향후 경제성장률 전망치

(단위: %)

회계연도	2022/2023	2023/2024	2024/2025	2025/2026	2026/2027	2027/2028
경제성장률	2.5	2.1	2.8	3.6	4.5	4.8

자료: EIU(Economist Intelligence Unit)

66억 달러vs20억 달러, 투자 유치 급감과 교역규모 정체

2021년 2월 이후 누적되는 국제사회의 제재, 2022년 4월 3일 신외환조치, 2022년 10월 21일 국제자금세탁방지기구(FATF)에 의한 미얀마의 블랙리스트(EDD, Enhanced Due Diligence) 지정 등 일련의 대내외 불안요소들이 미얀마 경제에 미친 부정적인 영향은 투자 관련 지표에서 두드러집니다.

연도별 투자유치 규모

(단위: 백만 달러)

구분	2016/2017	2017/2018	2018.04-2018.09 (임시회계연도)	2018/2019	2019/2020	2020/2021	2021.10-22.03 (임시회계연도)	2022/2023
금액	6,649	5,718.1	1,764.7	4,158.5	4,880.9	3,791.4	647.1	1,640.7

자료: 미얀마 투자위원회

미얀마 투자위원회(MIC, Myanmar Investment Commission) 발표 자료에 따르면 미얀마 회계연도 개정* 이후 1년간인 2022년 4월 1일부터 2023년 3월 31일까지 집계한 외국인 투자유치 금액은 약 16억 4,070만 달러에 불과했습니다. 이 수치는 임시 회계연도로 설정된 2021년 10월부터 2022년 3월 31일까지 6개월간 집계된 6억 4,710만 달러와 비교했을 때는 2.5배 이상이기 때문에 추세상 양호한 수치로 보이지만, 두 기간 모두 쿠데타 이후이기 때문에 큰 의미는 없는 듯합니다.

16.4억 달러는 쿠데타 직전인 2019/2020 회계연도의 48억 8,100만 달러에는 크게 못 미치는 금액입니다. 특히, 민주주의민족동맹 집권 초기인 2016/2017 회계연도의 66억 4,900만 달러에 비해서는 60% 이상 줄어든 수치입니다.

---

* 미얀마의 회계연도는 '시작 연도/종료 연도'로 표기됩니다. 아웅산수찌가 이끄는 민주주의민족동맹 집권시기인 2018년 4월 이전에는 '시작연도의 4월 1일부터 종료연도의 3월 31일까지'를 1회계연도로 정의했으며, 이후 '시작연도의 10월 1일부터 종료연도의 9월 30일까지'로 회계기준이 변경된 바 있습니다. 군부 쿠데타 이후인 2021년 10월에는 '시작연도의 4월 1일부터 종료연도의 3월 31일까지'가 다시 도입되었습니다.

주요 투자기업들이 철수하고 있고 서구나 한국, 일본 등 동아시아 국가들의 신규투자가 이루어지고 있지 않기 때문에 미얀마의 투자유치가 단기간에 회복되기는 어려울 듯합니다.

한편 쿠데타 이후 미얀마 대외교역 금액은 타 경제지표에 비해 비교적 양호한 수치를 보이고 있습니다.

미얀마 대외교역 규모

(단위: 백만 달러, %)

회계연도	수출		수입		무역수지	
	금액	증감률	금액	증감률	금액	증감률
2013/2014	12,523.7	11.7%	16,633.2	20.8%	-4,109.5	-60.8%
2014/2015	11,136.5	-11.0%	16,577.8	-0.3%	-5,441.3	-32.4%
2015/2016	11,998.5	6.8%	17,198.8	3.7%	-5,294.5	-2.6%
2016/2017	14,850.6	23.7%	18,686.9	8.5%	-3,836.3	-26.4%
2018 *임시회계연도	8,821.3	-40.6%	9,858.0	-47.2%	-1,036.7	-73%
2018/2019	17,060.4	93.4%	18,086.6	83.5%	-1026.2	-1.01%
2019/2020	17,681.0	3.6%	19,050.8	5.3%	-1,369.7	33.4%
2020/2021	15,363.3	-13.1%	14,686.1	-22.9%	677.2	-50.5%
2021-2022 *임시회계연도	8,308.4	-45.92%	7,964.9	-45.77%	343.5	49.28%
2022/2023	16,620.17	100.04%	17,352.70	118%	-732.53	113.25%
2023/2024 (2023.4-2023.6)	3,847.27	-76.85%	4,672.39	-73.07%	-825.12	12.64%

자료: 미얀마 상무부(미얀마 회계연도로 작성)

2022/2023 회계연도 교역 규모는 총 339억 7,287만 달러(수출 166억 2,017만, 수입 173억 5,270만)로 코로나19 팬데믹 이전인 2019/2020년 367억 3,190만 달러(수출 176억 8,100만, 수입 190억 5,080만)에 근접한 것으로 집계됐습니다. 하지만 구체적인 내용은 숫자에 비해서 양호한 상태는 아닙니다. 러시아-우크라이나 전쟁 여파로 주요 수출품인 천연가스 가격이 상승했고, 낮은 임금으로 인한 의류 주문자상표부착방식(OEM) 제조 활성화가 여타 부문의 수출 감소를 상쇄한 것으로 보입니다. 수입품 중에는 물량을 줄였음에도 불구하고 가격 상승이 높았던 정제유 수입의 영향이 컸음을 감안할 필요가 있습니다.

200%, 환율 상승

2021년 쿠데타 이후 미얀마 화폐인 짜트의 가치는 짧은 시간 내에 급격히 하락했습니다. 쿠데타 직전인 2021년 1월 1달러당 1,300짜트 내외이던 환율이 2023년 5월에는 2,850짜트, 7월에는 3,000짜트 내외로, 2024년 5월에는 4,000짜트로 상승한 것입니다. 미얀마의 정치적 불안이 국제사회의 제재로 이어지고, 외국으로부터의 달러 공급이 줄어든 반면 안정자산인 달러 수요는 커진 결과입니다.

미얀마 외환시장의 문제는 환율 상승만이 아닙니다. 2022년 4월 3일 이후 시행하고 있는 이중환율제도는 추가적인 경제 왜곡을 발생시키고 있습니다. 2021년 2월 1일 쿠데타 이후 국제사회의 경제제재로 미얀마에서 자본이 썰물처럼 빠져나가자 미얀마 중앙은행은 이듬해 4월 3일 시중은행에 예치된 민간 달러의 해외유출을 금지하고 1달러당 1,850짜트로 강제 환전을 실시합니다. 그리고 기업이 물품 수입을 위해 외화를 유출하는 경우 신설된 미얀마 당국 외환관리위원회의 허가를 받도록 했습니다. 이후에도 달러 품귀로 시중환율이 지속적으로 상승하자 중앙은행은 8월 고시 환율을 1달러당 2,100짜트로 조정했지만 시장환율과의 괴리는 여전한 상황입니다. 2023년 상반기 시장환율이 3,000짜트 내외에서 등락하고 있었는데, 이 시기 달러를 보유하고 있는 사람들은 시중 환전상에서 1달러당 3,000짜트에 미얀마 화폐를 구입해 1달러당 2,100짜트 환율을 적용하는 업체에 지불하는 경우 4분의 1 이상 환차익을 거둘 수 있었습니다. 예를 들면 A 호텔이 1박당 100달러를 받고 1달러당 2,100짜트 환율을 적용하고 있다면, 이 호텔의 투숙객이 달러를 시장 환전상에서 환전해서 호텔에 짜트로 지불하는 경우 약 70달러에 1박을 할 수 있게 되는 것입니다. 물론 이러한 차액 거래를 예상한 호텔들이 객실요금을 미리 인상하거나, 1달러당 환율을 높게 책정할 수는 있지만, 호텔 같은 개별 업체의 가격변동은 시장환율 변동 속도를 따라갈 수는 없을 것입니다(메뉴 코스트). 이런 식으로 시장왜곡은 악순환을 거듭하고 있습니다. 미얀마 당국도 이에 질세라 일반인들의 달러 보유를 원칙적으로 금하고 있지만, 달러를 보유할 정도의 부유층 대부분은 이미 달러를 확보해 집이나 사무실에 있는 금고에 보관하고 있을 터이기 때문에 미얀마 당국의 조치 효과는 제한적일 것으로 보입니다. 향후 추가적인 환율 상승이 예상되기 때문에 달러를 소지한 경제 주체의 환차익은 더 커질 가능성이 많습니다.

일부 개인들이 요행히 환율상승의 여파를 피하고 있는 반면, 거래 내역이 공개될 수밖에 없는 또 다른 경제주체인 기업 특히 우리 기업을 포함한 외국 투자기업은 이중환율제도의 피해를 고스란히 떠안고 있습니다. 앞서 달러 유출 시 외환당국(FESC)의 허가를 받아야 한다고 했는데, 휘발유나 식량 등 미얀마 당국이 정한 필수품을 수입하는 업자들은 제한적이지만 외환 지출 허가를 받고 있습니다. 그런데 미얀마 당국이 정한 필수품 이외의 상품, 예를 들면 전선 제조업체의 경우 구리, 알루미늄 등 원재료를 수입하는 데 큰 어려움을 겪고 있습니다. 미얀마 당국의 승인을 받을 수 있다면 2,100짜트에 1달러를 구입할 수 있지만, 허가가 없으면 3,000짜트 내외의 시장환율에 달러를 구입해야 하는 것입니다. 이렇게 구입한 달러가 있다고 해도 수입에 대한 허가를 별도로 받아야 하니 2중 3중의 규제 장벽에 부딪히고 결과적으로 사업성이 떨어질 수밖에 없습니다.

그렇다면 이중환율제도에 대한 미얀마 사회의 반응은 어떠할까요? 이 책을 마무리하고 있는 2024년 초까지는 대규모 저항은 없는 상태입니다. 미얀마 당국이 과거 경험으로 일반 대중들의 삶에 직접 영향을 미치는 휘발유, 디젤, 쌀 가격 등은 대체로 국제시세 정도를 유지하고 있기 때문입니다. 2007년 샤프란 혁명*이 급격한 원료비 상승에 의한 것이었기 때문에 이를 학습한 군부가 기초적인 민생현안은 철저히 관리하고 있는 듯합니다. 다른 품목들은 특정 기업 또는 집단의 문제이기 때문에 세력의 결집은 쉽지 않은 상황입니다. 또 한 가지 기억해야 할 것은 1990년대에서 2010년대 초까지 현재보다 더 극단적인 미얀마만의 환율제도인 달러 태환권(FEC, Foreign Exchange Certificate, 1993~2012)이 발행된 적이 있다는 것입니다.('온라인 트레이딩 시스템 도입' 참조) 군부 쪽에 유리하게 해석하자면 미얀마의 이중환율제도는 2021년 쿠데타 훨씬 이전에도 운용되었던 제도이기 때문에 많은 사람들이 어느 정도 이 제도에 익숙하다고 할 수도 있겠습니다. 그러나 반시장적 환율제도, 외환통제가 지속되어 경제의 왜곡이 심화되고 일반 국민들의 고통이 임계점에 도달한다면 미얀마는 또다시 대규모 반정부 시위에 직면할 수도 있을 것입니다.

150% 물가상승 vs 20% 최저임금 상승=실질임금 감소

쿠데타가 발생한 2021년 미얀마의 물가상승률은 7.3%로 아세

---

* 2007년 8월 15일 군부가 예고 없이 천연가스 가격 5배, 휘발유/경유 가격 1.66~2배를 인상하자 발생한 대규모 시위 운동입니다. 양곤, 만달레이 등 대도시 중심으로 시위가 진행되었으며 9월 중순부터는 불교 승려들도 시위에 참여하기 시작했습니다. 미얀마 승려들이 샤프란색 옷을 입기 때문에 샤프란 혁명(Saffron Revolution)이라 지칭합니다.

안 국가 중 최고치를 기록했습니다. 개인적인 생각으로는 쿠데타 이후 환율 상승, 유가 상승, 국내외 물류 및 유통망 마비 등을 감안하면 오히려 준수한 수치가 아닌가 합니다. 문제는 2022년 이후에도 물가상승 기조가 유지되고 있고 그 정도는 더 심화되고 있다는 것입니다. 월드뱅크는 미얀마의 2021/2022 회계연도 물가상승률을 18.3%, 2022/2023 물가상승률 예상을 14%로 발표했고, EIU도 2022년 17%, 2023년 11.2%로 비슷한 수치를 예상한 바 있습니다.

일반인의 삶에 직접적인 영향을 미치는 개별 품목의 경우 좀 더 현실적인 수치를 보여줍니다. 생필품의 가격 상승률이 더 높기 때문에, 체감 물가지수는 훨씬 더 크게 상승했음을 알 수 있습니다. 아래 2021년 2월 쿠데타 이전과 2023년 8월 주요 소비재 가격 비교표를 보면 쌀 123%, 팜유 232% 등 대부분 상품 가격이 2배 이상 상승했음을 볼 수 있습니다. 미얀마 내에서도 공급이 가능한 닭고기 가격 상승이 가장 적은 상황입니다. 5대 쌀 수출국인 미얀마의 쌀 가격이 상승한 이유는 국제가격 상승으로 수출물량이 많았기 때문으로 추정됩니다. 미얀마 당국은 국내 쌀 가격 상승 압력이 커지자 한시적으로 쌀 수출금지 등 조치를 통해 국내 쌀 공급을 늘리는 조치를 취한 바 있습니다.

식료품 가격 동향

(단위: 짜트, %)

품목	세부품목	단위	비상사태 이전	2023.8월	증감률
쌀	Rice(Emata Medium) Old	Pyi	1,565.70	3,500	123.54%
설탕	평균가	Viss	1,255.00	3,950	214.74%
식용유	Groundnut oil (Medium)	Viss	6,965.48	14,000	100.99%
	팜유	Viss	2,582.91	8,600	232.96%
콩류	Gram	Viss	2,398.48	7,000	191.85%
	Penilay	Viss	4,829.22	9,500	96.71%
	Pegyi	Viss	3,089.71	8,000	158.92%
	Satawpe	Viss	2,380.23	10,000	320.13%
육류	닭고기	Viss	6,784.76	10,000	47.39%
	돼지고기	Viss	10,515.72	20,000	90.19%
	소고기(순살)	Viss	14,598.15	18,000	23.30%
	양고기(순살)	Viss	23,165.75	30,000	29.50%

자료: 미얀마 통계청

※ 삐(Pyi)와 비스(Viss)는 미얀마 고유의 도량형 단위로 각각 약 2.55L와 1.63kg

생활소비재, 가전, 자동차 등 완제품 및 원자재 수입 의존도가 높은 품목의 상승률이 두드러집니다. 특히 자동차의 경우 신차는 물론 중고차 수입도 일부 예외를 제외하고는 공식적으로 불가능하기 때문에 중고 자동차 가격이 구입 시보다 더 높아지는 기현상이 일어나고 있습니다.

생활용품, 가전제품 등의 가격동향

(단위: 짜트, %)

품목	세부품목(브랜드)	단위	비상사태 이전	2023.8월	증감률
비누	평균가	개	512	850	66.02%
치약	평균가	개	727	1,900	161.35%
자동차	Suzuki Ertiga (2019년형)	대	25,800,000	79,500,000	208.14%
	Suzuki Swift GL (2019년형)	대	15,000,000	57,000,000	280.00%
	Toyota Kluger (2006년형, S Garde)	대	48,000,000	92,000,000	91.67%
휴대폰/태블릿	Galaxy A03(4/64GB)	대	189,000	425,000	124.87%
	Galaxy Tab S8 (8/256GB)	대	1,899,000	3,179,000	67.40%
	Iphone 12(128GB)	대	1,890,000	1,900,000	0.52%
TV	LG up75 55"4K Smart Ultra HD	대	1,099,000	1,990,000	81.07%
	LG up75 75"4K Smart Ultra HD	대	2,590,000	4,590,000	77.22%
의류	Giordano Brand 티셔츠	벌	30,000-75,000	40,000-75,000	약 33.3%

자료: 미얀마 통계청, Citymall, Win Mobile, KL Seven Carshowroom

높은 물가상승률에 더해 미얀마 일반 국민들의 삶을 더 고단하게 만드는 요소 중 하나는 제자리걸음인, 엄밀히 말하면 감소한 실질임금입니다. 대표적인 임금 지표인 최저임금이 2018년 이후 하루(8시간 노동 기준) 4,800짜트로 동결되어 왔고 2023년 10월에 와서야 소폭 상승되었기 때문입니다. 미얀마의 최저임금은 원래 2년마다 갱신되어야 하지만, 코로나19와 쿠데타 여파로 그간 본격적인 논의조차 이루어지지 않았습니다. 물론 봉제 등 노동 고용이 많은 업종들은 임시 상여금 지급, 쌀, 식용유 등 현물 보조를 실시했지만 근본적인 해결책이 되지는 않았습니다. 기업들은 조심스럽게 최저임금 상승을 준비해왔지만, 오히려 미얀마 당국이 최저임금 상승을 주저해온 듯합니다. 최저임금을 인상할 경우 공무원, 군경의 임금 상승도 불가피한데 미얀마 당국의 열악한 재정 능력 때문인지 최저임금 논의는 계속 미루어져 왔습니다. 다행히 2023년 10월 최저임금이 하루 5,800짜트로 약 20% 상승했지만 현저히 높은 물가상승으로 실질임금은 대폭 하락한 상태입니다.

물가는 크게 상승하고 임금은 상대적으로 소폭 상승한 현실에서 미얀마 노동자들이 선택할 수 있는 대안 중 하나는 해외 취업입니다. 특히 태국, 말레이시아, 싱가포르 등 인접국으로 취업이 급격히 늘고 있습니다. 정확한 숫자가 발표되지는 않았지만 한국의 봉제업체들이 인력이 부족하다는 것으로 보아 해외 취업 노동자 수는 수십만에 이를 것으로 추정됩니다. 해외 취업이 아닌 경우 미얀마에 남아서 양질의 일자리를 구하는 것이 어려운 상황이기 때문에 미얀마 인구 상당수는 빈곤층으로 전락하고 있습니다. 쿠데타 이전 약 25%이던 빈곤율이 2023년에는 40%에 이르렀습니다.

61.6% 전력 보급률, 8시간 이상 정전

2010년대 초반 세계 각국의 기업들이 미얀마 투자를 위해 몰려들던 시절 미얀마에서 사업을 하는 데 가장 큰 장애요인은 전력 부족이었습니다. 미얀마 정부는 2030년까지 전력 보급률 100% 목표를 세우고 민간 발전 프로젝트를 적극적으로 추진했습니다. 2017년 9월 39.1%이던 미얀마의 전력 보급률은 2020년 11월 57.9%까지 증가했습니다. 입수 가능한 가장 최근 자료인 2021년 12월 자료 기준 전력 보급률은 61.6%인데, 이후 전력 인프라 보강 프로젝트 축소 및 지연으로 수치는 큰 변동이 없을 것으로 추정됩니다. 60% 초반 전력 보급률은 아세안 10개국 중 최하위이고 전 세계적으로도 하위 20위권에 해당합니다. 전력 보급률이라는 것은 전력망(grid)에 접속된 인구비율을 말하는 것인데, 60% 수준이면 어느 정도 규모를 갖춘 도시지역 외에는 전력 공급이 제대로 이루어지지 않는다고 보면 되겠습니다. 도시 외곽지역을 지날 때면 학교 책상 크기의 휴대용 태양광 패널을 자주 볼 수 있었는데, 이는 야간 전등이나 핸드폰 충전용 전기 생산을 위한 태양광 시설인 듯합니다. 일종의 분산전원인 셈입니다.

그리고 전력 공급을 말할 때 전력망의 보급만큼이나 중요한 것이 얼마만큼의 전력이 안정적으로 공급되느냐입니다. 미얀마의 전력 공급은 매우 부족하고 불안정합니다. 아래 표에서 보듯이 미얀마의 전력 공급은 수요에 비해 만성적으로 부족한 상태입니다.

전력 수요 예측(2019년 기준)

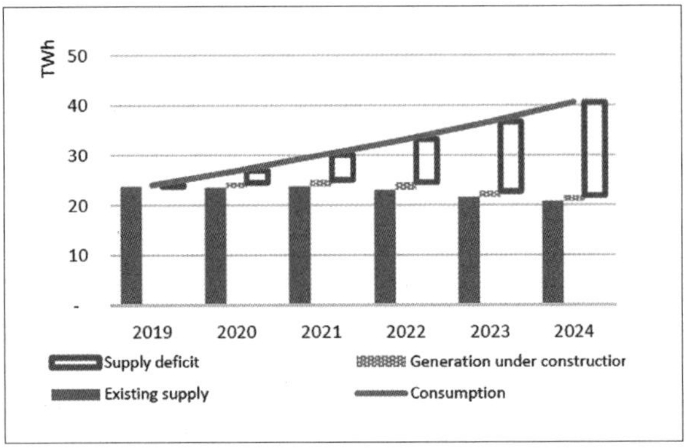

전력공급 계획(2019년 기준)

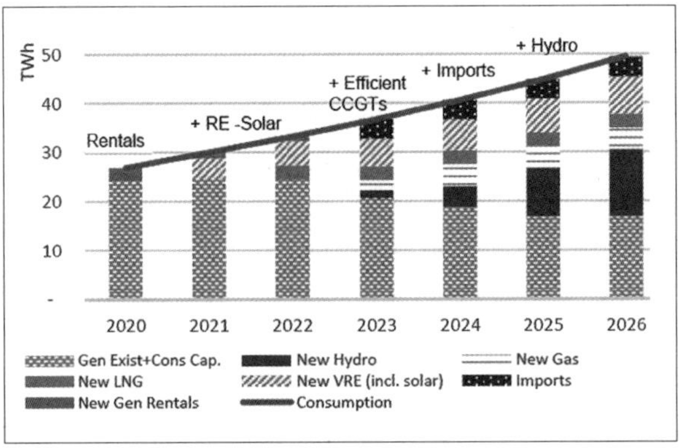

자료: World Bank, 'In the dark: power sector challenges in Myanmar'(2023년 8월)

이에 더해 2022년 12월 기준으로 미얀마 총 전력 생산가능량은 약 7,182MW인데, 실제 전력 생산량은 4,500MW에 불과한 상태입니다. 쿠데타 이후 전력 프로젝트가 가동되지 못했기 때문에 2023년에도 전력 생산량은 큰 차이가 없을 것으로 생각됩니다. 2023

년도 상반기 양곤을 기준으로 하루 중 전력이 공급되지 않는 시간(electricity outages per day)은 산업단지는 약 20시간, 가정집은 8시간 내외나 됩니다. 제가 근무한 양곤 소재 대사관도 수시로 정전이 되어서 디젤발전기로 업무에 필요한 전력을 공급하고 있습니다. 무더운 건기 철에 밤잠을 설쳐 다음 날 일상생활에 영향을 줄 수 있고, 냉장보관이 어렵기 때문에 신선도 유지가 필요한 음식은 가정집에서 소비하기 힘들어지는 등 생각보다 전력 공급 문제가 일상생활에 미치는 영향이 큰 상황입니다.

현재 미얀마에 진출한 기업들에게도 전력 부족은 외환 통제와 더불어 기업 활동의 최대 걸림돌이 되고 있습니다. 안정적인 전력 공급이 기업경영에 필수적이기 때문에 대부분 기업들이 자체 구입한 디젤발전기로 필요한 전력을 공급하고 있습니다. 전력 소비량이 큰 업체의 경우 한 달 발전용 디젤 구입비로 1억 짜트 이상 비용을 지불하고 있다고 합니다. 한인봉제협회 자료에 의하면 근로자 500명인 봉제공장의 경우 한달에 약 3,000만 짜트 추가비용이 발생한다고 합니다.

앞서 말했듯이 2022년 기준으로 미얀마 총 전력 생산가능량은 약 7,182MW인데, 실제 전력 생산량은 4,500MW에 불과한 상태입니다. 정세불안과 짜트화 가치 하락, LNG 가격 급등으로 인한 천연가스 발전소 운영중단 등이 주요한 원인입니다. 천연가스가 주요 수출품목인 나라에서 천연가스가 없어서 발전을 못 한다는 게 이해하기 어려울 수 있지만, 미얀마 가스전에서 생산되는 가스는 대부분 장기계약에 묶여 중국과 태국에 공급되는 시장의 논리*와 정치적 불안으로 인해 이러한 결과가 야기되고 있습니다. 가스는 내 땅에 있지만 채굴할 기술이 없다 보니 내 땅에서 생산되는 가스도 마음대로 사용하지 못하는 상황입니다.

에너지 믹스에서 약 45%를 차지하는 수력 발전의 경우 군부와 반군부 간 분쟁이 극심한 지역에 발전소가 위치하고 있기 때문에 쿠데타 이후 생산량이 급감했습니다. 그나마 우기인 5월에서 10월까지는 비교적 풍부한 수량으로 전력을 생산하지만 나머지 건기에는 생산량이 급감하는 것도 미얀마 전력불안의 한 요인입니다. 기록적인 고온을 기록한 2023년 4월과 5월 초순에는 대부분의 미얀마 가정이 그야말로 잠 못 이루는 밤을 보냈어야 했습니다. 미얀마의 전력 부족은 요약하자면 전력 인프라 부족과 기형적인 에너지 수출입 체계라는 구조적인 문제에서 원인을 찾을 수 있습니다.

19%, 송배전 전력 손실

전력 공급 측면에서 전력의 생산 못지않게 중요하게 다루어야 할 문제는 송배전 과정에서 전력 손실을 최소화하는 것입니다. 미얀마 통계청에 의하면 미얀마의 송배전 과정에서 손실되는 전력

---

* 풍부한 매장량을 보유한 천연가스로 국내 에너지 공급망을 구축하기보다 해외 투자 유치를 통해 생산한 에너지원 대부분을 수출하고, 국내 수요에 필요한 전력원은 비싼 가격에 재수입하고 있습니다. 포스코 인터내셔널이 2013년부터 생산하고 있는 쉐(Shwe) 가스전의 경우 생산된 천연가스 80%를 파이프라인을 통해 중국으로 수출하고 20%만 국내용으로 사용하고 있습니다.

량은 생산 전력의 약 19%에 이른다고 합니다. 한국의 3.5%에 비해 지나치게 높은 수치입니다. 그마저 쿠데타 이후에는 외환 부족으로 전선 교체작업이 중단·지연되어 전력 상황은 더 크게 악화되고 있습니다.

미얀마 당국도 전력 문제의 중요성을 충분히 인식하고 전력상황 개선을 위해 나름의 노력을 펼치고는 있습니다.

우선 2022년 11월 연방조세법 개정을 통해 발전소 건설 등 에너지 분야 진출 기업에 대한 대대적인 면세 조치를 시행했습니다. 특히 미얀마에서 조달이 어려운 신재생에너지 발전소 건설과 관련된 기자재 수입 등에 대한 면세 조치가 중점적으로 이루어지고 있습니다. 신재생에너지와 관련하여 미얀마 당국은 2030년까지 전력생산의 9%를 태양광, 풍력 등으로 채울 계획을 세웠으며, 실제 2023년 3월 서부 라카인(Rakhine)주 풍력발전소 건설을 위해 중국과 양해각서를 체결한 바 있습니다. 이는 2021년 쿠데타 이후 공식 발표된 최초의 인프라 개발사업입니다.

미얀마 당국은 이와 더불어 러시아와 원자력 에너지 분야 협력을 강화하고 있습니다. 2022년 9월 민아웅흘라인 군총사령관이 직접 러시아를 방문하여 '원자력 분야 협력 로드맵'을 채택했으며, 2023년 2월에는 양곤에서 러시아가 원자력기술정보센터 개소식을 개최하기도 했습니다. 참고로 미얀마는 1999년 이후 러시아와 지속적으로 원자력 협력을 추진해왔으나 그때마다 미국, IAEA 등의 제지로 구체적인 협력을 추진하지는 못했었습니다. 협정에서는 소형원자로(SMR, Small Modular Reactor) 등 원자력의 평화적 사용을 강조하고 있습니다.

그런데 이러한 미얀마 당국의 발표에 일반 국민들의 시각은 냉소적입니다. 사실인지는 모르겠지만 태양광 패널 등 수입과 관련한 독점권이 군부 유력인사 친인척에게 갔다는 소문이 돌기도 했습니다.

70년(50+10+10), 외국인 토지 사용 기간

현재 미얀마의 토지는 기본적으로 국가의 소유입니다. 1974년 미얀마 헌법 제18조에는 '미얀마의 모든 토지와 그 토지에 부속된 천연자원은 기본적으로 국가의 소유임'이 명시되었고, 이러한 헌법상 대원칙은 시장경제 체제를 받아들인 2008년 헌법에도 계승되어 있습니다.*

미얀마 정부는 토지 지목을 총 11개**로 세분화하여 관리하고 있으며, 이 중 토지 이용과 규제의 핵심은 자유지(Free Land)와 양허토지(Grant Land)입니다. 자유지는 개인의 토지 소유권이 인정되어 소유자는 소유로 인한 이익에 대해 어떠한 비용도 지불하지 않는 토지입니다. 미얀마 내에서 드물게 존재하는 토지이고 대부분 양

---

* 정연우, 「미얀마 개발사업 추진시 토지권리 확보 방안: 외국인투자 및 토지제도를 중심으로」, 토지주택연구원, 2017

** 자유지(Free Land), 양허토지(Grant Land), 농지(Agricultural Land), 정원지(Garden Land), 목초지(Grazing Land), 경작지(Culturable Land) · 휴경지(Follow Land) · 황무지(Waste Land), 임지(Forest), 도시부지(Town Land), 마을부지, 군부지, 종교시설

곤, 만달레이 등 대도시에 존재합니다. 아마도 과거 국가에 큰 공을 세우거나 왕가에 소속되었던 소위 말하는 '조상의 땅'이 현재까지 상속되어 온 것이 아닌가 생각합니다.

양허토지는 정부가 소유한 토지를 의미하는데 일정기간 동안 양도 또는 임대가 가능한 토지입니다. 일반적으로 10~30년까지 임대가 가능하지만 용도에 따라 또는 임차인의 요구에 따라 사용권을 지속적으로 취득할 경우 반영구적으로 임대가 가능합니다. 물론 공익 목적으로 국가가 사용권 반납을 요구할 경우 개인의 사용권은 소멸됩니다. 미얀마 내 대부분의 토지가 양허토지에 해당합니다.

소유권 측면에서 자유지, 양허토지가 중요한 반면, 사용목적에 따른 구분으로는 '농지'와 '군부지'를 눈여겨볼 필요가 있습니다. 1963년 '임대처분법(Disposal of Tenancies Law)'은 '농지'를 농업을 목적으로 사용하거나 보유하는 토지로 정의하고 있고, 논, 밭, 고무농장, 강변의 변화로 생긴 처녀지 등이 포함됩니다. '농지'는 농민에게만 사용권이 인정되는 특수 목적 양허토지라고 보면 되겠습니다. '군부지'는 정부가 군사용으로 취득한 토지로 군대가 야영지 등으로 사용하는 토지입니다. 정부가 군사용으로 수용한 토지가 자유지, 양도지인 경우 보상이 필요하지만, 농지 등에 대해서는 보상 없이 수용이 가능합니다. 더 이상 군사용으로 사용하지 않을 경우 반납해야 하지만 군이 계속 소유한 경우가 많았습니다. 2016년 이후 5년간 민주주의민족동맹이 집권했던 시기, 농민들에게 토지를 돌려주려는 노력이 있었지만, 결과는 성공적이지 못했습니다. 양곤 시내를 돌아다니다 보면 입지가 좋은 곳의 꽤 넓은 땅을 볼 수 있는데 이러한 토지 중 상당수가 군부지입니다.

토지 소유 관련 1953년 이전까지는 미얀마 시민에 한하여 모든 자유지 또는 양허토지, 농지의 소유가 가능했습니다. 1953년 이전까지는 농지도 재산의 일부분으로써 소유의 개념이 적용되었으나, 1953년에 '토지국유화법(Land Nationalization Act)'이 제정되면서 농지를 포함한 모든 토지가 국유화되었고, 임대제도(Lease Arrangement)가 도입되면서 농지는 농민에 한하여 불하되고 경작권이 부여되고 있습니다. 외국인이나 외국법인 또한 1947년까지는 미얀마 시민과 동등한 토지권리를 가졌으나, 1947년 제정된 '부동산양도금지법(the Transfer of Immovable Property Restriction Act)'에 의해 외국인 또는 외국법인에 대한 모든 부동산의 이전이 금지되었고, 아울러 소유권의 양도 · 이전에 관한 자격도 상실되기에 이르렀습니다. 외국인들은 이 법에 따라 일정 기간의 임차만 가능했고, 그 기간도 1년 미만으로 매우 짧아 경제활동을 영위하는데 상당한 제약을 받게 됩니다. 이 법은 1987년 동일 명칭의 법률이 제정되면서 폐기되었으나 기본적인 맥락 즉, 외국인에 대한 토지 소유권은 엄격히 금지되었습니다.*

현재 미얀마 외국인 토지 사용과 관련한 법률로는 '외국인투자법(Foreign Investment Law, 2012)', '미얀마투자법(Myanmar

---

* 정연우, 「미얀마 개발사업 추진시 토지권리 확보 방안:외국인투자 및 토지제도를 중심으로」, 토지주택연구원, 2017

Investment Law, 2016)', '미얀마 특별경제구역법(Myanmar Special Economic Zone Law, 2014)' 등이 있습니다. '2012년 외국인투자법'은 외국인투자에 따른 토지사용과 관련하여, 투자자에 반드시 필요한 토지의 임대 또는 이용기간을 업종 및 투자 금액에 따라 최초 50년까지 승인하되 승인된 사업기간 만료 후에도 계속 진행을 원하는 투자자에게 투자 금액 및 업종에 따라 10년간 연장할 수 있으며, 추가로 10년간 재연장 할 수 있다고 규정하고 있습니다. 즉, 일반적으로 외국인은 70년까지 토지 임대가 가능한 것입니다.

'2016년 미얀마투자법'은 2016년 이루어진 미국의 경제제재 해제에 맞추어 기존의 '외국인투자법'과 '미얀마시민투자법'을 통합한 법으로 외국인투자자와 내국인투자자의 동등한 대우를 보장함으로써 외국인투자를 촉진하는 것을 목표로 하고 있습니다. 이 외에도 미얀마투자위원회(MIC, Myanmar Investment Commission) 구성과 운영, 토지사용권, 투자 인센티브 등을 규정하고 있습니다. 특히 세제 감면 등 인센티브를 해당 지역의 개발 정도에 따라 차등하고 있는 것이 미얀마 전역에 걸쳐 동일한 혜택을 주는 외국인투자법과 다른 점입니다. 2014년 미얀마 특별경제구역법은 초기 50년 토지 임대는 앞선 두 법과 동일하지만, 이후 25년까지 추가적인 임대 연장을 허용하고 있습니다.

외국인의 토지 이용과 관련해서 간과할 수 없는 점 중 하나는 대상지 내 원주민의 이주 문제입니다. 미얀마 법률상 외국인의 토지사용에 따른 원주민 이주계획이나 대책은 사실상 없습니다. 원주민 이주 관련 문제는 일본국제협력기구(JICA, Japan Internaional

Cooperation Agency)의 띨라와 경제특구(SEZ) 조성 시 문제가 되었는데, 이때 가구당 보상금액인 200만 짜트가 한동안 알박기 한 채 가격으로 통용되기도 하였습니다.

1,104달러, 1인당 국민소득

국제통화기금(IMF, International Monetary Fund)에 따르면 2022년 미얀마의 GDP는 약 595억 달러이고 1인당 명목 GDP는 1,104달러입니다. 1인당 GDP는 조사대상 200여 개 국가 중 180위권에 해당하는 수치입니다.

2010년과 2011년의 미얀마 1인당 GDP가 각각 1,003달러, 1,204.5달러였으니 2021년 쿠데타는 미얀마 국민들의 소득 수준을 딱 10년 전으로 후퇴시킨 것이 됩니다. 미얀마의 1인당 국민소득이 가장 높았던 때는 2020년으로 1,479.6달러를 기록했습니다. 불과 2년 만에 개인 소득이 275달러가 줄어든 것입니다. 1인당 소득 3만 달러 이상인 우리 기준에서 300달러 이하의 변화는 커 보이지 않을 수도 있지만, 변화율로는 20%나 되는 수치입니다. 우리 기준으로는 2년 만에 1인당 국민소득이 6,000달러 이상 감소한 것입니다.

월드뱅크(World Bank)가 2023년 12월에 발표한 미얀마 경제 동향 보고서 'Challenges amid Conflict'는 2023년 상반기에 반짝했던 미얀마 경제의 회복 기미가 다시 수그러들었다고 평가했습니다.

2. 드러나지 않은 숫자

미얀마에서 업무를 하다 보면 가장 어려운 점이 수치화된 자료가 부족하다는 것입니다.

우딴(U Thant) 3대 UN사무총장의 외손자이자 미얀마 정치역사학자인 딴민우(Thant Myint-U)는 미얀마 경제발전을 저해하는 구조적인 문제인 '가려진 정치경제 문제(hidden political issues)'로 마약 경제, 소수민족무장단체(EAO, Ethnic Armed Organization) 경제권, 중국과의 국경 밀무역, 미얀마 불교계 경제권을 지적한 바 있습니다.

국가 경제 규모와 맞먹는 마약 경제

미얀마의 지하경제 중 국내외적으로 가장 이목을 집중시키는 사안은 마약 경제입니다. 유엔마약범죄사무소(UNODC, United Nations Office on Drugs and Crime)는 미얀마 마약경제 규모를 연 600억 달러까지 추산한 바 있습니다. 2022년 미얀마 GDP와 맞먹는 엄청난 수준입니다.

미얀마 마약 문제는 2021년 군부 쿠데타로 새로운 국면에 접어들었습니다. 미얀마의 아편 생산량이 2014~2020년 지속해서 감소했으나 쿠데타가 발생한 2021년부터 증가세로 돌아선 것입니다. 유엔마약범죄사무소(UNODC)는 미얀마 아편 생산량이 2021년 전년 대비 2% 성장했고 2022년에는 88%나 늘어난 790톤 규모로 증가했다고 추정하고 있습니다. 군부 쿠데타로 인한 경제적, 안보적, 정치적 불안 요인들이 축적되어 아편 생산 및 유통 증가로 나타나고 있는 것입니다.

태국, 라오스와 국경을 접한 동북부 지역 골든트라이앵글은 이미 국제적인 마약 산지로 악명이 높고, 각종 범죄의 온상이 되고 있습니다. 농민들에게 아편의 원료인 대마 대신 커피 생산을 장려하던 전(前) 정부의 노력은 쿠데타로 인한 정치 불안과 경제 여건 악화 속에서 수포로 돌아가고 있습니다. 양곤에서 마약 구하기가 소화제 구하기만큼 쉽다는 말을 들을 정도로 미얀마 내 마약은 넘쳐나고 있는 상황입니다. 미얀마 군부는 거의 매일 마약 공급책 체포 내용을 언론에 보도하고 가끔씩 압수한 마약을 공개 소각하는 퍼포먼스를 펼치고 있지만, 마약 생산지에 대한 통제력은 오히려 더 떨어지고 있어서 미얀마의 마약 경제는 점점 더 커지고 있습니다. 미얀마에는 공식적인 외환보유고보다 많은 달러가 유통되고 있고 이 중 상당 부분은 마약 경제를 통해 미얀마에 유입된 것으로 생각됩니다.

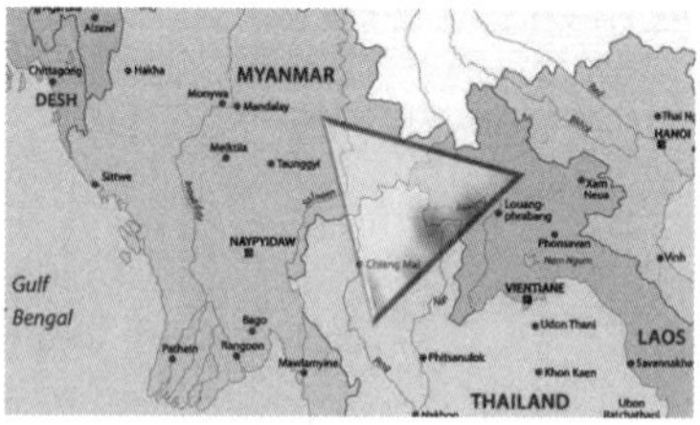

미얀마 당국의 마약소각 현장과 골든트라이앵글

통제 불능 소수민족 경제

소수민족 문제는 미얀마의 발전을 가로막는 가장 큰 장애요인입니다. 정치적으로는 민족국가(Nation State) 형성을 가로막고 있고 경제적으로는 한 국가 안에 통계에도 잡히지 않는 여러 경제가 존재하는 결과를 야기하고 있습니다. 아웅산수찌 정권의 첫 번째 의제가 민족통합이었고 쿠데타 이후 군부가 발빠르게 취한 조치도 소수민족들과 평화협정이었을 정도로 미얀마 당국도 문제의 중요성을 너무나도 잘 인식하고 있지만, 오랜 세월 누적된 문제이고 양측이 한치의 양보도 없기 때문에 문제 해결은 여전히 요원한 상태입니다.

더욱이 몇몇 소수민족은 군대(EAO, Ethnic Armed Organization)까지 보유하고 있어서 미얀마 정규군도 접근을 못 하는 지역이 있으니 그곳에서 일어나는 경제활동은 완전히 소수민족 통제하에 있을 수밖에 없는 상황입니다. 앞서 언급한 마약 재배가 주로 소수민족 영역에서 이루어지고 있고 주요 광물, 예를 들어 희토류는 까친주(Kachin State) 등 소수민족 지역에서 채굴되어 대부분 중국으로 반출되고 있습니다. 중국산 희토류 중 상당 부분이 미얀마산일 것으로 추정되나 그 정확한 규모는 파악되지 않고 있습니다.

탈북민 64명이 반군 지역에 억류?

2013년 첫 번째 미얀마 근무시절 겪은 소수민족 지역 관련 에피소드를 소개합니다.

2013년 한국의 한 언론사는 미얀마와 태국 국경지역에 탈북민 64명이 반군에게 억류되어 남성들은 마약 재배 및 가공에, 여성들은 성매매에 동원되고 있다는 보도를 한 적이 있습니다. 2000년대 중반까지만 해도 미얀마가 탈북 루트로 자주 사용되고 있었기 때문에 상당히 개연성 있는 주장이었습니다. 긴장 속에서 대사관이 사실관계 파악에 나섰지만 '사막에서 바늘을 찾는 것이 이런 것이구나'라는 생각이 들 정도로 막막한 상태가 지속되었던 기억이 납니다. 그도 그럴 것이 탈북민들이 억류되어 있다는 지역은 반군이 점령하고 있어 미얀마 정규군도 접근이 불가능한 지역이기 때문이었습니다. 대사관은 미얀마 외교부에 확인을 요청하는 한편 지방에서 활동하는 선교사분들에게까지 관련 동향을 문의했을 정도로 사태 파악에 난항을 겪었습니다. 64명이나 억류되어 있다면 인근 지역에 소문이 날 법한데도 그러한 소식을 아는 사람을 찾을 수 없었습니다.

이렇게 시간이 지나는 사이 한국의 주요 언론은 물론 미얀마 언론까지 관련 기사를 보도하게 되었는데, 결과적으로 대대적인 언론 보도는 사태 파악에는 긍정적인 영향을 미쳤습니다. 첫 보도가 나간 후 2주 정도 지난 시점에 동 지역을 점령한 반군이 자신들은 탈북민을 억류한 사실이 없다고 발표를 하고 나선 것입니다. 그로부터 약 2주 후에 미얀마 외교부가 공식적으로 반군 지역에 억류된 탈북민은 없다고 발표하고 나서야 사태는 진정되었습니다.

그 후에도 탈북민 억류 관련 소문이 없었던 것으로 보아 64명 탈북민 억류설은 사실이 아닌 듯합니다.
이러한 소문이 난 것은 아마도 2000년대 중반까지 미얀마가 탈북 루트로 활용되어, 많게는 연간 수십 명의 탈북민이 미얀마를 거쳐 대한민국 품에 안겼고, 그 과정에서 일부 탈북민들이 반군에게 억류되어 몸값을 지불하고 풀려난 일이 있었기 때문일 것입니다. 중국과의 국경 지역 경비가 강화된 2010년대 이후 미얀마 루트는 거의 이용되고 있지 않습니다.

양날의 검 국경무역

미얀마는 중국, 태국, 인도, 방글라데시, 라오스와 국경을 접하고 있으며 특히 중국, 태국과 활발한 국경무역을 행하고 있습니다. 2019년 현재 국경무역지대 15개 및 사무소 3개 등 총 18곳에서 교역이 이뤄지고 있는데, 전체 국경무역의 70%가 중국과의 국경무역지인 무세(Muse)에서 이뤄질 정도로 중국과 국경무역 비중이 압도적으로 높습니다.

미얀마의 주요 국경무역 지대

중국	태국	인도	방글라데시
무세	메익	따무	씻뜨웨
르웨제	꼬따웅	리드	마웅도
친쉐호	따칠레익		
칸비케테	먀와디		
짜잉통	흐티끼		
	모따웅		

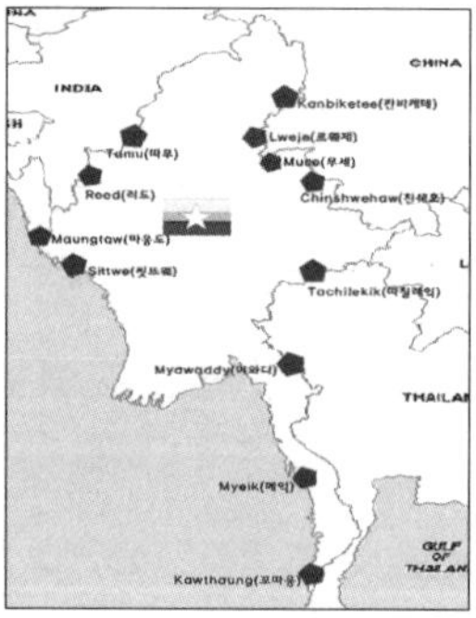

자료: 코트라 양곤무역관

미얀마는 국경무역을 통해 농산물, 축산물, 광물을 주로 수출하고 있으며 생활용품, 원자재를 수입하고 있습니다.

미얀마 국경무역은 떼인세인 대통령이 개혁개방 정책을 추진한 시기인 2013/2014 이후 급격히 상승했으며, 매년 전체 대외 교역량의 20% 이상을 유지하며 꾸준히 성장세를 유지해왔습니다. 2016/2017 회계연도의 경우 미얀마 전체 대외 교역량 292억 달러 중 해상 및 항공을 통한 교역량이 전체의 73.5%, 국경무역은 26.5%를 기록했습니다.

문제는 국경무역 관리의 어려움으로 밀수가 성행하고 있다는 점입니다. 미얀마에 진출한 우리 제조업체들의 큰 애로사항 중 하나가 밀수입되는 제품으로 인한 가격경쟁력 저하인 점을 고려하면 통계에 잡히지 않는 국경무역 규모도 상당할 것으로 생각됩니다.

한편 중국, 태국 등과의 국경무역은 2021년 쿠데타 이후 더욱 활발해지고 있어 미얀마 무역의 대안 루트로 활용되고 있습니다. 서방의 경제제재가 지속된다면 미얀마의 국경무역에 대한 의존도는 더 커질 것입니다. 그에 비례해 국경무역 대상국가 특히 중국에 대한 경제의존도도 더 커질 것으로 예상됩니다.

아무도 모르고, 알려 하지 않는 불교 경제

미얀마는 5,700만 인구의 87.9%가 불교도인 불교의 나라입니다. 저는 양곤의 쉐다곤 파고다를 자주 가보지는 않았지만, 이른 시간 늦은 시간 가릴 것 없이 갈 때마다 주로 가족 단위의 수많은 사람들이 1만 평 규모의 사원 곳곳에 위치한 나름의 의미를 지닌 불탑에서 간절히 기도하는 모습을 볼 수 있었습니다. 아마도 과거 한반도의 고려시대가 지금의 미얀마와 비슷하지 않았을까 하는 상상을 할 정도로 현재의 한국과는 다른 풍경입니다.

사회통합, 철학, 교육에 이르기까지 불교가 미얀마 사회에 기여하는 바는 매우 큽니다. 하지만, 외부인인 제가 미얀마 불교를 바라볼 때 특히, 경제적인 측면에서 바라볼 때 미얀마 불교에는 긍정적인 측면뿐만 아니라 부정적인 측면까지 보이는 것은 부인할 수 없는 사실입니다.

미얀마 불교 경제에 대한 정확한 통계는 없습니다. 다만 이러한 추정은 가능할 것입니다. "전 세계에서 소득 대비 가장 많은 기부를 하는 나라가 미얀마이고, 그 기부 중 대부분이 불교사원에 집중되고 있으니 불교 경제 또한 상당한 규모일 것이다."

제가 보는 미얀마 불교의 문제점은 크게 두 가지입니다. 첫째는 기부금 관련 회계의 불투명성입니다. 얼마나 기부되어 어느 용도로 얼마가 사용되는지가 공개된다면 그 많은 기부금이 투명하게 사용되어 좀 더 일반 대중들을 위해 사용될 여지가 커지지 않을까 합니다. 한국에서도 종교인 과세가 큰 사회적 이슈가 되었다가 2018년에 와서야 시행된 점을 감안하면 제 생각은 미얀마에서는 비현실적일 수 있겠지만, 한 번은 생각해 볼 문제가 아닐까 합니다.

둘째는 불교 학교의 정규교육 대체기능입니다. 불교 학교에서 교과과정을 이수한 학생들이 교육부의 졸업자격시험을 통과하면 학위가 인정되는데 이런 불교 학교가 전국적으로 1,300여 개, 학생 수 19만 명으로 추정됩니다. 더욱이 불교 학교는 무상교육은 물론 급식을 제공하기 때문에 교육비를 감당하기 어려운 부모들은 정규학교 대신 불교 학교를 택하는 경우가 많습니다. 불교 학교는 종교인을 양성하는 목적을 가지기 때문에 급변하는 세계에 적응하는 인재를 양성하는 데는 한계가 있을 것으로 보입니다. 미얀마의 미래를 위해서는 정규교육이 좀 더 많은 역할을 하는 것이 바람직하지 않을까 합니다.

3. 미얀마 경제의 주요 행위자

미얀마의 산업 구조

미얀마는 비옥한 토양, 풍부한 수량, 고온의 기후로 벼 3기작이 가능한 환경을 지니고 있어 전통적으로 농업이 국가경제의 중심을 이루고 있습니다. 1930년대에는 세계 최대의 쌀 수출국이었고 2000년에만 해도 농업, 축수산업, 임업 등 1차산업이 GDP의 57%를 차지하는 전형적인 농업국가였습니다.

미얀마의 산업구조

(단위: 십억 짜트, %)

구분	세부 분야	2000	2011	2016/2017*	2020/2021	비중 (20/21, %)
1차 산업	농업	1,245	11,113	13,748	15,131	13.98
	축산업, 수산업	201	3,759	6,506	9,333	8.63
	임업	14	177	58	65	0.06
2차 산업	에너지 관련	5	2,241	2,669	3,239	2.99
	광업	10	469	835	840	0.78
	제조업	183	9,133	**18,189**	**27,717**	25.62
	발전산업	3	481	1,112	1,765	1.63
	건설업	46	2,166	5,133	6,617	6.12

* 2016/2017, 2020/2021 자료는 미얀마식 회계연도로 작성.

3차 산업	운송업	146	5,511	8,944	10,708	9.90
	통신업	7	402	1,638	2,333	2.16
	금융업	3	65	239	393	0.36
	서비스업	39	989	2,806	3,604	3.33
	임대업. 기타서비스	35	883	2,159	3,407	3.15
	도소매.유통업	614	8,918	15,716	23,047	21.30
계		2,533	46,308	79,760	108,205	100

자료: 미얀마 상무부, 미얀마 통계청(코트라 양곤무역관 작성)

2000년과 2016년 그리고 2020년 미얀마 산업구조를 비교해보겠습니다. 미국 등 서방의 경제제재가 한창이던 2000년 1차산업이 미얀마 경제에서 차지하는 비중은 앞서 봤듯이 57%로 압도적이었습니다. 그중에서도 농업은 GDP의 49%를 차지하고 축수산업, 임업의 경제 기여도는 각각 7%, 0.5%로 그리 큰 수준이 아닙니다. 한편 2000년도 2차산업이 미얀마 GDP에서 차지하는 비중은 9%에 지나지 않았습니다. 농업은 차치하고 축 · 수산업을 근소하게 상회하는 수준이었습니다. 그나마 제조업이 약 7%로 축 · 수산업과 비슷한 수준을 유지하고 있었습니다.

미얀마가 개혁개방정책을 추진한 지 5년이 지나고 아웅산수찌의 민주주의민족동맹(NLD)이 집권한 2016년에 이르러서는 미얀마 산업구조가 크게 변화한 모습을 볼 수 있습니다. 우선 1차산업의 GDP 비중이 25.4%로 현저히 줄어들었고 농업 비중도 17.2%까지 하락했습니다. 2000년 9%에 불과하던 2차산업의 비중은 35%에 이르렀고 이 중 제조업은 22.7%까지 상승하게 됩니다. 개혁개방정책 이후 급증한 외국인 투자 증가의 효과 덕분이었습니다. 아웅산수찌의 민주주의민족동맹 집권이 끝나가는 2020년 산업구조는 2016년과 비슷합니다. 농업 비중이 13.98%로 줄어들고 제조업 비중이 25.62%로 증가했습니다.

미얀마의 2차산업 비중 증가는 일반 국민들의 소득 증가 면에서 반길 일입니다. 그러나 구체적 내용을 들여다보면 아직은 갈 길이 먼 듯합니다. 2021년 제조업의 국가 GDP 기여도는 25.6%로 가장 높지만, CMP(Cut, Make, Pack) 방식의 봉제가공업이 제조업 생산의 대부분을 차지하고 있습니다. 이는 저렴한 노동력을 활용할 수 있는 단순 임가공 분야에 외국인투자가 집중되고 있어 고용 창출효과는 높은 반면 기술이전 효과는 낮다는 점을 의미합니다. 전력, 도로, 항만 및 물류시스템 등 제조업 발달에 필수적인 인프라가 열악하며 원자재의 수입 의존도가 높은 점도 문제점으로 지적되고 있습니다. 이마저 2021년 쿠데타 이후 외국자본의 철수로 제조업 비중은 정체되어 있습니다.

모든 것을 다 가진 군부

현재 미얀마의 가장 영향력 있는 경제주체는 군부입니다. 1962년 쿠데타 이후 사실상 미얀마 경제를 지배해온 군부는 1990년대 이후에는 국영기업을 통해 제조, 음료, 목재, 철광, 관광, 금융, 건설, 자원 등 방대한 분야에서 '독보적인 비즈니스 왕국'을 구축하고 있습니다. 국제앰네스티(Amnesty International)는 1990년에서 2010년 사이 이 사업들로 군부가 벌어들인 돈만 약 160억 달러로 추산한 바 있습니다. 이러한 미얀마 군부의 경제활동을 뒷받침하는 두 회사는 1990년 설립된 미얀마경제지주회사(MEHL, Myanmar Economic Holdings Ltd.)와 1997년 설립된 미얀마경제사(MEC, Myanmar Economic Corp.)입니다. 미얀마경제지주회사(MEHL)와 미얀마경제사(MEC)는 각각 40여 개의 자회사*를 가지고 있는데

---

* MEHL 자회사: **(제조)** Myanmar Brewery Ltd.(미얀마 비어), Mandalay Brewery Ltd.(만달레이), Virginia Tobacco Company Ltd., Myanmar Wise-Pacific Apparel Yangon Co., Ltd., Myawady Football Club 등
(무역) Myawaddy Trading, Shwe Gadamar International Trading Ltd., Adipati Agriculture Produce Trading Ltd.(쌀 수출), Myanmar Imperial Jade Company Ltd., Myanmar Ruby Enterprise Company Ltd., Ngwe Pinlae Livestock Breedings and Fisheries Company Ltd.
(서비스) Myawaddy Bank Ltd., Aung Thitsar Oo Life Insurance Co., Ltd., Aung Thitsar Oo Insurance Co., Ltd., Lan Pyi Maritime Company Ltd., Myanmar Lynn & Development Co., Ltd., Central Hotel, Myawaddy Travels and Tours Co., Ltd. Myawaddy Agriculture Company Ltd., Bandura Transportation, Myanmar Five Star Line,
(중화학) Myanmar Yang Tse Copper Ltd., Myanmar Wanbao Mining Copper Ltd., Moe Joe Sulphuric Acid Plant Sarlingyi, In Nga Gwa Sugar Mill(재당 에탄올), Sinminn Cement Industry Company Ltd., Okkan Sugar Mill, Ok Twin Sugar Mill, Vaga Plastic, Kanpauk Oil-Palm and Palm Oil Mill, Inn Dagaw Industrial Complex(기계 철강), Padonma Soap Factory, Ok Tar LED Factory, Greem Night Decorative Stone Factory(몬주), Salt Project(몬주), Myanmar Pharmaceutical Factory, Garment Factory(양곤, 삔우린), Garment Factory

MEC 자회사: **(제조)** Steel Rolling Mill, Steel Mill and Fabrication shop, Steel Mil, Ship Breaking Yard, 900 TPD Process Cement Plant, 4,000TPD Process Cement Plant, Sugar Mill (1), Sugar Mill (2), Dagon Dairy Plant/ Sweetened Condensed Milk Factory, Nay Pyi Taw Ye Pyar Drinking Water Plant, Tea Powder and Tea Mix Factory, Myanmar Sogma Wire and Cable

이는 사실상 2011년 떼인세인 정부 등장 이전 미얀마 경제 전체를 의미한다고 해도 과언이 아닙니다. 그도 그럴 것이 이들 자회사 대부분은 외국 합작사의 파트너로 설립되었고, 외국 자본이 투입된 영역이 미얀마 산업의 대부분을 구성하고 있었기 때문입니다. 실제 사업은 외국의 투자기업이 운영을 하고 지분을 소유하는 파트너인 미얀마 국영회사는 영업이익을 공유하는 형태로 경영활동이 유지되어 오고 있습니다. 2022년 미얀마 시장에서 철수한 일본의 기린 맥주도 미얀마경제지주회사(MEHL)의 자회사인 미얀마 공기업 Myanmar Brewery Ltd.와 합작하여 미얀마 맥주를 제조해왔습니다. 이렇게 경제적 능력을 보유한 덕에 군부는 2016년 민주주의 민족동맹 정부가 들어선 이후에도 경제권을 유지할 수 있었고 아웅산수찌의 개혁은 더딜 수밖에 없었습니다.

미얀마 군부는 위의 두 지주회사뿐만 아니라 언제든 제도를 새

Factory, Cotton Ginning Factory, Galvanized Iron Sheet Factory, Gas Plant, Gas Plant, Marble Mine and Processing Plant, Tri Star Tyre Factory, Rice Mill and Rice Storage, Tyre Retreading Plant, Refractory Plant, Disposable Syringe Factory, High Tension Steel Bolt. Nuts and Washers Manufacturing Plant, Glass Factory

(음료) dagon Beverages Company Limited, Dagon Rum Factory, Dagon Fresh Lemon Sparkling

(서비스) Myanmar Economic Corporation Telecommunication 800MHz CDMA, Innwa Bank Limited, Aung Myint Moh Min Insurance Company Limited, Myanmar Mobile Money Services(MMMS), Okkala Golf Resort

(터미널, 항구) Hteedan Port, Ahlone International Port Terminal

(통신) GSM Mobile Phone Allocation, Remote Sensing Ground Station(양곤)

(교통) Container Transport and Port Clearance Yard

롭게 만들거나 고칠 수 있는 능력이 있기 때문에 마음만 먹으면 다양한 사업을 펼칠 수도 있습니다. 그 결과 2021년 2월 쿠데타 이후에 군은 경제활동 영역을 더 넓혀가고 있습니다. 대표적인 분야가 신재생 에너지 프로젝트, 전기자동차 등 신산업분야입니다. 당연히 (친)군부 인사들이 사업을 주도하고 있습니다. 여기서 말한 군부를 더 정확히 말하자면 딴쉐(Than Shwe)를 중심으로 한 구(舊)군부가 아닌 2021년 쿠데타를 일으킨 신(新)군부를 의미합니다. 미얀마 내(內) 부(富)의 이동도 향후 정치 지형을 가늠하는데 참고가 될 포인트인 듯합니다.

한 가지만 빼고 모든 것을 다하는 미얀마 대기업

1962년 쿠데타 이후 네윈이 집권한 시기 미얀마는 버마식 사회주의를 채택해 제조업체나 은행은 물론 개인 상점에 이르기까지 극단적인 국유화를 추진했습니다. 이 때문에 민간 기업이 성장할 수 있는 환경이 전혀 조성되지 않았습니다. 그러나 1988년 8888 민주화 운동 이후 등장해서 2011년까지 미얀마를 통치한 딴쉐 군부는 이전 군부보다는 기업들에게 숨쉴 공간을 제공합니다. 그 결과 미얀마에서도 유력 기업이 탄생하게 되는데, 이들은 군정과 끈끈한 관계를 구축하고 다양한 비즈니스 이권과 특권을 누리고 성장해왔습니다. 떼인세인 정부와 아웅산수찌의 민주주의민족동맹(NLD) 정부하에서 국제사회의 제재가 완화되고 전 세계의 투자가 몰려오며 이들 기업은 재벌로 성장하게 됩니다. 현재에도 민간에 개방된 분야에서 미얀마 경제를 이끄는 것은 이들 재벌입니다.

위에 언급한 미얀마경제지주회사와 미얀마경제사도 넓은 의미에서 재벌에 속할 수 있지만 미얀마경제지주회사의 경우 군출신 인사들이 지분의 60%, 군조달청이 40%를 가진 구조이고, 미얀마경제사는 국방부가 설립한 기업이기 때문에 재벌보다는 국영기업 · 공기업의 범주에 속하는 기업집단입니다.

대표적인 미얀마 재벌로는 뚜(Htoo), 맥스(Max), 아시아월드(Asia World), 쉐따웅(Shwe Taung), 요마(Yoma), IGE 등이 있습니다. 그리고 이들 기업 대부분은 몇 가지 공통점을 가집니다. 우선 대부분이 1990년대에 설립되었습니다. 이들 기업의 성장기는 8888민주화 운동 이후 집권한 군부의 통치시기와 일치합니다. 이러한 연유로 이들은 군부와 밀접한 관계를 유지하며 성장해왔습니다. 미얀마 재벌 다수는 2021년 2월 쿠데타 이후 미국의 제재 리스트에 오르게 됩니다. 더 정확히는 미국의 대미얀마 제재가 완화되는 2016년 제재 리스트에서 제외되었다가 2021년 이후 다시 리스트에 오른 것입니다. 그리고 이들 재벌 대부분은 예전에 한국의 재벌들이 그랬듯이 문어발식으로 사업을 벌이고 있습니다. 건설, 부동산, 금융, 항공, 보석, 에너지, 리조트 등 재벌들이 경제 전 영역에서 모든 것을 다 하고 있습니다. 이 또한 정확히 말하자면 한 가지만 빼고 모든 것을 다 하고 있습니다.

한국의 대기업들과 달리 미얀마 대기업들은 유독 제조업 분야 진출에서는 부진한 모습을 보입니다. 물론 다양한 이유가 있을 것입니다. 우선 서비스는 상품처럼 쉽게 교역할 수 있는 대상이 아닙니다. 군부를 통해 운영권을 얻기만 하면 미얀마 내의 서비스 공급은 거의 독점에 가까운 편의를 얻을 수 있었습니다(rent seeking). 그리고 이미 세계의 많은 국가들이 자본과 기술을 바탕으로 대부분의 제조업을 장악한 상태이기 때문에, 제조업에 뛰어들 엄두가 나지 않았을 수도 있었겠습니다. 어렵게 물건을 만드는 대신 수입권 허가만 받으면 미얀마 내에서 쉽게 수익을 올릴 수 있다는 유혹을 떨쳐버릴 수 없었을 것입니다. 군부와 네트워크가 있다면 더더욱 못할 일은 아닐 것입니다.

소수 대기업이 (제조업을 제외한) 모든 것을 다 하는 경제 구조는 '대부분은 가난하고 극히 일부는 매우 부유한 기형적인 부의 분배', '외부 충격에 대한 취약성' 등 부작용을 낳고 있습니다.

아래에 미얀마의 대표적인 기업들을 소개합니다.

미얀마의 대표적인 기업

기업(설립 연도)	대표	업종	특징
Htoo(1990)	Tay Za	부동산, 항공, 농업, 보석, 광산 등	-군부정권 최대 조력·수혜 그룹 -한때 미얀마 경제의 40%를 차지 -미얀마 최대 호텔 네트워크 소유·운영
The Max Myanmar (1993)	Zaw Zaw	호텔, 은행, 교통, 시멘트, 건설, 음료, 보석 등	-군부정권 입찰 사업에 다수 참여하여 성장 -다웨이 SEZ 개발, 네피도 8차선 도로 건설 등 -2010년 AYA Bank 설립(미얀마 제2의 은행)

Asia World Group (1992)	Steven Law	항공, 도로, 건설, 소매 등	-띨라와 SEZ 개발, 네피도 공항 건설 등 -마약왕 로싱한(Lo Hsing Han)의 아들
Yoma (1991)	Serge Pun	부동산, 헬스케어, 항공, 여행업, 물류, 금융 등	-양곤 흘라잉따야 펀흘라잉, 띨라와 특구 주변 Star City 개발
International Group of Entrepreneur (IGE)('99)	Nay Aung	목재, 유전탐사, 건설 등	-네피도 건설 참여 -미얀마 제2위 목재 회사 -미얀마 United Amara Bank(UAB) 최대 주주
Shwe Taung Group (1970)	Aik Htun	건설(고속도로, 교량, 발전소), 각종 랜드마크 부동산	-양곤-만달레이 고속도로, 미얀마 국제컨밴션센터 -한국, 일본, 싱가포르, 미국 기업 등과 파트너 관계
City Mart Holding (1996)	Win Win Ting	슈퍼마켓, 베이커리, 서점, 쇼핑센터 등	-미얀마 최대 유통업체 -군부정권과 무관한 깨끗한 이미지

밀물처럼 왔다 썰물처럼 나간 외국 자본, 선택을 강요받다!

2010년대 경제개방과 함께 미얀마로 밀려들었던 해외 자본은 상당 부분이 제재 리스크를 피해 미얀마에서 철수했습니다. 공적개발원조(ODA) 프로젝트들도 대부분 중단되었고, 글로벌 기업들도 정치적 불안으로 인한 경영 악화, 인권탄압 관련 평판 관리 등으로 사업을 포기하는 경우가 다수 발생했습니다.

미얀마 투자위원회가 승인한 투자금액은 2016/2017 회계연도에 66억 4,900만 달러를 기록했으나, 쿠데타가 일어난 2020/2021 회계연도에는 37억 9,140만 달러, 쿠데타 여파가 본격화된 이듬해인 2021/2022 회계연도에는 16억 4,070만 달러로 급격하게 줄어들게 됩니다. 2023년 4월부터 8월까지 5개월간 집계된 실적은 겨우 4억 8,420만 달러로 전년도보다 더 줄어들 것으로 보입니다.

주요 국가별 대미얀마 투자 동향

(단위: 백만 달러, 자료: MIC)

	2018 (4~9월) *임시회계연도	2018/2019	2019/2020	2020/2021	2021/2022 ('21.10~'22.3) *임시회계연도	2022/2023	2023/2024 ('23.4~'23.8)
싱가포르	724.4	2,409.5	1,859.2	429.3	297.3	1,158.7	337.1
홍콩	67.9	456.3	1,422.3	11.1	109.1	169.6	4.2
중국	304.7	634.5	533.3	175.8	142.1	121.2	135.5
태국	64.6	221.4	79.2	99.2	7.0	98.6	-
한국	77.0	89.3	94.2	32.6	62.7	53.1	1.7
일본	134.6	42.7	123.4	518.8	4.5	21.5	-
영국	174.7	23.3	425.2	2,506.9	0.3	2.1	0.7
인도	19.9	5.0	3.2	1.2	0.5	1.5	0.6
말레이시아	7.3	1.8	5.3	2.1	0.3	-	-
베트남	50.3	14.5	57.8	1.2	-	0.3	-
미국	55.9	98.3	43.5	-	-	-	1.1
네덜란드	-	32.3	11.2	-	4.0	-	-
기타	85.8	227.8	223.1	13.2	19.3	12.2	-
합계	1,764.7	4,158.4	4,880.9	3,791.4	647.1	1,640.7	484.2

자료: 미얀마 투자위원회(MIC)

외국인 투자의 급격한 감소는 미얀마 내 생산과 산업 전반의 위축을 가져왔습니다. 미얀마 군정 최고 통치기구인 국가행정위원회(SAC, State Administration Council)는 '내국민 투자의 확대'와 '중국, 러시아 등 제3국 자본의 유치'를 통해 투자 공백에 대처하겠다고 공표한 바 있습니다. 그러나 미얀마의 내국인 투자 성과는 정부가 기대했던 수준을 밑돌고 있습니다. 정치 불안, 정책 일관성 부족의 필연적인 결과로 보입니다. 투자 여력이 있는 미얀마인들은 대부분의 자본을 토지, 주택 등 안전자산에 집중시키고 있는 상황입니다.

중국과 러시아, 무주공산을 차지할 수 있을까?

반면 중국으로부터의 투자 유치 성과는 비교적 양호한 것으로 분석됩니다. 특히 '중국-미얀마 경제회랑(CMEC, China-Myanmar Economic Corridor) 구축 프로젝트'*는 일대일로 사업의 일환으로 추진되고 있고 관련한 각종 인프라·건설 투자가 활발히 진행되고 있습니다.

실제로 에야와디(Ayeyarwady)주의 미린쟈인(Mee Lin Gyaing) 액화천연가스(LNG) 발전소 건설 사업이 2027년 완공을 목표로 재개되었습니다. 라카인주, 까친(Kachin)주, 샨(Shan)주와 짜

---

* 중국 서남부 윈난성-미얀마 중부 만달레이-미얀마 서부 라카인주의 짜욱퓨를 연결하고 만달레이-양곤을 연결하여 구축하는 교통망 및 경로상에 있는 주요 거점을 개발하는 프로젝트를 통칭합니다. 고속철도·고속도로 건설, 경제특구·경제협력지대 조성 등 14개 주요 사업으로 구성되어 있습니다. 중국은 2013년 리커창 총리 제안으로 중국-미얀마-방글라데시-인도를 아우르는 경제회랑 프로젝트를 추진했으나, 인도의 미온적 태도로 무산되어 대안으로 CMEC를 추진하고 있습니다.

욱퓨(Kyauk Phyu), 무세(Muse) 지역에 조성될 특별경제구역(SEZ, Special Economic Zone) 또는 국경경제협력지대(CBECZ, Cross-Border Economic Cooperation Zone) 조성 논의도 진행 중입니다.

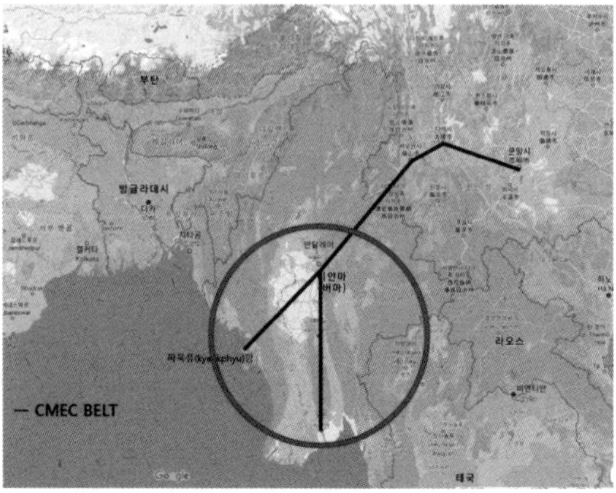

중국-미얀마 경제회랑(출처: 대외경제정책연구원(KIEP))

미얀마와 중국의 경제협력 확대 노력은 실제 투자 확대로 이어지고 있습니다. 미얀마 투자위원회(MIC) 통계에 따르면 2020/2021 회계연도 이후 이루어진 중국과 홍콩의 투자가 총 8억 6,860만 달러에 이릅니다. 특이한 것은 2020/2021 회계연도 영국의 투자 실적으로 표기된 총액 25억 달러 규모 사업은 앞서 언급된 '에야와디주 미린쟈인 LNG 발전소 프로젝트'로, 실은 중국의 'China's Union Resources & Engineering and Yunnan Energy Investment'사가 영연방을 경유하여 투자한 사업입니다. 때문에 서방권 싱크탱크들은 해당 프로젝트를 중국 투자 사례로 분류하고 있습니다. 이를 감안하면, 쿠데타가 발생한

2020/2021 회계연도 이후 이뤄진 중국의 실제 투자는 전체 외국인 투자의 51.5%인 33억 7,550만 달러에 달합니다. 이 밖에도 현재 미얀마에서는 다양한 중국 주도 인프라 사업이 진행되고 있습니다. 미얀마 언론, 외신, 연구기관 보고서 등을 통해 파악된 중국-미얀마 경제회랑 관련 대표적인 사업 14가지는 아래와 같습니다.

중국 주도 대(對)미얀마 주요 인프라 사업

① 짜욱퓨 경제특구(Kyauk Phyu SEZ): 심해 항만 개발 사업
-2022년 2월 컨설팅 업체 선정. 2023년 9월 현재 환경영향 평가 진행 중
② 무세-루이리 국경경제협력지대(Muse-Ruili Cross-Border Economic Cooperation Zone): 샨주 무세와 윈난성 루이리를 아우르는 경제협력지대 조성
-미얀마 쿠데타 이후 중단되었다가 2022년 9월 협의 재개
③ 칸피케티-호치아오 국경경제협력지대(Kanpiketi-Houqiao Cross-Border Economic Cooperation Zone): 까친주 칸피케티와 윈난성 호치아오 일대 경제협력지대 조성
-2023년 4월 미얀마·중국 합작회사는 군부와 사업 관련 MOA 초안 논의
④ 친쉐호-멍딩 국경경제협력지대(Chinshwehaw-Mengding Cross-Border Economic Cooperation Zone): 샨주 친쉐호와 윈난성 멍딩을

아우르는 경제협력지대 조성

-윈난성 지방정부 결정으로 본격 개발은 미루어지고 있음

⑤ 만달레이 묘따 산단 조성사업(Mandalay Myotha Industrial Park Project): 만달레이주 묘따 지역 11,000에이커 산업단지.

-2021년 3월 기준 21개 공장 운영 중, 23개 공장 신규 건설 중

⑥ 뉴양곤시티 사업(New Yangon City Project): 달라(Dala) 타운십 등 양곤 남서부 신도시 개발 사업

-2018년 주정부 소속 뉴양곤개발회사(NYDC, New Yangon Development Company) 설립. '스위스 챌린지'*방식 입찰

⑦ 무세-만달레이 철도 건설사업(Muse-Mandalay Railway Project): 중국과 국경무역이 가장 활발한 샨주 무세지역과 만달레이를 연결하는 철도 건설사업

-2022년 미얀마 군정 환경영향평가 결과 승인. 2023년 3월 주민이주 계획 발표

⑧ 만달레이-짜욱퓨 철도 건설사업(Mandalay-Kyauk Phyu Railway Project): 만달레이와 서부 라카인주 인도양 연안 짜욱퓨를 연결하는 철도 건설 사업

-2022년 타당성조사를 위한 MOU 체결

⑨ 만달레이-티가잉-무세&짜욱퓨-네피도 고속도로 건설사업 (Mandalay-Tigyaing-Muse Expressway&Kyauk Phyu-Naypyitaw

* 발주자가 특정 업체와 잠정 계약을 체결한 후 다른 업체의 도전 입찰을 받는 방식. 발주자가 도전자의 입찰을 선호하는 경우 기존 잠정계약자는 도전 입찰자와 경쟁하거나 계약을 철회하는 옵션 선택이 가능합니다.(철회 시 도전자는 잠정계약자가 사업 준비를 위해 지출한 비용을 보상)

Highway Project): 중국 접경 지역 무세와 인도양 짜욱퓨를 연결하는 고속도로 건설 사업

-윈난성 지방정부, 2023~25년 사이 동 사업 추진에 필요한 예비작업을 지원할 것이라고 발표

⑩ 와딸론 터널 사업(Watalone Tunnel Project): 샨주와 꺼야(Kayah)주 경계인 샨 산맥을 관통하는 터널 건설 사업

-2020년 시진핑 미얀마 방문시 타당성 조사를 위한 MOU 체결

⑪ 쿤롱 교량사업(Kunlong Bridge Project): 샨주 쿤롱 지역 살윈(Salween)강 교량 건설 사업

-2020년 공사 시작. 2023년 9월 거의 완공

⑫ 미얀마-중국 전력연결사업(Myanmar-China Power Interconnection Project): 미얀마와 중국의 전력시스템 및 송전설비 상호 연결

-2023년 3월 군정은 동 사업 추진 기구로 CMEC 이행위원회 산하에 에너지협력 실무협의체(Energy Cooperation Working Group) 설치

⑬ 미찌나 경제구역(Myitkyina Economic Zone): 까친주 미찌나 지역에 4,700에이커 경제구역 조성

-2018년 개시. 쿠데타 이후 사업 재개를 위해 개발업자와 군부가 수차례 논의 진행

⑭ 중국-미얀마 육로-수로 연결사업(China-Myanmar Land and Water Transportation Passage Project): 에야와디강 상류 바모-만달레이-양곤-인도양을 잇는 수로 개발. 바모에서 윈난성은 육로 운송로 건설

-1989년 윈난성 지방정부가 최초 제안. 2020년 CMEC 교통협력 실무협의체에서 다시 거론. 미얀마는 신중한 입장

한편 러시아와의 경제 협력에서는 아직까지 가시적인 성과가 드러나지는 않고 있습니다. 통계상 수치에서도 유의미한 변동은 없습니다. 다만 미얀마 쿠데타와 러시아의 우크라이나 전쟁을 겪으면서 양국의 경제 및 안보협력이 강화되고 있고 2023년 9월에만도 딴쉐(Than Shwe, 1990~2000년대 독재자 '딴쉐'와는 다른 인물) 외교부 장관이 러시아를 방문해 에너지 투자를 논의하고, 러시아 측에서도 사절단을 미얀마에 파견하여 석유 탐사, 정제 및 운송 관련 투자를 협의하는 등 구체적인 투자협의가 진행되고 있기 때문에 향후 성과를 배제할 수는 없는 상황입니다.

미얀마 군정의 국제사회와의 경제교류가 대부분 단절된 상황을 감안할 때 미얀마가 변화하지 않는 이상 해외 자본이 단기간 내에 되돌아올 가능성은 적어 보입니다. 미얀마의 투자유치 정책도 친서방 국가의 자본보다는 중국과 러시아 기업에 대한 특혜 확대로 이어질 가능성이 커 보입니다.

4. 고단해진 미얀마 국민들의 삶

점점 커지는 빈부격차

출퇴근길 양곤의 도로에서는 매우 다양한 자동차들을 만날 수 있습니다. 현대(Hyundai) · 대우(Daewoo) 버스, 주로 택시용으로 사용하는 해치백 토요타(Toyota) 코롤라, 마크 투 등 대부분은 해외에서 수입한 중고차들입니다. 시내버스로 사용되는 한국산 중고 버스에는 마포, 파주 등 한국의 버스 노선이 그대로 적혀 있는 경우도 있습니다. 그런데 가끔씩은 최신 모델 레인지로버, 포르쉐 등 고급차종도 마주할 수 있고 극히 드물게 람보르기니, 심지어 전기차 테슬라를 만나는 경우도 있습니다. 이렇게 미얀마 도로에서 마주치는 자동차는 대다수가 어렵게 살고 있고 극히 일부는 아주 부유한 미얀마의 빈부격차를 그대로 보여주고 있습니다. 비율로 따지면 99 대 1 또는 그 이상이 되지 않을까 합니다.

2021년 쿠데타는 안 그래도 심한 미얀마의 빈부격차를 더 크게 만들고 있습니다. 부동산, 자동차, 달러 등 자산을 보유하고 있던 부자들은 환율 상승, 인플레이션으로 자산가격 상승효과를 톡톡히 보게 된 반면, 그렇지 못한 사람들은 속수무책으로 빈곤의 악순환으로 떨어진 것입니다. 월드뱅크 등은 쿠데타 이전 20%대이던 미얀마 빈곤율이 2022년에는 40%대로 상승했다고 발표한 바 있습니다. 2018년 설정된 하루 4,800짜트 최저임금이 2023년 10월에 와서야 5,800짜트로 올랐지만 물가상승에 비해서는 턱없이 적은 상승률입니다. 더욱이 사회복지체계가 갖추어져 있지 않기 때문에 빈부격차 심화는 단시간에 해소되기 어려울 것으로 보입니다.

열악한 교육 환경

2023년 현재 미얀마의 학제는 초등학교 4년, 중학교 4년, 고등학교 3년, 대학교 4년으로 구성되어 있습니다. 6월에 개학하여 10월에 짧은 방학을 하고 3월에 학기를 종료하는 일정으로 운영되고 있는데, 교육 환경은 매우 열악한 상태입니다. 열악한 교육 환경은 국가경쟁력의 하락으로 이어지고 이는 또 경제발전 지체 현상을 가져와 교육 환경이 개선되지 않는 악순환을 보이고 있습니다.

사실 미얀마는 1948년 영국의 식민지에서 해방되었을 때만 해도 양곤대학이 아시아 최상위 대학에 들 정도로 교육제도를 잘 갖춘 나라였습니다. 1962년 네윈의 쿠데타 이후부터 미얀마의 교육은 파행을 겪게 됩니다. 1964년 군정은 국수주의적 국가교육법을 통과시켜 외국에서 교육받은 교원을 파면하고 종합대학인 양곤대학교와 만달레이대학교를 단과 대학별로 분리하여 별도의 부처에 소속시키는 조치를 취해 대학 경쟁력을 떨어뜨립니다. 양곤에 소재한 한국대사관은 대학로에 위치하고 있는데 인근에 양곤외국어대학교, 양곤경제대학교 등이 있습니다. 1964년 이전에는 하나의 종합대학이던 양곤대학이 동서남북으로 관통하는 도로를 기준으로 여러 단과대학으로 분리된 것입니다. 일부 단과대학은 아예 먼 거리로 옮겨졌습니다. 양곤공대는 양곤대학에서 십수 킬로미터나 떨어진 외각지역 흘라잉따야에 위치하고 있습니다.

1988년 민주화 시위 후 신군부는 1989년에서 1990년까지 모든 대학을 폐교조치 하는 등 파행적 교육행정을 지속했습니다. 2016년 출범한 아웅산수찌의 민주주의민족동맹 정부가 최우선 과제 중 하나로 교육개혁을 추진했지만, 재임 기간 5년은 지나간 60년을 바꾸기에는 너무나도 짧은 시간이었습니다. 2021년 쿠데타 이후에 또 한 차례 학교 폐쇄라는 파행이 진행되었고, 이에 더해 군부 치하에서는 교육을 받을 수 없다는 이유로 학부모와 학생들이 등교를 거부하는 사태도 발생했습니다.

특히 2021년 쿠데타 이후에는 교사들 상당수가 반군부 운동에 동참했기 때문에 자의 반 타의 반으로 교정을 떠났고, 많은 학생이 학업을 중도 포기하는 사태도 발생했습니다. 이 때문에 국가발전을 위한 인재양성이라는 교육의 본원적인 기능을 발휘하지 못하고 있습니다.

초중등교육 환경 또한 녹록지 않습니다. 미얀마 곳곳을 돌아다니면서 목격한 초중고등학교의 가장 특징적인 모습은 교사(校舍) 외의 공간이 매우 좁다는 것이었습니다. 주변의 미얀마 사람들에게 물어보니 체육, 음악, 미술 등 예체능 교육은 거의 이루어지지 않는다고 합니다. 국가 재정이 넉넉하지 않아서라는 이유로는 쉽게 납득이 되지 않았습니다. 제가 찾은 부실한 공교육의 이유는 두 가지 정도입니다.

우선 생각보다 많은 국제학교의 존재입니다. 미국, 영국 학교는 물론 싱가포르, 터키국제학교 등 양곤에는 많은 수의 국제학교가 있습니다. 대사관에 근무한 미얀마 행정직원 말로는 양곤에만 20여 개의 국제학교가 있다고 합니다. 외교관 자녀, 상사 자녀들도 국제학교에 다니지만, 이들 국제학교에는 미얀마 학생들도 상당수가 수학 중입니다. 제가 만난 미얀마 인사들 대부분이 자녀들을 국제학교에 보내고 있었습니다. 유력자들 자녀는 특수목적 교육기관 즉 국제학교에서 수학을 하기 때문에 보통교육에 큰 관심을 가지지 않는 것으로 보입니다. 둘째는 불교의 영향력입니다. 이 또한 두 가지 측면에서 영향을 미치는 것으로 여겨집니다. 정부의 지원만으로는 턱없이 부족한 학교 재정은 민간의 기부로 어느 정도 꾸려나갈 수 있을 텐데, 미얀마의 기부는 대부분 사원으로 향하기 때문에 보통교육에까지 민간기부의 혜택이 주어지지는 않고 있습니다. 이러한 상황이라면 불교교육이 학교교육의 대안이 될 수 있으면 좋겠지만, 속세를 떠나 깨달음을 찾는 불교교육이 세상(속세)을 살아가는 방법을 가르치는 보통교육을 대체하기에는 한계가 있어 보입니다. 불교교육이 보통교육을 보완한다기보다는 오히려 대체하는 쪽으로 영향력을 발휘하게 된 것입니다. 이러한 연유로 불교가 미얀마 군부독재를 돕거나 최소한 방기했다는 비판을 가하는 사람들도 있습니다.

그나마 다행인 것은 일부 재정적 능력이 있거나 의지가 강한 학생들은 해외 유학을 통해 자신의 꿈을 향해 나아가고 있다는 점입니다. 인상적인 점은 점점 많은 학생들이 유학 행선지로 한국을 선택하고 있다는 것입니다. 이들이 한국에서 다양한 경험을 쌓고 미얀마에 돌아간다면 과거 한국의 해외 유학생들이 각 분야에서 고국의 발전에 기여했듯이 미얀마 발전에 크게 기여할 날이 오지 않을까 하는 생각을 합니다.

아쉬운 시민 의식, 신뢰의 부족

2013년 양곤에서 첫 출근길에 마주한 도로를 보고 저는 두 가지 점에서 놀랐습니다. 생각보다 아주 차가 많다는 것과 이들 차량 수에 비해 교통 신호등은 턱없이 부족하다는 것이었습니다. 8차선 대로에도 횡단보도를 찾아보기 힘들었기 때문에 보행자들은 강제적으로 무단횡단을 할 수밖에 없었습니다. 자전거들은 반대편으로 넘어가기 위해 중앙분리대 부근을 곡예하듯 달리고 있었습니다. 나중에 알고 보니 2011년 개혁개방 이전에는 차량이 많지 않아 굳이 교통신호등이 필요하지 않았고 사람들도 자연스럽게 차량이 지나가지 않으면 도로를 가로질러 다녔던 것이라고 합니다. '이대로 시간이 지나면, 교통사고가 많이 발생할 수도 있겠구나' 하는 걱정을 하며 2015년 미얀마를 떠났던 기억이 납니다.

코로나19가 한창이던 2020년, 쿠데타가 발생한 2021년 그리고 2023년까지 양곤의 교통상황은 과거에 비해 매우 양호한 편입니다. 그사이 일본이 공적개발원조(ODA)로 지원한 교통신호 시스템 덕분에 아쉬운 대로 신호등 설치가 증가하기도 했지만, 더 큰 원인은 미얀마의 경제활동이 현저히 줄어들었기 때문이었습니다. 그런데 상대적으로 양호한 교통상황에도 불구하고 출퇴근 시간에 가끔은 극심한 교통체증을 경험하곤 했습니다. 이런 경우 대부분은 방치된 고장 차량으로 인한 교통정체였습니다. 미얀마에서 견인 차량을 목격한 적은 없기 때문에 차량 견인을 기대할 수는 없습니다. 다만 고장 차량 운전자가 주변사람들의 도움을 받아 차량을 도로변으로 옮겨만 놓아도 고장 차량으로 인한 교통체증은 상당히 완화될 수 있을 것입니다. 그런데 미얀마 운전자들은 대부분 고장 차량을 차량이 멈춘 그 자리에 방치하거나 도로 한가운데서 수리했습니다. 이 또한 과거 차량이 많지 않던 시절의 관행이 그대로 이어져온 결과인 듯합니다. 이러한 개인의 행동은 큰 사회비용을 초래하고 사고의 위험 또한 크게 증가시킵니다. 고장 차량으로 정체를 겪을 때면 TV나 라디오 방송에서 캠페인 운동이라도 했으면 하는 마음이 간절했습니다.

한편 이러한 현상을 개인보다는 국가 또는 사회 차원에서 바라보면 어떨까 하는 생각을 하기도 합니다. 미얀마 부자들은 부를 과시하는 것을 주저하지 않습니다. 개인주의라기보다는 이기주의에 좀 더 가까운 행태가 아닌가 하는 것이 개인적인 생각입니다. 부자들이 주위 눈치를 보지 않고 부를 과시하는 것이나, 방치된 차량이 사회적 비용을 초래하는 것을 고려치 않고 사고 차량을 버려두는 것이 크게 다르지 않게 보인다면 지나친 비약일까요? 두 가지 행태 모두 사회 구성원 간 신뢰를 떨어뜨리고 국가의 비효율성을 높이는 결과로 나타날 수 있습니다.

미션, 양곤에서 대사관저 구하기

2013년 2월 제가 처음 미얀마에 근무했을 당시 대사관저(대사가 생활하는 집)는 꽤 넓은 부지를 가지고 있었지만, 건물은 좀 노후된 공간이었습니다. 일반적으로 대사관저는 상호주의를 전제로 국유화하여 대사파견국의 재산이 되지만, 미얀마의 경우 역대 대사님들은 임차한 주택을 관저로 사용해왔습니다. 2013년 당시 대사관저 건물이 낡은 상태였던 것은 국유화가 되지 않아 대사관이 주체적으로 유지보수를 할 수 없었기 때문입니다.

그리고 이 관저에는 안타까운 사연이 있습니다. 1983년 10월 9일 아웅산 묘소 테러사건으로 순국한 제3대 주미얀마한국대사 이계철 대사가 테러가 있기 전 계약했지만, (대통령 순방 후 입주키로 했기 때문에) 정작 본인은 생활해보지 못한 관저였던 것입니다. 많은 시간이 흐르기도 했고 2013년경에는 국내에서 미얀마를 방문하는 인사들이 많았기 때문에 환영 행사 등에 적합한 새로운 관저의 필요성이 커졌습니다.

그리하여 대사관 총무과에서는 새로운 관저를 찾기 위한 노력을 펼쳤습니다. 하지만 쉽게 관저 이전 결정을 내리지 못했습니다. 왜냐하면 관저용으로 적절한 규모의 건물이 많지 않았고, 그나마 규모가 적절한 건물은 너무나 화려하게 꾸며져 있었기 때문입니다. 미얀마 부자들 입장에서는 적절할지 모르지만 우리 정서에는 맞지 않는 건물이 많았습니다. 예를 들면 2층 건물인데 굳이 엘리베이터가 설치되어 있다든가 하는 것이었습니다. 결국 기존 관저를 연장해서 사용하게 되었습니다.

2020년 9월 제가 두 번째로 미얀마에 근무하러 갔을 때는 과거와는 다른 건물을 관저로 사용하고 있었지만, 임차 기간 만료 즈음 가격협상 불발로 새로운 건물을 찾게 되었습니다. 그간 주택 공급도 증가했기 때문에 과거보다 관저 후보군은 증가했습니다. 그런데 이번에는 쿠데타 정국에 발목을 잡히게 됩니다. 적절한 건물 다수가 군부 관련 인사들의 소유였기 때문입니다. 쿠데타의 영향은 공적 사적 모든 영역에 영향을 미치고 있었습니다. 다행히 주미얀마한국대사관은 2023년 말 새로운 대사관저를 임차했지만, 예상보다 많은 노력과 시간을 투입하고 난 후에야 미션을 완수할 수 있었습니다.

해외 일자리, 축복일까 부메랑일까?

앞서 말한 빈부격차의 심화는 미얀마 노동시장에도 부정적인 영향을 미치고 있습니다. 우선 열심히 일해도 빈곤의 굴레에서 벗어나기 어렵기 때문에 구직을 포기하는 실망노동자가 증가했습니다. 미얀마 노동부는 2023년도 실업률을 3.69%라 발표한 바 있는데, 피부로 느끼는 실업률보다 수치가 낮은 것은 실망노동자가 많기 때문인 것으로 추정됩니다. 일할 의사가 있는 노동자들 또한 더 이상 미얀마 노동시장에 남아서는 생계를 유지하기 어렵기 때문에 상대적으로 임금이 높은 주변국으로 시선을 돌리고 있습니다. 대표적인 국가들이 태국, 말레이시아, 싱가포르입니다. 같은 아세안 국가여서 이동이 용이하고 문화적으로도 유사한 점이 많기 때문에 다수 미얀마 노동자들이 취업 행선지로 선택하고 있습니다. 일부 미얀마 언론에서는 2021년에서 2023년 상반기까지 해외에 취업한 미얀마 노동자 수가 30만에 이른다고 말하기도 합니다.

그런데 시험을 치르는 등 어려운 과정을 거쳐야 하지만 그 나라에서 일하면 엄청난 임금을 받을 수 있는 국가가 있습니다. 다름 아닌 한국입니다. 외국 노동자들에게는 다른(하향) 임금체계를 적용하는 싱가포르 등과 달리 한국은 내국인과 동일한 최저임금을 적용하기 때문에 어려운 한국어 시험을 치르고서라도 한국행을 희망하고 있습니다. 대표적인 미얀마 노동자 채용경로인 외국인 고용허가제(EPS, Employment Permit System)를 통해 2023년에는 약 1만 명이 한국행 비행기에 몸을 실었습니다.

한편, 미얀마 노동력의 해외 유출은 필연적으로 미얀마 내 노동력 부족을 가져오고 있습니다. 노동력 부족의 직접적 영향을 받는 대표적인 직종은 노동집약산업인 봉제업인데 한국 봉제기업도 100여 개가 미얀마에서 활동하고 있습니다. 봉제업체들에 따르면 인력 부족 자체도 문제이지만 숙련공들의 이탈이 많아 생산성 감소가 심각하다고 합니다.

조금은 다른 경제 관념

미얀마에서 생활하면서 느낀 미얀마 사람들의 경제 관념 중 가장 인상적이었던 것은 비용에 대한 인식이 우리와는 다르다는 것이었습니다. 경제에서 말하는 비용은 '어떤 선택의 대가로 지불(포기)해야 하는 비용' 즉 기회비용입니다. 그런데 미얀마에서는 기회비용이 크게 고려되지 않고 있는 듯합니다. 부동산 시장의 경우 수요자와 공급자의 가격이 맞지 않는 경우 가격 조정이 이루어지는 것이 일반적인 현상인데, 미얀마에서는 임대인이 원하는 가격이 나오지 않는다면 임차인을 받지 않는 경우를 빈번히 목격할 수 있었습니다. 물론 이러한 행태가 고도의 협상력을 발휘할 수도 있지만 상당수는 공실이라는 결과를 가져올 수도 있는 것입니다. 이유는 이러합니다. 상당수 건물은 임대인 소유의 땅에 임대인 자본 또는 동업자의 자본으로 지어지는데, 임대인은 건물과 관련한 더 이상의 비용지불이 없기 때문에 공실은 비용이 아니라는 인식으로 연결되고 있는 것입니다. 실제로는 비용 즉 기회비용이 발생하는데 말입니다. 앞서 말한 자기 토지 위에 동업자가 자본을 투자하여 건물을 건설하는 경우 대부분 이 건물은 일정 기간(예컨대 10년) 후 토지 제공자의 명의로 변경이 되기 때문에 비용에 대한 착시현상은 더 커지게 됩니다. 더욱이 금융시장이 발달되지 않아 은행 대출 등으로 건물을 짓는 경우도 드물기 때문에 대출에 대한 이자 부담이 발생하지 않는 점도 비용에 대한 착시현상을 키우는 요소로 작용하고 있습니다.

물론 비용에 대한 관념이 바뀐다고 미얀마 경제가 한순간에 효율성을 회복하지는 않을 가능성이 큽니다. 하지만 작은 변화들이 모인다면 미얀마 경제 불확실성 해소에 힘이 될 것입니다.

5. 미얀마 경제의 잠재력

2021년 2월 쿠데타 이후 2023년 말까지 국민소득, 환율, 물가 등 악화 일로를 걸어온 미얀마의 경제지표는 회복세를 보이지 못하고 있습니다. 아쉽게도 미얀마 경제 추락의 끝이 어디일지는 누구도 모릅니다. 하지만 분명한 것은 미얀마 경제의 잠재력은 그대로 유지되고 있다는 것입니다. 최근의 혼란스러운 상황에도 불구하고 국가의 구성요소인 '국민'과 '영토'가 온전히 유지되고 있기 때문입니다.

훌륭한 인적 자원

쿠데타 정국에도 불구하고 여전히 미얀마의 인적 구성원은 우수합니다. 미얀마는 한반도의 3배인 국토 면적에 비해 많은 인구는 아니지만, 한국보다 많은 약 5,790만* 명의 인구를 보유하고 있습니다. 평균 나이는 30.4세로 32.7세인 베트남이나 41세인 태국 등 주변국에 비해 젊습니다. 수십 년간 개발의 지체 현상이 있었기 때문에 전체 인구 중 32%만이 양곤 등 몇 안 되는 도시**에 살고 있습니다. 도시화율 30%는 2023년 세계 평균인 57.5%에 크게 못 미치는 상황입니다. 이 때문에 도시로의 노동인구 유입

---

* CIA, WORLD FACTBOOK(2023년 기준)

** CIA, WORLD FACTBOOK, 양곤 약 560만 명, 만달레이 약 150만 명(2023년 기준)

잠재력이 큽니다.

고등교육 비율은 높지 않지만, 미얀마 국민들의 문해율(15세 이상 인구 중 읽고 쓸 줄 아는 인구 비중)은 89%로 비슷한 소득 수준인 국가들에 비해 월등히 높습니다.

제가 겪어본 미얀마 사람들은 학습 능력이 뛰어나고 새로운 환경이나 일에 대한 적응력이 매우 빠른 사람들이었습니다. 규칙의 준수, 타인에 대한 배려 등 도덕적 기준 또한 높은 국민들이었습니다. 기회만 주어진다면 성실히 실력 발휘를 할 수 있다고 생각합니다. 미얀마 근로자들의 성실성은 외국인고용허가제도(EPS)를 통해 이미 검증되었습니다. 16개 EPS 국가 중 미얀마는 불법체류 비율이 가장 낮은 국가 중 하나이고 고용주들 또한 미얀마 노동자들의 재고용을 희망하고 있습니다.

지리적 이점

지리는 운명입니다.

미얀마는 인도·방글라데시(서쪽), 중국(북쪽), 태국·라오스 등 아세안(ASEAN) 국가들(동쪽)이 만나는 지점에 놓여 있습니다. 공교롭게도 이들 미얀마의 주변 지역은 모두 세계에서 가장 빠르게 성장하는 지역들입니다. 중국에 14억, 인도에 14억, 방글라데시에 1.6억 그리고 아세안에 6.6억 명의 인구가 살고 있으므로, 미얀마는 세계 인구의 절반 가까이를 잠재적인 소비시장으로 보유하고 있습니다.

미얀마와 주변국

미얀마의 지리적 이점은 단지 시장적 측면에서만 평가받는 것은 아닙니다. 미얀마의 지리적 위치가 가지는 전략적 가치는 미얀마의 주변국들이 먼저 알아보고 있습니다. 중국에게 미얀마는 해양 진출에 있어 인도양을 태평양의 대안으로 만드는 2대양 전략(two-ocean strategy)을 위해 필수적인 국가입니다. 이를 위해 중국은 서부 윈난성 쿤밍에서 출발하여 만달레이, 양곤을 잇는 '중국-미얀마 경제회랑(CMEC)'을 건설 중입니다. 중국-미얀마 경제회랑의 종착점은 인도양 벵골만 연안의 라카인주 짜욱퓨입니다. 역으로 짜욱퓨는 미얀마-중국 가스 · 송유관의 기점이기도 합니다.

인도에게 미얀마는 본토와 동북부 지역인 미조람 · 임팔 · 나갈랜드를 연결하는 중요한 국가입니다. 인도는 현재 동부 콜카타(Kolkata)항과 미얀마 서부 라카인주 시트웨(Sittwe)항을 거쳐 인도 동북부 미조람(Mizoram)주에 이르는 '칼라단 복합환승운송 프로젝트(Kaladan Multi Modal Transit Project)'를 적극적으로 추진하고 있습니다.

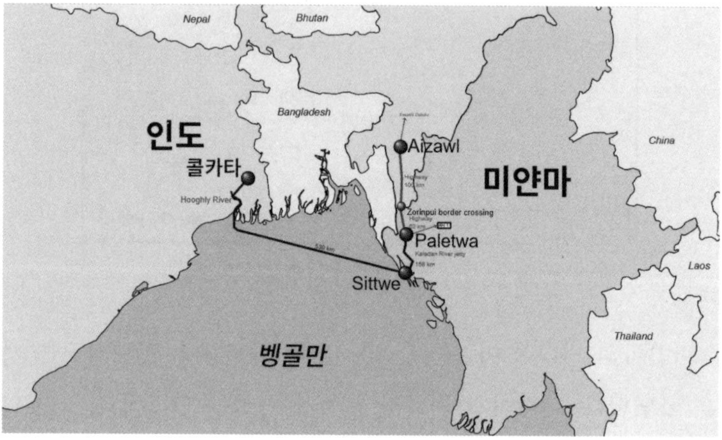

칼라단 복합환승운송 프로젝트

중국과 인도는 모두 장기간에 걸쳐 프로젝트를 추진하고 있습니다. 미래를 위한 투자라고 볼 수 있겠습니다.

국내 상황이 어수선한 관계로 정작 미얀마는 지리적 이점을 충분히 활용하고 있지는 못하지만 철도 · 도로, 해양과 내륙을 연결하는 운하 등 인프라가 갖추어진다면 미얀마가 잠재력을 발휘할 수 있을 듯합니다.

풍부한 천연자원

미얀마의 잠재력을 말할 때 빠지지 않는 것이 풍부한 천연자원입니다.

미얀마는 지질학적으로 6개의 단위 지역으로 구분됩니다. 서부 라카인 해안평원, 서북부 라카인-친-나가 산맥 습곡대, 중부 신생대 퇴적층, 북부 화산암대, 까친 고원 분화되지 않은 변성암 지대, 동남부 샨-따닌따리 지역이 그것입니다.* 이러한 복잡한 지질구조로 인해 미얀마에는 다양한 광물 · 에너지 자원이 매장되어 있습니다.

미얀마에서 산출되는 자원들로는 안티몬, 희토류, 크롬, 니켈, 백금, 동, 금, 아연, 주석, 텅스텐이 대표적입니다. 옥, 루비, 사파이어 등 보석류도 대량으로 생산되고 있습니다.

이 중 최근 들어 중요성이 커지고 있는 안티몬(Antimony), 희토류(Rare-Earth Elements)를 예로 들어 설명하도록 하겠습니다.

안티몬

안티몬은 독성이 강한 준(準)금속 물질이지만 다양한 산업 분야

* 허철호, 「미얀마의 광물자원 잠재성」, 광물과 산업, 2012.12

에서 유용하게 사용되는 광물입니다. 특히 열에 약한 고무나 플라스틱에 미량을 첨가하면 불에 잘 타지 않는 성질을 띠게 해주므로 방염제, 페트병 제조 촉매제로 활용되고 있습니다. 순도가 높은 안티몬은 냉각용 반도체 금속으로 사용되기도 합니다.

국가별 안티몬 매장량 및 생산량

(단위: 톤)

국가명	매장량	생산량	
		2020년	2021년
중국	480,000	61,000	60,000
러시아	350,000	25,000	25,000
볼리비아	310,000	2,600	2,700
키르기스스탄	260,000	-	-
미얀마	140,000	2,200	2,000
호주	100,000	3,900	3,400
튀르키예	100,000	1,330	1,330

자료: 미(美) 지질조사국(USGS)

미국 지질조사국이 평가한 미얀마의 안티몬 매장량은 14만 톤으로 세계 5위 규모입니다. 동남부 샨-따닌따리 산악지역에 집중되어 있습니다. 생산량은 연평균 2천 톤 내외로 아직까지 많지 않은 편입니다. 따라서 미얀마가 향후 안티몬 채굴을 늘린다면 글로벌 공급망에서도 중요한 비중을 차지하게 될 가능성이 큽니다. 미얀마산 안티몬은 대부분 수출되는데, 주요 수입 국가는 EU, 미국 등입니다.

미얀마의 주요 국가별 안티몬 수출 금액

(단위: 천 달러)

국가명	2017년	2018년	2019년	2020년	2021년
EU	579	5,194	4,572	6,537	8,133
미국	-	1,062	3,431	9,726	2,877
대한민국	-	-	-	2,079	2,252
태국	190	1,315	1,141	175	1,330
....					
싱가포르	206	1,558	-	-	-
일본	-	559	-	-	-
합계	**975**	**9,892**	**9,653**	**19,409**	**15,100**

자료: IHS Markit

우리나라로 수입되는 미얀마산 안티몬은 2019년까지 실적이 없었으나 2020년 207만 9천 달러를 수입하고 2021년에는 9% 증가한 225만 8천 달러를 수입했습니다. 미얀마산 안티몬 수입은 주요 광물에 대한 공급선 다변화 노력의 일환이었습니다. 2018년에는 우리나라 안티몬 수입 중 중국산이 차지하는 비중이 96.6%였으나, 2021년에는 중국산 47.1%, 베트남산 42.1%, 미얀마산 5.4%로 다변화되고 있습니다.

한편, 미얀마산 안티몬은 잠재적 공급 리스크를 갖고 있습니다. 채굴 지역이 소수민족무장단체(EAO)와 미얀마 정부군 간 충돌이 일어나는 지역이기 때문에 운영중단이 발생할 가능성이 있습니다.

희토류

희토류란 지각 안에 극소량만이 함유된 금속을 뜻하는 '희유금속'의 일종으로 17개 원소를 통칭합니다. 희토류는 크게 경(輕), 중(中), 중(重)희토류로 분류되는데, 특히 중(重)희토류는 생산지역이 한정되어 있고 영구자석 사용 증가에 따라 공급 부족 가능성이 커지고 있습니다.

희토류의 분류 및 용도

분류		원소명	기호	번호	응용 분야
란탄계	경(輕) 희토류	란타늄	La	57	촉매제, 전극, 수소저장, 광학유리, 레이저
		세륨	Ce	58	화학, 산화제, 유리 및 세라믹 착색제
		프라세오디뮴	Pr	59	자석, 레이저, 유리 및 세라믹 착색제
		네오디뮴	Nd	60	자석, 레이저, 세라믹콘덴서
	중(中) 희토류	프로메튬	Pm	61	항로조명, 원자력 전지, 발광도료
		사마륨	Sm	62	자석, 레이저, 중성자 제어봉
		유로퓸	Eu	63	형광체, 레이저, 수은램프, 핵자기 공명 완화제
		가돌리늄	Gd	64	중성자 흡수제, 자기공명영상 조영물질, 철·크리뮴 합금
	중(重) 희토류	테르븀	Tb	65	녹색 형광체, 레이저, 초음파탐지시스템
		디스프로슘	Dy	66	자석, 레이저, 조명 광원
		홀뮴	Ho	67	자석, 광섬유 레이저 등 광통신기기
		에르븀	Er	68	군용, 적외선 레이저, 바나듐강, 광섬유
		툴륨	Tm	69	휴대용 X-ray 장비, 레이저, 금속할로겐램프
		이테르븀	Yb	70	적외선 레이저, 광통신 광섬유 증폭제, 핵의학
		루테늄	Lu	71	배터리, 발광다이오드(LED) 전구, 방사선 장비
비란탄		스칸듐	Sc	21	항공우주용 경량 알루미늄·스칸듐 합금
		이트륨	Y	39	형광체, 마이크로파 필터, 고온초전도체, 암 치료

중(重)희토류는 거의 대부분 이온흡착형광상(ion adsorption clay)*에서 생산되는데, 이는 중국 남부지역과 미얀마 북부 까친주에 분포합니다. 특히, 미얀마에는 중(重)희토류 중 디스프로슘(Dy)과 테르븀(Tb) 매장량이 풍부합니다. 칼로 자를 수 있을 정도로 부드러운 디스프로슘은 전기자동차 모터 경량화에 필수적인 마그네틱에 사용되는 핵심 광물입니다. 미국 에너지부는 디스프로슘을 희토류 중 가장 중요한 단일 원소로 규정한 바 있고, 글로벌 천연자원 연구 및 컨설팅 업체인 Roskill은 미얀마산 중(重)희토류에 대한 공급대안이 거의 없다고 분석한 바 있습니다.

미국 지질조사국(USGS) 자료에 의하면 미얀마는 2020년 세계 중(重)희토류 생산량의 39%를 생산했습니다.** 미얀마에서 생산된 중(重)희토류는 가공을 위해 대부분 중국으로 보내지고 있는 상황입니다. 중국 무역 데이터에 따르면 중국의 미얀마산 희토류 수입량은 2014년 300톤에서 2020년 35,500톤으로 급증했습니다. 2020년 중국이 공식 수입한 희토류의 94%가 미얀마산이었습니다. 미얀마 현지 업체에 의하면 중국으로 수출되는 희토류 대부분은 1차 가공만 거친 다음 중국으로 수출한다고 합니다. 글로벌 중(重)희토류 최대 공급자인 중국도 일차 생산국인 미얀마로부터 공급이 없다면 재고가 곧 고갈될 가능성도 있습니다.

까친주의 희토류 광산지대는 현지 소수민족무장단체 통제하에

---

* 희토류가 부화된 화강암의 풍화작용에 의해 점토 광물 내에 희토류 원소가 흡착되어 형성된 광상

** Myanmar Business Research Institute, 2023 자료에서 재인용

있으며 미얀마 군과 현지 무장단체 간 광산 수익에 대한 이권 분쟁이 자주 발생하고 있습니다. 이 때문에 안티몬 등 여타 천연자원과 마찬가지로 희토류도 공급망 리스크를 안고 있습니다.

Part III

미얀마의 국제관계 : 너무나 뚜렷한 친구와 적

미얀마를 보는 다양한 시각

한국을 포함한 많은 나라의 일반 국민들이 미얀마의 현재 상황을 매우 안타깝게 바라보고 있지만 영원한 친구도, 영원한 적도 없는 국제관계에서 미얀마를 보는 시각은 매우 다양하게 존재하고 있습니다.

미국, EU, 영국, 캐나다, 호주 등 대다수 서방 국가들은 현재 미얀마 상황을 개선하고 시정해야 할 대상으로 보고 있습니다. 특히 2005년에 이미 북한, 이란 등과 함께 미얀마를 폭정의 전초기지(Outpost of Tyranny)로 특정한 바 있는 미국은 군부의 자금줄을 차단하기 위해 지속적으로 제재를 가하고 있습니다. 2023년 6월에 미얀마 국방부와 미얀마무역은행(MFTB), 미얀마투자상업은행(MICB)을 제재대상에 추가한 데 이어 2023년 10월 31일에는 미얀마석유가스공사(MOGE, Myanmar Oil and Gas Enterprise)에 대한 미국민들의 재정적 기여를 금지하는 등 제재의 칼날은 점점 더 미얀마 군부 당국을 직접 겨냥해가고 있습니다.

미국의 반대편에는 중국과 러시아가 있습니다. 미국 주도의 국제정세를 타파하려는 대표적인 국가들이니 당연한 결과로 볼 수 있지만, 이들에게 미얀마는 중요한 전략적 가치를 가진 나라이기 때문입니다. 미얀마와 약 2,000km(정확히는 2,129km)의 국경선을 맞댄 중국에게 있어 미얀마는 인도양으로 진출하기 위해 꼭 거쳐야 하는 길목에 있는 나라입니다. 태평양으로 나가는 데 있어 대만이 걸림돌이라면 미얀마는 인도양으로 나가기 위한 중요한 뒷문인 셈입니다.

미얀마 측에서 보면 중국은 고립된 시기에 미얀마의 생명줄 역할을 하는 국가입니다. 쿠데타 이후 중국 공산품의 미얀마 시장 점유율은 더욱 증가했고 미얀마에서 새로 시작되는 프로젝트 대부분이 중국 자본으로 진행되고 있습니다. 그런데 미얀마 국민은 물론 미얀마 군부도 미얀마의 중국 의존도 심화를 마냥 반기는 분위기는 아닙니다(소위 ABC, Anything But China). 쿠데타 초기이자 반군부 시위운동이 한창이던 2021년 3월, 혼란스러운 시기에 미얀마 내 중국기업 수십 곳이 방화공격을 받은 것만 봐도 미얀마 일반 국민들의 중국에 대한 반감을 읽을 수 있습니다. 미얀마 군부도 중국이란 외줄보다는 생존전략의 다층화 차원에서 또 다른 줄 또는 보험을 얻고자 하는 노력을 지속하고 있습니다.

짐작하겠지만 그 대상은 러시아입니다. 2021년 2월 1일 쿠데타 이후 미얀마는 확실한 친러시아 노선을 걷고 있습니다. 미얀마에서 쿠데타가 발발한 지 딱 1년 후인 2022년 2월 러시아가 우크라이나를 침공했을 때 제일 먼저 나서서 러시아를 지지한 국가가 미얀마입니다. 국제사회에서 고립되고 있는 미얀마가 러시아에게 큰 힘이 되지는 않겠지만, 러시아 역시 다수 국가에게 외면받고 있는 상황에서 미얀마의 지지는 가뭄 속의 단비 같은 존재였을 겁니다. 2022년 9월 블라디보스토크에서 개최된 동방경제포럼 계기에 푸틴 러시아 대통령은 민아웅흘라잉 군총사령관과 양자회담을 갖고 미얀마와 '원자력 로드맵', '러시아산 정제유 수입' '러시아 금융정보전달시스템(FMS, Financial Messaging System)' 가입에 합의했습니다. 물리적 거리와 전쟁 중인 러시아의 상황이 여의치 않지만 양국의 협력은 계속 진행 중입니다.

미얀마와 관련하여 빼놓을 수 없는 국제정치 행위자는 아세안(ASEAN, 동남아시아국가연합)입니다. 미국과 서방이 미얀마를 봉쇄(contain)하는 국가들이고 중국, 러시아가 개입(engage)하는 입장이라면, 아세안은 중간자적 입장이라 볼 수 있습니다. 중간자적 입장이라는 것이 논란이 될 수 있는데 아세안을 하나의 행위자로 보는 시각에서 그리고 수시로 정변이 일어나는 상황에서 '내정불간섭'이란 전가의 보도를 활용하고 있다는 점에서 그런 해석이 가능하다는 의미입니다. 우선 개입 입장의 예로 쿠데타 발발 이후 2021년 4월 24일 미얀마 군총사령관이 참석한 아세안 특별정상회의에서 5개 합의사항*을 도출하여 미얀마 사태 해결에 노력을 보인 것을 들 수 있습니다. 봉쇄 입장의 조치로는 위에 언급한 특별정상회의 이후 미얀마 정상은 아세안 정상회의에 초청받지 못하고 있음을 예로 들 수 있습니다.

아세안 회원국들의 개별 국가 단위 입장은 보다 복잡다단한 양상을 보입니다. 아세안의 중간자적 입장이 논란이 될 수 있다는 것도 이를 염두에 둔 저의 평가입니다. 우선 자국에서도 잦은 쿠데타가 발생하고 미얀마산 천연가스에 대한 의존이 큰 태국은 미얀마의 현 상황을 인정하는 실리주의 외교를 택하고 있습니다. 쿠

* 5개 합의사항: 즉각적 폭력 중단, 평화적 해결을 위한 건설적 대화, ASEAN 의장 특사 파견, ASEAN의 인도적 지원, 특사단의 모든 정치세력 접근 허용

데타로 집권해 부자(父子) 권력승계를 마친 캄보디아도 비슷한 입장입니다. 하지만 지리적으로 인접해 있지 않고 아세안에서 민주주의 국가라고 자부하는 인도네시아, 싱가포르, 필리핀 등은 미얀마 군부정권을 승인하지 않는 입장을 취하고 있습니다. 말레이시아도 미얀마 군부정권에게 강경한 입장을 보이고 있습니다. 이슬람 국가인 말레이시아는 로힝자 탄압에 대한 항의 차원에서 미얀마 문제에 접근하고 있기 때문에 타 국가들과는 결을 달리하고 있습니다.

이렇듯 나름의 이유로 미얀마를 바라보는 시각은 다양한데, 그 이면의 공통점은 국익이라는 현실입니다. 그리고 그 국익 중 상당 부분은 경제적 이익이 차지하고 있습니다.

세계 최강 미국, 시간은 누구의 편일까?

미얀마에 최초로 신학교를 세우고 기독교를 전파한 인물 저드슨(Adoniram Judson, 1788~1850) 목사가 미국인일 정도로 의외로 미얀마와 미국 관계는 긴 역사를 가지고 있습니다. 2차 세계대전 종료 직후 미국은 양곤에 총영사관을 재설치하고 공산주의 확산을 방지하기 위한 동남아시아 원조프로그램에 미얀마도 포함시킵니다.

1962년 네윈의 쿠데타 이후 부침이 있었지만 양국 관계는 협력보다는 대립 관계로 들어섰습니다. 월남전을 통해 미국이 동남아시아의 공산화 방지에 분주한 시기 미얀마는 버마식 사회주의를 채택했지만, 미얀마의 사회주의는 이데올로기로서의 사회주의라기보다는 식민제국주의를 극복하기 위한 사회주의였기 때문에 근본적으로 미국과 충돌은 없었습니다. 문제는 오히려 미얀마가 최빈국으로 전락하고 군부의 독재가 한참 진행된 1980년대 이후에 발생합니다. 특히 군부가 1988년 발생한 8888민주화 운동을 무력으로 탄압하고, 총선에서 압도적으로 승리한 민주주의민족동맹(NLD)에게 정권이양을 거부한 이후 미얀마에 대한 미국의 제재가 본격화됩니다. 앞서 Part I. 희망의 날개가 꺾인 미얀마(국제사회, 제재와 완화 사이)에서 설명했듯이 미국은 1989년 4월에 1974년부터 포함된 일반특혜관세제도(GSP) 대상국에서 미얀마를 제외하고, 1991년 7월 부시 행정부는 대미얀마 경제제재 조치를 실시합니다.

미국의 제재 조치는 개혁개방을 추진한 2011년 떼인세인 정부 출범과 12월 힐러리 클린턴 미 국무부장관 미얀마 방문을 계기로 완화되기 시작합니다. 2016년 9월 아웅산수찌의 미국방문을 계기로 한 GSP 부활로 일시적이나마 미국의 경제제재 조치는 중단됩니다.

그리고 2021년 2월 1일 쿠데타 이후 다시 미얀마에 대한 미국의 제재가 가해지고 있습니다. 2023년 현재 미얀마에 진출한 미국 기업은 코카콜라, KFC, 지분 매각을 선언한 쉐브론 등 극소수이고 정확한 통계는 없지만 미얀마에 머물고 있는 순수 미국인(미얀마와 이중국적자를 제외)은 100~200명 내외일 것으로 추정합니다. 이러한 사실만 고려하면 미국이 비교적 자유롭게 미얀마 제재를 가할 수 있는 조건이 갖추어졌다고 볼 수도 있을 것입니다. 그리고 군부 쿠데타의 총성이 채 가시지 않은 시점이기 때문에 미국 정치권이나 국제 여론이 미얀마 제재 압력을 가하고 있는 것도 사실입니다. 그러나 미국의 안보 전략가들이나 행정부의 입장은 조금 다른 듯합니다. 실제 전략 사상가들은 '서방의 제재가 계속되면 미얀마의 중국에 대한 종속이 심화된다(미국의 제재가 미얀마를 중국과의 종속 관계에 가두는 효과가 있다)*'는 주장을 제기하기도 했습니다. 이처럼 미국 내에서는 다양한 측면에서 미얀마에 대한 전략적인 고려가 있을 것으로 예상됩니다.

그렇다면 미얀마 군부 입장에서 미국은 어떠한 존재일까요? 현재 미국은 자타공인 세계 제1의 국가(hegemon)입니다. 그런데 미얀마 군부는 미국의 영향력이 중요하기는 하지만 중국, 러시아 등의 지원으로 미얀마의 권력유지가 가능하다고 보고 있는 듯합니다. 국가의 번영보다는 군부와 주변부의 생존을 우선순위에 두면 가능한 생각이겠습니다. 그리고 이미 1990년대와 2000년대에 걸쳐 미국의 제재를 경험해본 군부로서는 아웅산수찌 집권 2기에 들어 헌법이 수정되고 이후 군부가 기득권을 잃는 것보다는 미국의 제재하에서라도 누릴 것은 누리는 것이 유리하다고 판단했을지도 모르는 일입니다. 비록 오랜 시간이 걸렸지만 전쟁을 치른 베트남과도 미국이 국가 간의 관계를 회복한 것을 보면서 미얀마 군부는 시간은 자신의 편이라는 생각을 굳혔을 듯합니다.

---

* 최신일, 「미얀마의 외교전략에 관한 연구: '지정학적 중간국'의 관점에서」, 2023

하지만 시간이라는 측면에서는 미국도 아쉬울 것은 없는 듯합니다. 북한이나 이란처럼 수십 년 제재가 가해지는 나라도 있으니까요. 문제는 이 와중에 발생하는 피해가 온전히 미얀마 국민과 미얀마에 진출한 외국기업의 몫이라는 것입니다.

전통적인 제재, 효과적인 방법일까?

미국을 비롯한 서방 세계는 미얀마 군부에 제재를 가하고 고립시키면 군부정권이 굴복할 것이라고 말합니다. 2021년 쿠데타 초기 미얀마에서 근무하는 서양 외교관들 사이에 이러한 낙관론이 지배적이었습니다. 하지만 미얀마에서 쿠데타가 발생한 지도 어느덧 3년을 훌쩍 넘어가고 있습니다.

2024년 현재 간헐적으로 반군부 세력이 군부를 압박하고 있다는 뉴스가 보도되고 있지만 어디까지나 샨, 까친 등 이미 소수민족무장단체가 활동하는 영역에 국한된 상황입니다. 오히려 양곤, 만달레이 등 대도시는 쿠데타 이전의 일상으로 돌아가고 있는 것이 현실입니다.

미얀마에 제재를 가하는 미국이 일관되게 주장하는 주요 내용들은 다음과 같습니다. '제재의 목적은 군부와 그 관계자들에게 경제적 이득이 가는 것을 막는 것', '미얀마 일반 국민들이나 일반 기업들에게 가해지는 피해는 최소화할 것', '인도적 지원은 예외'

이러한 미국 제재의 효과성에 대한 의문은 꾸준히 제기되어 왔습니다. 미국의 제재 원칙이 관철되기 위해서는 상당히 어려운 전제조건이 하나 있기 때문입니다. 미얀마 군부와 일반 국민·기업을 분리시킬 수 있어야 한다는 것입니다. 그런데 쿠데타 정국에서 제가 지켜본 바로는 군부와 일반국민의 구분은 사실상 불가능했습니다. 군부와 일반국민의 삶이 동조화된 사회·경제적 구조가 고착화되어 왔기 때문입니다.
현실이 이렇다면 국제사회는 군부를 약화시키는 전통적 정책과 더불어 민간 능력을 강화하는 대안적 접근법도 고민해야 하겠습니다. 국제위기그룹(International Crisis Group)은 이미 2012년 보고서에서 '미얀마 개혁의 원동력은 외부에서 부과된 제재의 결과가 아니라 내부에서 발생했다'라고 분석한 바 있는데, 같은 맥락의 분석인 듯합니다.

이 구역의 최강 중국, 미얀마의 생명줄이지만 위태로운 외줄

가장 확실한 미얀마의 생명줄

미얀마는 중국, 인도, 태국, 방글라데시, 라오스 5개 국가와 국경선을 접하고 있습니다. 이 중 중국과의 국경선은 약 2,000km에 달합니다. 이해를 돕자면 한반도 남북 길이가 약 1,000km입니다. 현재 미얀마와 중국은 무세, 미찌나, 라시오 등 국경도시를 통해 인적 · 물적 교류를 활발히 하고 있지만, 19세기까지는 지금처럼 대규모의 경제교류는 이루어지지 않았다고 합니다. 접경지에 험준한 산지 샨 고원이 자리 잡고 있기 때문이기도 하거니와 중국 쪽 접경지인 윈난성에 대한 중국 중앙정부의 통제력이 약해서 체계적인 대미얀마 교류가 이루어지지 않았기 때문입니다. 미얀마 악단이 당나라 조정에서 연주하고 원나라, 청나라가 미얀마를 침공한 기록이 있기는 하지만 공식적인 관계는 간헐적이었고 대부분은 우호적인 관계보다는 갈등 관계일 때가 많았습니다. 오히려 인도양을 사이에 둔 인도가 고대부터 사회, 경제 측면에서 미얀마에 더 큰 영향을 주어왔습니다.

그랬던 중국이 지금은 미얀마의 생명줄 역할을 하고 있습니다. 교통, 통신의 발달로 더 이상 샨 고원은 양국 교역의 걸림돌이 아닙니다. 만달레이 동쪽 해발 1,400m에 위치한 따웅지* 주변 도로에는 트럭들이 쉴 새 없이 중국산 물자를 실어 나르고 있습니다. 더 중요한 것은 1948년 독립 이후 전개된 국제 정세상 미얀마와 중국이 가까워질 수밖에 없는 구조가 형성되었다는 점입니다. 독립 초기에는 미국의 미얀마 지원이 있었지만 1962년 쿠데타로 집권한 군부가 반복되는 쿠데타를 통해 독재의 길로 들어서자 미국의 제재가 가해지고, 미얀마와 중국의 국경무역은 더욱 공고화되고 규모가 커지게 된 것입니다. 미얀마가 역사적 질곡을 겪을 때마다 미얀마에 대한 중국의 영향력은 커져만 갔습니다. 더 구체적으로 말하면 미얀마에서 중국의 영향력은 미얀마에 대한 서구의 압박에 비례해서 더 커지고 있습니다. 일례로 2003년 미국 의회가 '미얀마 자유 민주주의법'을 통과시켜 군부를 강력히 제재하자, 중국은 이 기회를 이용하여 미얀마 서해안에서 중국 윈난성까지 연결하는 석유 가스 파이프라인을 만들었습니다. 미얀마의 주요 기관, 기업, 은행들이 미국의 제재

---

* 샨주의 주도, 따웅지는 미얀마어로 큰 산이라는 뜻입니다.

를 받아 달러 거래를 할 수 없는 상황에서 제한된 선택지를 가진 미얀마에게 중국과의 거래 확대는 어찌 보면 당연한 결정일지도 모르는 일입니다.

2021년 2월 쿠데타 이후에도 미얀마의 중국에 대한 의존, 특히 경제부분에서의 의존도는 커져만 가고 있습니다. 2021년 12월 미얀마 당국은 중국 위안(Yuan)화를 공식 결제통화로 인정하고 중국과 국경무역에서 20억 위안을 목표 결제 금액으로 정했습니다. 국제 결제 통화가 부족한 미얀마와 위안화의 국제화를 추진하는 중국의 이해관계가 맞아떨어진 것입니다. 이에 더해 미얀마는 2023년 6월에는 중국과 교역에서 위안화 사용을 의무화했습니다. 무역업자들이 국경무역에서 외환관리위원회(FESC)의 허가를 받기 위해서는 위안화 은행 계좌를 보유해야 하는 행정명령을 내린 것입니다.

중국에게도 중요한 미얀마

중국 입장에서도 미얀마는 단순히 국경선을 맞댄 나라 이상의 의미를 지닙니다. 미얀마는 인도양으로 가는 길목에 있는 나라이기 때문입니다. 중국에게 있어 인도양의 가장 큰 전략적 가치는 무역로, 특히 중동 및 아프리카산 연료의 운송 경로를 확보하는 것입니다. 인도양을 거쳐 미얀마를 통해 물류를 이동할 경우 기존 운송경로인 '말라카 해협'보다 더 안전하고 시간과 비용을 단축할 수 있습니다. 말라카 해협은 미국의 영향권에 있으므로 미-중 갈등이 심해질수록 미얀마의 전략적 가치는 커지고 있습니다.

이러한 맥락에서 중국이 미얀마에서 특히 공을 들이고 있는 곳은 짜욱퓨(Kyauk Phyu)라는 항구도시입니다. 짜욱퓨는 양곤에서 서북쪽으로 약 400km 떨어져 있고 벵골 만을 사이에 두고 인도를 마주 보고 있는데, 심해항을 건설할 수 있는 지형적 요건을 갖추고 있습니다. 짜욱퓨는 '해양 물류 기지', '에너지 우회 운송로'는 물론 '군사 기지'로도 사용될 수 있습니다. 중국은 이미 에너지 우회 운송로라는 측면에서 짜욱퓨를 일부 활용하고 있습니다. 포스코 인터내셔널이 운영하고 있는 쉐 가스전에서 생산되는 천연가스 80%는 짜욱퓨에서 시작하여 만달레이를 거쳐 중국 윈난성 루이리까지 이어지는 1,100km 파이프라인을 통해 운반되고 있습니다.

21세기판 실크로드 일대일로(One Belt One Road)를 추진하고 있는 중국의 큰 그림은 짜욱퓨에만 머물지 않습니다. 중국에서 인도양으로 연결되는 통로, 즉 중국-미얀마 경제회랑이 건설되고 있는 것입니다. 중국-미얀마 경제회랑은 중국 서부 윈난성 쿤밍에서 루이리를 거쳐 미얀마 무세, 만달레이, 짜욱퓨를 연결하는 노선과 만달레이, 양곤을 잇는 역 Y자 모양으로 추진되고 있습니다. 한편, 중국의 인도양 진출 정책은 미얀마의 정권에 관계없이 꾸준히 추진되고 있습니다. 2018년 중국-미얀마 경제회랑 양해각서(MOU)가 체결되었는데 이때는 군부가 아닌 아웅산수찌가 이끄는 민주주의민족동맹(NLD) 집권시기였습니다. 중국-미얀마 경제회랑과 관련하여 중국 측의 최대 관심 사항은 미얀마 정권이 바뀌더라도 사업을 안정적으로 진행시키는 것입니다. 위 사실은 중국의 정책우선순위가 무엇인지를 잘 보여주는 예라고 하겠습니다.(CMEC 관련 자세한 사항은 '중국과 러시아, 무주공산을 차지할 수 있을까?' 참조)

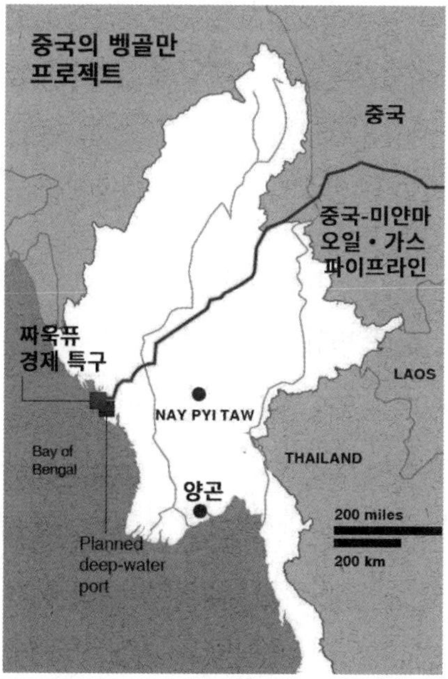

중국-미얀마 오일·가스 파이프라인

위태로운 외줄

이미 2018년 미얀마의 최대 무역 파트너는 전체 수출과 수입에서 모두 30% 이상을 차지하는 중국의 몫이었습니다.

압도적인 중국의 영향력은 비단 무역에만 머물지 않습니다. 미얀마 사회 곳곳에 스며든 중국의 영향력은 상상 이상입니다. 다운타운*에 차이나타운이 있지만 양곤 여러 지역에 새로운 (비공식) 차이나타운이 속속 들어서고 있습니다. 이들 지역 상점 간판은 큰 글씨는 한자 작은 글씨는 미얀마어 형태로 된 곳들이 많은데, 대부분 사장은 중국인 또는 중국계 미얀마인이고 종업원은 미얀마인입니다. 그리고 중국 자본을 바탕으로 한 상권이 점차 확대되고 있습니다.

이러한 연유로 일반 국민들의 중국에 대한 감정이 변화하고 있는 듯합니다. 제가 2013년 처음 미얀마에 부임했을 때 미얀마 사람들의 중국에 대한 감정은 생각보다 우호적이라는 것을 느낄 수 있었습니다. 물론 미얀마가 개혁개방의 물결을 타고 밝은 미래를 꿈꿀 때였으니 중국에 대한 태도도 유화적이었을 수는 있습니다. 그러나 2021년 2월 쿠데타가 발생한 지 한 달쯤 지나 반군부 시위가 절정에 이르렀을 때 시위의 불똥이 엉뚱한 곳으로 튀게 됩니다. 양곤 서북부 흘아잉따야 산업단지에 나타난 오토바이 시위대가 중국 공장에 방화를 한 사건이 여러 건 발생한 것입니다. 3월 15일 중국 〈인민일보〉는 "14일 저녁까지 계속된 방화와 폭행으로 중국 투자 기업 32곳이 2억 4,000만 위안(약 420억 원)의 피해를 입었고 중국인 2명이 다쳤다"라고 보도했을

* 양곤에서는 9마일(mile) 주변 한국 식당, 7마일 주변 호텔 등 마일을 기준으로 위치를 말하는 경우가 많은데, 이 마일의 기점은 양곤의 남단 양곤강 인근 술래 파고다입니다. 그리고 술래 파고다 주변에는 식민지 시절 관공서, 보족 시장 등 구 도심이 자리 잡고 있는데, 미얀마 사람들은 이 구도심 지역을 다운타운(Downtown)이라고 합니다.

정도로 당시에는 심각한 외교 문제가 되었습니다. 미얀마 내 중국인 보호를 위해 중국의 군사개입이 있을 것이라는 흉흉한 소문이 돌 정도였습니다. 도시 지역의 안정을 찾은 후에 반중 감정이 수면 아래로 가라앉았지만, 미얀마 젊은 층과 대화하다 보면 중국에 대한 감정이 점점 비우호적으로 변하고 있다는 것을 느낄 수 있었습니다.

일반 국민들이 느끼는 감정은 같은 공간에 살고 있는 군부 인사들에게도 비슷하게 투영될 것입니다. 국제사회에서 고립된 미얀마 군부에게 중국은 훌륭한 뒷배이기도 하지만, 지나친 중국 의존도는 군부에게도 부담으로 다가오고 있습니다. 멀지 않은 파키스탄이 겪고 있는 일대일로(One Belt One Road)로 인한 '부채의 덫'을 미얀마 당국도 모를 리 없을 것입니다. 이는 군부가 중국 외의 경제협력 파트너를 찾고 있는 이유이기도 합니다.

태극기 품절 사태

중국 공장들이 미얀마 시위대의 방화공격을 받았다는 소식은 우리 기업들과 교민들에게도 경각심을 불러일으켰습니다. 미얀마 시위대가 한국인을 중국인으로 오인할 수도 있고 외국인이란 이유만으로 공격의 대상이 될 수 있기 때문이었습니다.

그리하여 대사관과 재미얀마한인회는 300여 개 우리 기업들과 한인 가정에 태극기를 나눠주기로 합니다. 특히 생산시설을 갖춘 공장들에는 외부에서 잘 인식이 되도록 높은 곳에 걸 수 있는 게양 태극기가 필요했습니다. 평소 대사관에 보관하고 있는 태극기의 수량이 충분하지 않기 때문에 (한국에서 태극기를 공수받기 전에) 즉시 사용할 수 있는 태극기를 판매하는 구입처를 수소문했습니다. 태극기를 판매하는 미얀마 업체를 어렵게 찾았지만, 문제가 있었습니다. 태극기 재고가 이미 소진되었다는 것입니다.

교민 대피 등 정보를 공유하던 한인회나 재미얀마한인상의(KOCHAM) 등 한국 관련 단체들은 구입한 적이 없다고 했으니, '교민들 중 누군가 구입을 했겠구나'라고 당시에는 생각했습니다.

후에 알게 된 진실은 이랬습니다. 중국 업체들이 태극기를 구입해서 자신들의 공장이 한국 공장인 것처럼 게양한 것이었습니다. 중국 공장들이 시위대의 공격을 받을 때도 주변의 한국 공장들은 무사했기 때문에 이를 보고 중국 공장들이 발 빠르게 움직인 듯합니다. 반군부 시위가 한창이던 시기에 양곤에서 가장 안전하다는 롯데호텔 투숙객에 중국인 수가 급격히 늘어난 것도 같은 맥락에서 이해가 되었습니다.

다행히 한국으로부터 태극기 700장을 빠른 시일 내에 공수받아 한국 공장과 교민들에게 태극기를 나눠줄 수 있었습니다. 그 덕분인지 미얀마에 있는 우리 기업이나 교민들이 시위로 인해 물질적, 신체적 피해를 입은 사례는 보고되지 않았습니다.

러시아, 중국의 대안이 될 수 있을까?

현재 미얀마가 지나친 중국 의존도를 분산시키려는 대상국 중 유력한 국가는 러시아입니다.

미얀마는 영국으로부터 독립한 직후인 1948년 2월 소련과 수교했습니다. 냉전 시절, 특히 1962년 네윈의 쿠데타 이후 비록 무늬만 사회주의지만 버마식 사회주의를 표방한 미얀마와 사회주의 종주국인 러시아(소련)는 초기 원만한 관계를 유지했습니다. 중소분쟁 시기 양국은 잠시 소원해졌지만 소련 붕괴 이후에도 우호적인 관계는 계속되었습니다. 2023년 미얀마-러시아 수교 75주년 행사가 열린 양곤 인야레이크 호텔*, 양곤기술대학교, 따웅지의 사오산툰(Sao San Tun) 병원 등이 러시아의 지원으로 세워진 건물입니다. 러시아제 무기거래도 꾸준히 유지되었습니다. 그러나 양국의 물리적 거리 때문인지 인적, 물적 교류는 그리 활발하지는 않았습니다.

그런데 2021년 2월 미얀마 쿠데타와 그 1년 후인 2022년 2월 러시아의 우크라이나 침공으로 시작된 우크라이나-러시아 전쟁은 양국 관계의 새로운 전기를 마련합니다. 러시아는 UN안전보장이사회에서 미얀마 군부 제재를 논의할 때 거부권을 행사해 미얀마 군부의 후원자임을 자처했습니다. 미얀마는 우크라이나-러시

* 인야레이크 호텔은 1983년 아웅산 묘소 폭탄테러 사건 발생 당시 한국 국빈방문단이 묵었던 호텔입니다. 지금도 최고급은 아니지만, 운치 있는 빈티지 호텔로 남아 있습니다.

아 전쟁이 일어나자 기다렸다는 듯이 러시아를 지지합니다. 이후 국제사회에서 고립된 두 나라는 서로에게 없어서는 안 될 존재처럼 돈독한 관계를 만들어갑니다.

민아웅흘라잉 미얀마 군총사령관은 2021년 6월, 2022년 7월 모스크바를 방문하여 미얀마 군정에 대한 러시아의 지지를 확보합니다. 러시아 측에서는 2022년 8월 세르게이 라브로프 외교부장관이 양곤을 방문하여 미얀마 군정에 대한 지지를 다시 한번 확인합니다. 미얀마 측에서 볼 때 한 가지 아쉬운 점이라면 민아웅흘라잉의 모스크바 방문에서 푸틴을 만나지 못한 것일 텐데, 2022년 9월에는 이 문제도 해결됩니다. 블라디보스토크에서 2015년 이후 매년 개최되는 동방경제포럼(Eastern Economic Forum)에서 민아웅흘라잉은 드디어 푸틴과 만나게 됩니다.

동방경제포럼에서 만난 민아웅흘라잉과 푸틴

미얀마는 동방경제포럼에서 러시아의 지지 외에도 많은 것을 얻습니다. 우선 소형원자로(SMR, Small Modular Reactors) 건설 지원, 원자력 인력양성 등을 포함한 '원자력 로드맵(Roadmap for Further Atomic Energy Cooperation)'에 서명합니다. 미얀마에게 원자력 사업은 수십 년에 걸친 숙원사업이었습니다. 이미 2001년 러시아와 연구용원자로 건설을 추진했고, 2007년에도 러시아와 원자력협력 MOU를 체결하는 등 미얀마는 원자력 사업 추진 노력을 지속했지만 미국, 국제원자력기구(IAEA, International Atomic Energy Agency) 등 국제사회의 반대, 비용 문제 등으로 번번이 무산되어 왔습니다. 쿠데타 정국뿐만 아니라 코로나19 팬데믹, 미-중 갈등 등으로 어수선한 틈에 미얀마의 원자력 사업은 의미 있는 진전을 이룬 것입니다.

동방경제포럼을 계기로 미얀마는 러시아산 정제유를 들여오는 데도 성공합니다. 쿠데타 이후 달러 부족으로 정제유 수입이 제한적이던 미얀마와, 우크라이나 침공 이후 석유 수출이 제한되어온 러시아의 이해관계가 딱 맞아떨어진 결과입니다.

이후 미얀마와 러시아의 교류는 눈에 띄게 늘어납니다. 양곤의 롯데호텔은 물론, 네피도 출장에서도 다른 외국인보다 러시아 사람들을 만나는 빈도가 높아졌습니다. 2023년 2월 7일은 유력인사 이동을 위한 교통통제로 인해 출근길 교통정체가 극심했던 날로 기억됩니다. 그리고 그 유력인사는 민아웅흘라잉 군총사령관이었습니다. 극비리에 양곤 소재 '미얀마 원자력기술정보센터' 개소식에 참석한 것입니다. 러시아는 원전기업 로사톰 CEO가 참석하는 등 대대적인 지원을 이어갑니다.

2023년 11월 미얀마와 러시아는 다른 차원의 협력관계를 구축합니다. 11월 7일에서 9일 사이 안다만해 북부 해역에서 실제 사격을 포함한 공중, 수중 해군 합동훈련을 진행한 것입니다. 러시아는 우크라이나와 전쟁 중임에도 구축함 3척과 병력 800명을 최초의 양국 합동훈련에 참가시킵니다.

2005년 미얀마 수도를 네피도로 옮긴* 이후 2024년 4월까지 과거 수도 양곤에서 현재 수도 네피도로 대사관을 옮긴 나라는 아직 없습니다. 양국 협력이 이런 추세로 지속된다면, 아마도 러시아가 네피도 대사관 설치 1호 국가가 되지 않을까 합니다.

일찌감치 미얀마의 가치를 알아본 일본, 조용하지만 끈기 있게

일본은 짧지만 1942년에서 1945년까지 미얀마를 지배한 경험이 있는 나라입니다. 태평양전쟁이 한창이던 시기 두 가지 측면에서 미얀마는 일본에게 전략적으로 매우 중요한 나라가 되었습니다. 첫째, 미얀마는 중국으로 통하는 뒷문이었습니다. 이 시기 영

* 미얀마가 수도를 양곤에서 네피도로 옮긴 이유에 대해서는 아래 3가지 설이 있습니다. ①국토의 균형발전을 위해 ②해안에서 가까운 양곤은 미국의 함포사격에 취약해서 ③점성술사가 군부의 미얀마 지배를 지속하기 위해서는 수도를 옮기는 것이 좋다고 해서. 일반적인 상식으로는 ①번이나 ②번이 이유여야 할 듯하지만, 미신이 널리 퍼진 미얀마에 살다 보면 의외로 ③번이 답일 수도 있다는 생각이 듭니다. 군부는 2021년 쿠데타 이후 네피도에 철옹성을 구축하고 철저하게 외부 인사의 출입을 통제하고 있습니다. 생각하기에 따라서는 수도 이전에 성공한 것으로 볼 수도 있겠습니다.

국과 미국은 인도양과 중국내륙을 잇는 버마로드*를 통해 쓰촨성 충칭에 있는 장제스 정권을 지원하고 있었습니다. 영국 입장에서 미얀마를 지키지 못하면 인도가 일본에 노출되는 상황이었고, 미국의 관점에서 미얀마는 중국 국민당을 지원할 수 있는 유일한 통로였습니다. 반대로 일본에게 있어 미얀마 점령은 중국 지배를 더 공고히 하고 인도도 손에 넣을 수 있어 마침내 아시아 제패를 완성할 수 있는 교두보 마련을 의미했습니다. 둘째, 전쟁 중이던 일본은 고무, 주석, 석유 등 자원이 필요했고 미얀마에는 유전이 있었습니다.

일본이 미얀마를 점령하는 시기 일본군과 함께 미얀마에 진주한 인물이 있습니다. 우리가 잘 알고 있는 아웅산수찌의 아버지이자 미얀마 독립의 영웅 아웅산 장군과 1962년 군부 쿠데타를 일으킨 독재자 네윈이 주축이 된 '30인의 동지(Thirty Comrades)'입니다. 이들은 일본군대에서 군사훈련을 받고 일본군과 함께 미얀마로 진주함으로써 영국으로부터 독립이라는 민족의 숙원을 이루는 공을 세우게 됩니다.

그런데 외세에 기댄 승리는 대가를 요구했습니다. 제3대 UN사무총장을 지낸 우딴(U Thant)이 일본이 미얀마를 점령하기 직전인 1941년 10월 〈뉴 버마〉지에 기고하려** 한 칼럼 "프라이팬에서 뛰

---

* 중일전쟁 중 외부에서 군수물자를 보급받기 위해 1939년 중국(국민당)이 완성한 도로인 '버마로드'는 미얀마의 라시오에서 중국 윈난성 쿤밍까지 1,090km에 달합니다.

** 우딴의 글은 여론과 다르다는 이유로 〈뉴 버마〉지에 실리지 못합니다. Thant

어내려 불로 뛰어들 것인가"에서 우려한 일은 현실이 되었습니다. 일본의 미얀마 점령은 애초에 미얀마 독립과는 전혀 다른 목적으로 이루어진 것이었기 때문에, 일본 점령군은 미얀마인을 가혹하게 다룹니다. 미얀마 진주에 앞선 1941년 12월 23일과 25일에는 양곤을 공습해 무고한 시민 수천 명이 목숨을 잃기도 했습니다.* 결국 아웅산은 일본과 거리를 두고 영국과 다시 손을 잡게 됩니다. 1945년 다시 영국이 미얀마에 진주하고 1948년 미얀마가 독립했으니, 아웅산 장군이 2차 세계대전이 끝날 때까지 일본과 가깝게 지냈다면 독립의 영웅 대신 민족의 반역자가 되었을지도 모르는 일입니다.

1941년 12월 양곤 39번가, 일본군 폭격 직전 모습

Myint-U, *The River of Lost Footsteps: A Personal History of Burma*, Farrar, Straus and Giroux, 2008, p.234

* Thant Myint-U, *The River of Lost Footsteps: A Personal History of Burma*, Farrar, Straus and Giroux, 2008, p.233

1941년 12월 양곤 39번가, 일본군 폭격 후의 모습

일본은 3~4년간 미얀마 곳곳을 둘러보면서 미얀마의 진면목을 발견했을 것입니다. 그래서인지 최근에도 일본의 대(對)미얀마 진출 전략은 절대 서두르지 않고 끈기 있고 조용히 이루어지고 있습니다. 특히, 일본국제협력기구(JICA, Japan International Cooperation Agency)를 선봉으로 유·무상원조*를 적절히 섞어가며 민과 관이 협력하여 개발협력 전략을 효율적으로 수행하고 있습니다. 그 결과 양곤 교통신호 시스템을 포함한 양곤도시개발계획 등 미얀마 정부의 정책수립 과정에서 일본국제협력기구(JICA)가 깊숙이 관여해 왔습니다. 띨라와 특별경제구역(SEZ)을 위해 세워진 '미얀마-일본 띨라와 개발회사(MJTD)' 지분 10% 투자를 통해 일본국제협력기구(JICA)는 민간 주도의 개발프로젝트에 공신력을 높이기도

* 한국의 무상원조(Grant)는 한국국제협력단(KOICA)이, 유상원조(EDCF)는 한국수출입은행이 담당하는 반면, 일본은 유·무상원조 모두 JICA가 담당하고 있습니다.

했습니다. 물론 정책 집행과정에서 일본의 기업들이 혜택을 보게 되는 구조가 구축되어 왔습니다.

2021년 미얀마 군부 쿠데타 이후에도 일본은 매우 조용하고 조심스러운 행보를 보이고 있습니다. 국제사회의 눈에 띄지 않으면서도 군부와 마찰을 최소화하려는 움직임이 그러합니다.

우선 일본은 쿠데타 이후 군부를 규탄하는 주요국 성명에 동참하지 않고 있습니다(한국, 미국, 영국 등이 참석한 2024년 2월 1일 쿠데타 발발 3주년 외교부 장관 공동성명에도 일본은 불참). 참고로 아시아에서 공동성명에 참여한 유일한 나라가 한국입니다. 사사카와 요헤이 일본재단 회장, 일본 의원들이 비록 개인 자격이지만 민아웅흘라잉 군총사령관을 만나고 미얀마 당국과 네피도에서 회의를 하는 등 물밑에서 지속적으로 활발한 교류를 추진하고 있습니다. 그리고 껄끄러운 '정부 승인' 문제를 회피하기 위해 주미얀마일본대사 교체를 계속 미루고 있는 상황이기도 합니다.

쿠데타와 정부 승인

미얀마 군부 쿠데타는 외교 예양 측면에서도 숙제를 던지고 있습니다. 정부 승인(recognition of government)이라는 문제입니다. 정부 승인은 '한 나라의 정부가 혁명이나 쿠데타 등 비합법적인 방법으로 바뀌었을 때, 다른 나라가 새로운 정부를 그 나라의 합법적인 정부로 승인하는 일'을 의미합니다. 2021년 미얀마 쿠데타 발생으로 각국이 고민해야 하는 문제였습니다. 사실 이 문제에 대한 정답은 없습니다. 미얀마와 친하거나 비슷한 경험을 가진 나라가 승인을 하면 그만인 문제입니다.
그런데 이 정부 승인이라는 문제가 '우리가 너희를 승인할게'라고 명시적으로만 이루어지는 것이 아닙니다. 묵시적인 승인이 있는데, 대표적인 것이 국가 간의 약속인 조약(agreement)의 체결입니다. 이는 국가 간의 행위이기 때문에 체결 상대방을 국가를 대표하는 적법한 정부로 인정하는 것을 전제로 합니다. 조약 체결만큼 확실한 묵시적 정부 승인은 없는 것입니다.
한 국가가 타 국가에 대사를 임명할 때는 임명 전에 타국에 아그레망(agrément)을 요청합니다. '우리나라가 이 사람을 대사로 임명하려는데, 귀국 정부는 이 인물이 우리나라 국가원수를 대신하는 대사로 가도 괜찮으시오?'라는 질문인 것입니다. 그런데 이 아그레망의 영어 표현이 agreement 즉 조약입니다.
아그레망(agrément)을 요청하면 쿠데타로 집권한 미얀마 군정을 묵시적으로 승인한다는 결론에 도달하는 것입니다. 이리하여 한국을 포함한 미국, 유럽의 여러 나라들은 대사 교체시기에 아그레망 요청 없이 대사대리(chargé d'affaires, 보통 '샤제'라고 호칭)를 파견했습니다. 일부 언론들은 대사대리를 파견하는 경우 외교관계의 격하로 표현하는데, 외교적 항의의 표시라는 것이 좀 더 정확한 표현입니다.
일본은 아베 정부 때 임명된 대사가 2024년 5월 현재에도 복무 중입니다. 미얀마 군부의 심기를 건드리지 않겠다는 심산으로 보입니다.

일본은 미얀마 상황이 호전될 때를 대비하여 차근차근 대미얀마 사업 활성화를 준비 중입니다. 미얀마에서 유일하게 정상적으로 운영되고 있는 특별경제구역(SEZ)인 띨라와 특구와 100년에 가까운 시간을 걸치며 다진 미얀마 네트워크가 건재하기 때문에 가능한 일입니다.

미얀마에서 느끼는 일본의 영향력

외국 생활을 해보신 분들이면 공감하겠지만, 한국에서 보는 일본과 외국 현지에서 보는 일본을 비교하면 후자가 더 큰 경우가 많습니다. 미얀마에서 느끼는 일본도 예외가 아니며, 미얀마 또한 일본을 매우 크게 보는 나라 중 하나입니다.

그 이유는 일본이 미얀마에 남긴 영향력(impact)이 강렬했고 한때 세계 경제 2위였던 일본이 장기간에 걸쳐 미얀마에 공을 들여왔기 때문입니다. 앞서 언급했듯이 미얀마 독립과 미얀마 군(軍)의 기초자들인 '30인의 동지(Thirty Comrades)'는 일본군의 지도하에 군사훈련을 받고 일본군과 함께 미얀마로 진주했습니다. 이 과정에서 미얀마의 청년 독립운동가들과 일본을 연결한 것이 소위 '남기관(南機關)'입니다(남기관은 일본이 인도차이나반도 점령정책인 남방정책 과정에서 영국과의 충돌에 대비해 미얀마에 대한 정보를 수집한 비밀 특수기관입니다). 1981년 미얀마(당시 버마) 정부는 미얀마 독립을 위해 공헌한 사람들에게 주는 '아웅산 훈장'을 7명의 일본인에게 수여하였는데 7명 전원이 남기관 관계자였습니다. 30인의 동지 중 한 명인 네윈이 국가원수 자격으로 다섯 차례나 일본을 방문한 것도 일본에 대한 각별한 관계의 반영인 듯합니다.

2차 세계대전 이후에도 일본의 미얀마에 대한 관심은 각별했습니다. 1954년 11월, 일본은 미얀마와 평화 조약을 체결하면서 전쟁 피해 보상 명목으로 일시불로 2억 달러를 무상 지불합니다. 이후 1986년까지 유무상 원조 6천억 엔을 지원하는데, 이 시기 일본은 압도적인 1위 미얀마 원조국이 됩니다.*

지금 미얀마에서 영향력이 가장 큰 외국은 중국이지만, 제3자인 제가 느끼기에 미얀마 사람들에게 일본은 여전히 가장 큰 나라 중 하나인 듯합니다. 대사관에서 구독했던 관영 영자 신문 〈Global New Light of Myanmar〉에는 많지 않은 지면에도 일본 관련 기사를 매우 비중 있게 다루고 있습니다. 심지어 스포츠면 축구 기사에도 아시아 최고 선수인 손흥민 선수 기사는 가뭄에 콩 나듯 실렸지만, 일본 축구 기사는 거의 매일 게재되었던 기억이 있습니다.

* 신봉길, 『시간이 멈춘 땅 미얀마』, 한나래, 1991

태국, 영원한 맞수지만 지금은 협력관계

미얀마와 태국은 문화적으로 공유하는 점이 많지만, 역사적으로 앙숙이자 애증의 관계를 가지고 있습니다. 한국-일본, 영국-프랑스 관계와 비슷하다고 보면 되겠습니다.

미얀마와 태국 두 나라 모두 인도의 영향으로 불교가 전파되었고, 북인도 지역에서 사용되던 문자가 파생되어 미얀마 문자, 태국

문자로 발전했습니다. 한국사람 입장에서 보면 미얀마 문자와 태국 문자는 자모음 모양이나 성조 등 유사점이 많습니다.

19세기 말 미얀마가 영국의 식민지가 되기 이전에 국경을 맞댄 두 나라는 여러 차례 전쟁을 치렀지만, 주로 미얀마가 침략을 하는 양상을 보였습니다. 현재 태국 왕조 이전 태국 지역을 지배한 아유타야 왕조를 1767년 멸망시킨 것도 미얀마 꼰바웅 왕조였습니다. 1886년 미얀마가 영국의 식민지가 되기 전까지 태국의 가장 큰 외교적 고민거리는 미얀마와의 관계였습니다. 태국 왕실을 배경으로 한 영화 〈왕과 나〉에 나온 (태국 입장에서 그린) 지도에 태국이 실제보다 크게 그려지고 미얀마는 아주 작게 그려진 것도 이러한 역사적 배경을 가지고 있습니다.

현재 미얀마와 태국의 국제적 위상은 미얀마가 영국의 식민지가 되던 150년 전과는 180도 바뀌어 있습니다. 태국은 UN아태경제사회위원회(UN ESCAP, Economic and Social Commission for Asia and the Pacific), FAO · ILO 아태지역사무소 등 다양한 국제기구들이 자리하고 있을 정도로 아세안의 중추적 역할을 하고 있습니다. 태국은 경제적으로도 미얀마를 압도하고 있습니다. 2022년 기준 태국의 GDP는 4,953억 달러 1인당 GDP는 6,909달러인데 반해 미얀마는 각각 593억 달러, 1,104달러에 불과한 수준입니다. 상대적으로 비싼 임금을 주는 태국에서 일자리를 구하기 위해 매년 수십만 명의 미얀마 노동자들이 태국행을 택하고 있습니다.

그렇다면 2021년 쿠데타 이후 미얀마와 태국의 관계는 어떨까요? 비슷한 크기의 이웃 국가 간 경쟁은 숙명일 것입니다. 그렇지만 현재 양국의 관계는 경쟁보다는 협력에 가까워 보입니다. 여기에는 정치, 경제적인 이유가 있습니다. 정치적으로 태국은 입헌군주제를 채택한 1932년 이후 19차례나 쿠데타가 일어난 나라입니다. 현 내각 또한 2014년 쿠데타로 집권한 터라 미얀마 쿠데타에 대해 큰 거부감을 나타내고 있지는 않습니다. 경제적인 측면에서 태국에게 미얀마는 주요 에너지 공급원입니다. 2022년 미얀마 철수를 선언한 토탈 에너지가 개발한 야다나(Yadana) 가스전 생산 가스 80%를 수입하는 나라가 태국입니다. 그리고 토탈의 야다나 가스전의 운영권을 인수한 것도 다름 아닌 태국 국영 에너지사(PTTEP)입니다.

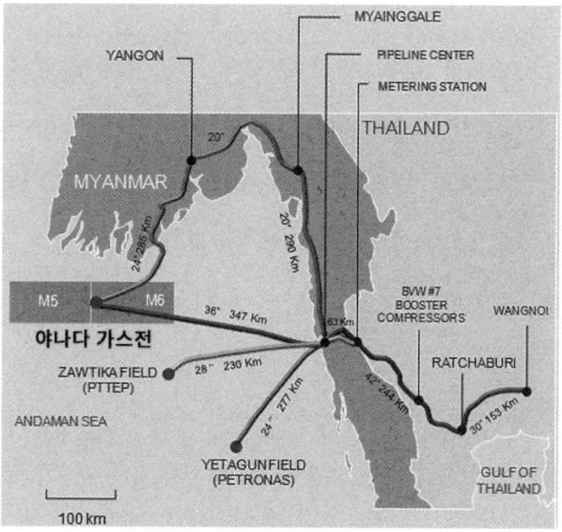

야다나 가스전(출처: Oil and Gas World)

2021년 쿠데타 이후 태국은 일관되게 미얀마 군정에 유화적인 자세를 취하고 있습니다. 2022년 12월에는 신임 주미얀마 태국 대사가 민아웅흘라잉 군총사령관이자 국가행정평의회(SAC, State Administrative Council) 의장에게 신임장을 제정*함으로써 미얀마 군 당국에 대한 지지를 공고화하게 됩니다.

인도, 과거의 영광이여 다시 한번

2023년 현재 미얀마를 포함한 동남아시아에서 중국은 인도가 가지지 못한 이점을 가지고 있습니다. 바로 화교(華僑)입니다. 수 세기 동안 중국의 진취적인 인물들이 더 나은 삶을 찾아 이주했고 대부분 성공하여 부유해졌습니다. 미얀마에서 대세는 중국이라 하겠습니다.

그런데 긴 역사를 보면 항상 중국이 미얀마에서 대세였던 것은 아닙니다. 1948년 영국으로부터 독립하기 전까지 미얀마에게 가장 큰 영향력을 끼친 국가는 인도입니다. 미얀마 인구 87.9%가 불교를 믿고 있고, 미얀마 문자가 인도에서 유래했으며, 마지막 미얀마 왕조인 꼰바웅 왕조는 인도식 의례를 따랐습니다. 심지어 60

---

* 신임장(credential)이란 대사가 파견국 원수를 대신해서 모든 권한과 책임을 가진 인물임을 보증하는 외교문서입니다. 파견국 국가 원수가 파견 가는 대사에게 수여합니다.

신임장 제정은 파견국의 국가 원수(태국 국왕)가 새로 부임한 대사에게 수여한 신임장을 주재국 정상(민아웅흘라잉)에게 전달하는 행위입니다. 신임장 제정식을 한다는 것은 이미 태국이 신임 대사에 대한 아그레망(agrément)을 요청했고 미얀마가 아그레망을 발급했음을 의미합니다.

여 년간 지속된 영국의 식민지 시기 실제로 미얀마를 통치한 사람은 또 다른 영국의 식민지인 인도 사람들이었습니다. 영국은 영국령 미얀마 관리로 인도인을 채용했고 미얀마 경제도 인도인들에게 맡긴 것입니다. 많은 인도인들이 미얀마를 기회의 땅으로 생각하고 미얀마로 이주했고 상당수가 부를 축적하였습니다. 자연스럽게 미얀마인들의 인도인에 대한 반감은 커졌습니다.

그런데 식민지 시기 이중식민통치는 미얀마 해방 후 지도자들, 특히 군부 지도자들의 민족주의를 강화하는 요인으로 작용합니다. 1962년 쿠데타 이후 '버마식 사회주의'를 지향한 네윈은 빠른 시일 내에 인도 잔재를 청산하려 합니다. 대표적인 것이 미얀마에 상주하고 있던 수십만 명의 인도인을 추방한 조치입니다.

하지만 아직까지도 미얀마에서는 인도의 유산을 심심찮게 발견할 수 있습니다. 양곤 다운타운 즉 양곤강 주변 남쪽지역 구시가지(다운타운)에는 뉴델리, 뭄바이에서 볼 수 있는 인도 사람 얼굴을 한 미얀마인들을 쉽게 만날 수 있습니다. 특히나 양곤에는 인도 무굴제국의 마지막 황제 바하두르 샤 자파르의 무덤이 있습니다. 1857년 영국의 식민지였던 인도에서 세포이 항쟁이 일어나자 영국은 황제가 항쟁을 지지했다는 이유로 1858년 무굴 황제를 미얀마로 유배 보냅니다. 80대 고령이었던 황제는 4년 뒤인 1862년, 87세로 생을 마감하는데, 영국은 반식민지 세력이 죽은 황제를 중심으로 뭉치는 것을 원하지 않았기 때문에 아무런 표지도 없이 황제를 매장합니다. 황제의 무덤은 무려 129년 만인 1991년 미얀마와 인도 정부가 그의 망명지에 기념관을 세우기로 합의하고 나서야 발견됩니다. 오늘날 미얀마에 거주하는 무슬림은 바하두르 샤 자파르를 이슬람 성인으로 기리고 있습니다. 황제의 무덤은 인도와 파키스탄 총리가 미얀마를 방문하면 꼭 찾아서 참배하고 평상시에도 무슬림이 찾는 명소가 되었습니다.*

세계 최대 민주주의 국가임을 자부하는 인도는 2021년 미얀마에서 쿠데타가 발발하자 미얀마의 민주 정부 복귀를 촉구하면서도 미얀마 군부 당국과도 가까운 거리를 유지하고 있습니다. 일례로 인도는 2021년 2월 1일 미얀마 쿠데타 이후 개최된 미얀마 국군의 날(3월 27일) 행사에, 우리나라를 비롯한 다수국가들이 참석하지 않음에도 불구하고, 매년 참석하고 있습니다. 덕분에 수십 년간 소강상태이던 양국 관계는 최근 다시 활발해질 기미를 보이고 있습니다. 1,600km나 되는 국경을 접하고 있는 이웃 국가 미얀마의 불안정이 인도에게도 부정적인 영향을 준다는 현실적 고려와 군부의 고립 심화는 미얀마의 대외정책에 선택지를 제약하여 세력균형에 득이 되지 않는다는 전략적 사고의 결과입니다. 중국이 있기에 미얀마의 전략적 가치가 더 크게 다가오는 듯합니다.

그리고 인도와 미얀마의 협력사업 중심에는 인도가 많은 공을 들여왔고 2021년 쿠데타 이후에도 진전이 있는 인도-미얀마 프로젝트가 있습니다. 바로 2008년 협력 협약을 체결한

---

* Thant Myint-U, *The River of Lost Footsteps: A Personal History of Burma*, Farrar, Straus and Giroux, 2008

'칼라단* 복합환승운송 프로젝트(Kaladan Multi Modal Transit Project)'입니다. 칼라단 프로젝트는 3단계로 이루어져 있습니다. 1단계는 인도 동부 콜카타항과 미얀마 서부 라카인주 시트웨항을 잇는 항로 및 항만 개발, 2단계는 시트웨항에서 칼라단강을 지나 미얀마 북서부 친(Chin)주 팔레타(Palatwa) 부두까지의 수로 개발, 3단계는 팔레타 부두에서 인도 동북부 미조람(Mizoram)주에 이르는 도로건설입니다. 이 교역로를 이용할 경우 미조람 등 인도 동북부 지역과 인도 본토를 기존 교역로인 실리구리 회랑(Siliguri Corridor, 일명 닭의 목)을 이용할 경우에 비해 절반 비용으로 연결시킬 수 있습니다. 이러한 이점으로 인해 인도가 주도하여 추진되고 있는 사업입니다. 칼라단 프로젝트가 완성되어 인도가 추진하는 또 다른 인프라 프로젝트인 인도-미얀마-태국 고속도로 보수사업과 연계하면 인도의 베트남, 라오스, 캄보디아 등 아세안 지역으로의 접근성 또한 크게 개선할 수 있습니다. 총 사업비 4억 8,000만 달러 중 미얀마 부담 비용은 1,000만 달러에 불과합니다. 지지부진하던 '칼라단 프로젝트' 사업은 쿠데타 이후 가시적 진전을 보이고 있습니다. 시트웨 국제부두가 완공되어 2023년 5월 9일 개항식을 개최했고 관련 공사가 계속 진행 중입니다.

여전히 미얀마에서 대세는 중국이지만 과거 대세였던 인도가 과

---

* 칼라단은 인도 동북부 미조람주 중부에서 발원하여 미얀마로 흘러가는 강 이름입니다.

거의 자리를 찾기 위해 시동을 걸고 있습니다.

인도에서 생을 마감한 미얀마의 마지막 왕

인도 무굴제국의 마지막 황제 바하두르 샤 자파르가 미얀마로 추방되어 생을 마쳤다면, 정 반대로 미얀마 꼰바웅 왕조의 마지막 왕 띠버(Thibaw)는 인도로 추방되어 생을 마감했습니다.

그런데 현재 두 왕의 사후 운명은 정반대입니다. 무굴 황제는 현재 미얀마 무슬림들의 성인으로 기려지고 있는 반면, 미얀마의 마지막 왕 띠버는 안타깝게도 인도는 물론 미얀마에서도 존재감을 찾아볼 수 없습니다.

1886년 인도에 도착한 띠버의 인도에서의 삶은 따분하고 곤궁했습니다. 만달레이를 떠나면서 많은 금은보화를 가져왔지만 몇 년 사이 모두 탕진하고 영국 당국에 연금을 높여줄 것을 요청합니다. 물론 영국이 이를 수용할 리 만무했습니다.

슬하에 딸이 넷 있었지만, 가정사는 그리 화목하지 않았던 듯합니다. 띠버 왕은 1916년 인도 고아 남쪽 라트나기리라는 작은 도시에서 심장마비로 세상을 떠납니다. 이후 왕의 미망인 수파얄랏(Supayalat)은 셋째, 넷째 두 딸을 데리고 미얀마로 돌아와 조용히 여생을 마감합니다. 아이러니하게도 그녀가 마지막 생을 보낸 거리 이름은 꼰바웅 왕조를 멸망시킨 장본인인 랜돌프 처칠(윈스턴 처칠의 아버지)의 이름을 딴 '처칠로(Churchill Road, 현 까바에 파고다 로드)'였습니다.

미얀마의 마지막 왕은 더 이상 미얀마 사람들의 기억에 남아 있지 않습니다.

Part IV

한국 그리고 미얀마

1. 지나온 이야기

닮은 듯 아닌 듯 양국의 역사

한국과 미얀마는 닮은꼴의 나라입니다.

우선 지정학적 위치가 매우 유사합니다. 한국은 개별국가 단위로는 세계에서 가장 강력한 4강에 둘러싸여 있습니다. 미얀마도 중국과 인도 사이에 위치하고 있습니다. 『Where China Meets India』*는 서구사회에 잘 알려진 역사서의 제목이기도 합니다. 양국은 또한 19세기 서세동점의 시기에 국운이 기울었고 20세기 초반 제국주의 국가들의 식민지배를 받습니다. 미얀마는 비록 짧은 기간(1942~1945)이었지만 두 국가 모두 일본의 지배를 받은 경험도 같습니다. 2차 세계대전이 끝나면서 독립을 맞이하지만, 냉전이 한창이던 1960년대 한국과 미얀마는 각각 1961년과 1962년 앞다투듯이 군부 쿠데타를 겪기도 합니다.

미얀마는 한국과 인종, 문화적으로도 유사점이 많습니다. 대부분의 미얀마 아이가 몽골반점을 가지고 태어나며, 언어의 구조와 표현방식이 한국어와 비슷해 단어만 바꾸어 넣으면 원하는 문장을 만들 수 있습니다. 심지어 미얀마 서남부 지역인 라카인 지방 고유의 '찐(Kyin)'이란 운동은 샅바를 잡고 힘을 겨루는 한국의

* 책 제목을 그대로 번역하면 '중국과 인도가 만나는 곳'이 되지만 2020년 김태현 중앙대 교수가 『친디아와 미얀마』라는 제목으로 이 책을 번역 출판했습니다.

씨름과 매우 유사합니다. 일본의 스모나 몽골의 브흐는 샅바를 사용하지 않고 상체 위주의 기술을 쓰는 반면, '찐'은 밭다리, 안다리, 호미걸이 등 다리 기술도 다양하게 구사하기 때문에 타 레슬링계 운동에 비해 씨름과 닮은 점이 아주 많습니다.

김홍도의 씨름 풍속화

찐 경기 장면

양국은 UN 사무총장을 배출한 유이한 아시아 국가이기도 합니다.

이렇게 닮은꼴의 두 나라의 운명은 1961년 한국의 쿠데타와 뒤이은 1962년 미얀마의 쿠데타 이후 정반대의 길을 걷게 됩니다. 자원, 자본, 국토 무엇 하나 충분한 것이 없는 한국은 수출주도정책을 펴게 됩니다. 다른 대안이 많지 않았기 때문에 불가피한 선택이었는지 모르지만, 지금 돌이켜 보면 탁월한 결정으로 보입니다. 반면 한국과 달리 풍부한 자원, 남한의 7배에 달하는 국토를 가진 미얀마는 수입대체 즉 쇄국정책을 폅니다. 공식적인 명칭은 '버마식 사회주의(Burmese Way to Socialism)'인데, 미얀마로서는 가장 쉬운 길을 택한 것일 수도 있습니다. 식량과 물산이 풍부해서 국민들이 굶을 일 없고, 석유, 고무 등 자원을 팔고 해외 의존도가 높은 물품은 국내에서 생산한다는 계획이었습니다. 당시만 해도 가난한 어촌국가였던 싱가포르의 발전모델 도시가 양곤일 만큼 미얀마는 아시아에서 앞선 나라였습니다. 세계적 미곡생산지인 에야와디 평야를 가진 미얀마의 자신감의 표출이었는지도 모르겠습니다.

그러나 조선이 100여 년 전에 취했던 정책을 답습한 미얀마의 현실은 매우 참담한 상황입니다. 급기야 1986년에는 UN에게 스스로 최빈개도국* 지위를 신청하여 1987년 12월 유엔 총회 결의를 통해 최빈개도국 지위를 공인받게 됩니다. 그리고 아직까지도 저발전의 악순환에서 헤어 나오지 못하고 있습니다. 다양한 이유가 있겠지만 가장 큰 원인은 두 세대의 독재를 거치는 동안 인적 자본에 대한 투자를 등한시한 결과라고 생각합니다.

〈뉴욕타임즈〉 칼럼니스트이자 『렉서스와 올리브나무』, 『Hot, Flap and Crowded』의 저자인 토머스 프리드먼(Thomas Friedman)이 2009년 '그린 포럼' 참석을 위해 한국을 방문했을 때

---

* 미얀마가 유엔에 최빈개도국 공인 신청을 한 것은 서독의 조언에 의한 것으로 알려져 있습니다. 1980년대 서독은 일본에 이어 미얀마(당시 버마)의 두 번째 채권국이었습니다. 당시 미얀마는 극심한 외환 부족으로 대외 차관 상환이 거의 불가능한 상태였는데, 이때 서독이 OECD, IMF 규정을 예로 들면서 미얀마가 공식적으로 유엔으로부터 최빈개도국 지정을 받으면 서독 정부는 그간의 대미얀마 차관을 포기할 수도 있음을 조언한 것입니다.(신봉길, 『시간이 멈춘 땅 미얀마』, 한나래, 1991)

한 언론과 인터뷰에서 "질투가 날 정도로 한국은 운 좋은 나라입니다. 천연자원이 있다면 땅을 파지만, 그렇지 않기 때문에 머리를 굴리는 거죠"*라고 했는데, 한국의 발전 이유를 잘 설명해주는 말이라고 생각합니다. 자원과 자본은 없었지만 높은 교육열 덕분에 유일하게 인적 자본은 풍부했던 것입니다. 한국은 국가기간시설 구축에 부족한 자본은 유상원조(EDCF)를 유치해서 해소했습니다. 고속도로를 깔고, 그 고속도로 주변 해안에 제철소를 만들고, 제철소에서 만든 철판으로 자동차를 만들어 수출하는 계획을 세우고 실천한 것입니다.

미얀마에서 모셨던 대사 중 한 분은 1960년대 미얀마가 각성하고 개방정책을 폈다면 한국에게 발전 기회가 오지 않았을지도 모른다고 입버릇처럼 말했습니다. 처음에는 좀 과장된 주장이 아닌가 하는 생각을 했습니다. 그런데 당시 미얀마의 국제적 위치, 미얀마의 잠재력을 이해하고 나서는 대사님의 의견에 전적으로 공감하게 되었습니다. 중국과 인도를 잇는 지정학적 요충지인 미얀마가 친미적인 개방정책을 폈다면 미얀마가 지금의 태국 자리까지도 대신하고 있지 않을까 하는 생각도 듭니다.

---

* "녹색에너지, 절대 마르지 않는 유전", MBN, 2009.2.21

한국전쟁과 미얀마

한국과 미얀마는 1961년 영사관계를 수립하고 1975년 대사급 수교*를 통해 공식관계를 맺어왔지만, 국가로서 양국의 관계는 한국전쟁까지 거슬러 갈 수 있습니다. 한국전쟁 당시 세계적인 쌀 수출국이던 미얀마가 한국에 5만 달러 상당의 쌀을 지원해준 것입니다. 1950년에 꿔준 50원이 2007년에는 30만 원이 되었다는 기사를 본 적이 있는데, 이를 5만 달러에 대입하면 현재 가치는 약 3억 달러가 됩니다. 1950년 이후 한국과 미국의 물가 상승 수준이 다르고 한국전쟁 이후 한국에서는 두 차례 화폐개혁이 있었기 때문에 5만 달러의 현재 가치를 정확히 알 수는 없지만 미얀마의 지원이 당시 한국에 상당한 도움이 되었음은 분명합니다.** 지금도 나이 든 미얀마인은 한국전 당시 미얀마의 쌀 지원과 1970년대 초 아시아권 대회 우승을 다투던 양국의 축구 대결 이야기를 하기도 합니다.

한국전 당시 받은 미얀마의 도움은 현재 한국의 다양한 미얀마 지원으로 되돌아가고 있습니다. 대표적인 예가 아세안 플러스

---

* 대사는 국가를 대표해서 외국에 파견되는 외교사절의 최고 계급입니다. 영사는 자국민의 안전에 책임을 지며, 여권 및 사증의 발급, 호적사무, 유언의 증명, 증거조사, 소송서류의 송달 등 법적인 업무를 취급합니다. 일반적으로 외교관계라고 하면 대사급 수교를 의미합니다. 대사관과 (총)영사관의 가장 큰 차이는 국가의 대표성 여부입니다. 미국의 경우 주미합중국대한민국대사관은 워싱턴 D.C. 한 곳뿐이지만 총영사관은 LA, 뉴욕 등 10여 곳이나 됩니다.

** "1950년에 꿔 준 50원, 지금은 얼마?", 〈제주일보〉, 2007.04.06

3(한국, 중국, 일본) 비상 쌀 비축제인 애프터(APTERR, ASEAN Plus Three Emergency Rice Reserve Agreement)를 통한 비상 쌀 지원입니다. 2013년 시작된 애프터(APTERR)는 아세안 10개국, 한 · 중 · 일 3국 간 식량 부족, 재난 등의 비상사태에 대비해 각 회원국들이 쌀 비축 물량을 사전에 약정하여 비축하고, 비상시에는 판매, 장기차관 또는 무상 지원하는 공공 쌀 비축제도입니다. 지난 10여 년간 한국은 미얀마를 포함하여 필리핀, 라오스, 캄보디아, 베트남 등 여러 국가에게 19,000톤의 쌀을 지원해왔습니다. 2023년에만도 쌀 2,000톤을 미얀마, 필리핀, 라오스 3개국에 지원했으며, 같은 해 5월 미얀마를 강타한 사이클론 '모카'로 큰 피해를 입은 지역을 위해 쌀 750톤을 긴급하게 지원하기도 했습니다.

애프터 지원용 쌀

정부 차원의 공적개발원조(ODA, Official Development Assistance) 중 한국국제협력단(KOICA, Korea International Cooperation Agency)이 담당하는 무상원조(Grant)의 미얀마 지원 규모는 2021년 기준

163억 원으로 우리나라의 대(對)아세안 무상원조의 25%를 차지할 정도로 미얀마는 중점협력국이었습니다.* 2019년 학생들을 위한 스쿨버스 기증 등 직접적이고 구체적인 지원 사업도 있지만, 대부분 법령정보시스템 구축 사업, 농촌공동체(새마을운동) 지원 사업, 직업교사훈련센터 건립 사업, 중앙중추고속도로 건설 타당성 조사 등 미얀마의 경제·사회 발전에 초석이 되는 주요 사업을 실시해오고 있습니다.

민간차원에서도 셀 수 없을 정도로 많은 미얀마 지원 사업이 진행되고 있습니다. 제가 직간접적으로 관여한 사업만도 학교 건물[교사(校舍)] 건축 지원, 정수 시설 설치, 구급차 지원, 의료봉사, 코로나19 의료용품 지원 등 매우 다양합니다. 특히 기억에 남는 사업은 쿠데타 정국에 도시 외곽 빈민들을 위한 초등학교 교사(校舍) 건설 지원 사업이었는데, 이 사업으로 인해 해당 초등학교는 미얀마 교육부의 인가를 받게 되어서 온 동네 잔치가 벌어지고 사람들이 기뻐했던 일이 아직도 눈에 선합니다.

---

* 쿠데타가 발생한 이듬해 우리나라의 대미얀마 무상원조 규모는 44억 원으로 대폭 감소합니다. 그 결과 캄보디아(전년 대비 30% 증가), 네팔(22%), 방글라데시(21%), 베트남(15%) 등이 반사이익을 보게 되었습니다.

미얀마 축구 이야기

70년대 라이벌이었던 한국과 미얀마의 축구 실력도 양국의 경제와 마찬가지로 반대의 길을 걷게 됩니다. 한국은 아시아를 넘어 유럽, 남미와도 겨룰만한 실력으로 발전하고 있지만 2023년 4월 기준 미얀마의 피파랭킹은 160위로 약체가 되고 말았습니다.

2012년 이명박 대통령이 미얀마를 방문했을 당시 떼인세인 미얀마 대통령은 한국이 아시아 정상권 축구 실력을 유지하고 있고 많은 우수한 지도자가 있으니 미얀마에 축구 국가대표팀 감독을 파견해 줄 것을 요청합니다. 이로 인해 한국 올림픽 대표팀 감독을 역임한 박성화 감독이 부임하여 미얀마 축구 부활이라는 중책을 맡게 됩니다. 부임 초기 동남아시아의 월드컵인 스즈키컵에서의 선전 등으로 박성화 감독에 대한 미얀마 축구팬들의 기대는 한껏 부풀어 올랐습니다. 미얀마 대표팀의 선전이 계속되었다면 베트남의 박항서 감독 이전에 미얀마의 박성화 감독이 동남아시아의 축구 한류를 이끌었을지도 모르는 일입니다.

그런데 결론은 해피엔딩이 아니었습니다. 2013년 말 미얀마에서 개최된 동남아시아게임(SEA Games, Southeast Asian Games)에서 미얀마 축구대표팀이 예선 탈락을 한 것입니다.

당시 저는 박성화 감독, 미얀마 축구협회장(Max 그룹 회장, 현 아시아 축구협회 부회장)을 번갈아 만났는데, 박 감독의 축구 철학은 당장의 결과보다는 체력과 기본기를 다져서 좀 더 멀리 보고 가자는 것이었습니다. 그때 박 감독이 중요하게 언급한 사항 중에는 선수들에게 단백질을 공급하는 식단도 있었는데, 말레이시아 국가대표를 이끌었던 김판곤 감독이 식단 개선 등을 통해 말레이시아 축구팀의 선전을 이끌고 있다는 뉴스를 접하니 박 감독의 선택이 틀린 것은 아니었구나 하는 생각이 다시 한번 들었습니다. 그러나 박 감독의 비전과는 달리 미얀마의 대기업이 지원하고 있는 미얀마 축구협회는 눈앞의 결과를 원했기 때문에 동남아시아게임 이후 재계약은 이루어지지 않았습니다.

아웅산 묘소 폭탄테러 사건과 31년 후의 추모비

1983년 10월 9일은 한국 현대외교사의 가장 비극적인 날 중 하나입니다. 당시 버마를 방문 중이던 전두환 대통령 및 수행원들을 대상으로 북한이 행한 크레모아 테러 사건이 발생한 날입니다. 한국으로 치면 국립묘지인 아웅산 묘소에서 일어난 북한의 폭탄테러 사건으로 대통령 수행원 17명이 사망하고 14명이 중경상을 입었습니다. 미얀마 정부는 사건 발생 즉시 5인 특별조사위원회를 만들고 테러범 추적 수사에 총력을 기울여 10월 11일과 12일 사이에 북한에서 온 강민철 상위(본명 강영철)와 김진수 소좌(본명 김치오, 일명 진모) 2명을 부상당한 상태로 체포하고 신기철 상위를 체포 과정에서 사살했습니다. 이 중 김진수는 1984년 사형을 당하고, 수사에 협조한 강민철은 25년 가까운 복역 끝에 2008년 미얀마 인세인 교도소에서 중증 간질환으로 사망했습니다. 참고로 북한은 끝까지 테러 사건과 관련성을 부인하여, 강민철은 원하던 고향에 가지 못하고 미얀마에서 생을 마감합니다.

배우 이민호가 주연한 〈시티헌터〉라는 드라마 배경으로도 나오는 등 아웅산 묘소 폭탄테러 사건은 간간이 우리 주변에서 언급되기는 했지만, 차츰 사람들의 기억에서 멀어져 갔습니다.

아웅산 묘소 폭탄테러 사건은 국가적 비극이기 이전에 유가족들에게는 평생의 한일 것입니다. 대통령 순방 수행 중 희생된 가족이 잊히는 것에 국가를 원망하기도 했을 것입니다. 미얀마에서 근무한 공무원 입장에서 한 말씀드리면 변명이 되겠지만, 우리 정부도 사건 현장에 추모비를 만드는 방안을 두고 미얀마 정부와 협상을 벌이는 등 희생자들을 추모하기 위한 노력을 지속해왔습니다. 2013년 처음 부임했을 당시만 해도 아웅산 묘소 앞에는 추모비 건립을 반대하는 1인 시위가 벌어지고 있었습니다. 미얀마 국가의 성지에 외국 추모시설이 들어설 수는 없다는 논리였습니다. 시위자들은 주로 아웅산수찌 지지자들이었습니다. 다행히 우리 정부의 끈질긴 설득으로 추모비 건설이 시작되었습니다. 그런데 이제는 미얀마 당국이 추모비의 규모, 조성 형태 등에 대해 문제를 제기했습니다. 본인들 국립묘지 내 시설이기 때문에 가능한 지적이라고 생각됩니다. 결국 우리 측이 희망한 규모의 추모비보다는 작지만 의미 있는 공사가 마무리되었습니다. 가로 9m, 세로 1.5m, 두께 1m인 추모비에는 희생자 17명의 이름과 직책이 새겨져 있습니다. 그리고 추모비 중간 갈라진 틈으로는 1983년 사고 지점을 바라볼 수 있게 만들어져 있습니다.

아웅산 묘역 순국사절 추모비

아웅산 묘소, 1983년 폭탄테러 사건이 발생한 건물이 있던 자리 옆에는 아웅산 장군, 그와 함께 암살당한 인물들을 모신 묘소가 설치되어 있습니다. 참고로 아웅산이 암살당한 7월 19일은 '순교자의 날(Martyr's day)'로 미얀마 국경일입니다.

마침내 2014년 현충일인 6월 6일 산발적으로 비가 내리는 가운데 추모비 제막식을 개최했습니다. 윤병세 당시 외교부 장관이 추모사를 했고 유족 23명, 사건 당시 대사관 실무를 담당하신 선배 외교관 등이 참석했습니다. 제막식 이후 세도나 호텔에서 있었던 점심 식사 자리에서 한 유족은 "잊지 않고 기억해주어 감사하다"라는 말을 하며 오열하였습니다. 들썩이던 그 분의 어깨가 주위를 숙연하게 했습니다. 추모시설을 설치할 수 있어 다행스럽다는 안도감과 함께 너무 늦어 죄송한 마음이 교차한 기억이 납니다.

아웅산 추모비는 미얀마 최대 불교 성지이자 관광지인 쉐다곤 파고다 북문 쪽 언덕에 위치해 있습니다. 제가 미얀마를 떠난 2023년 9월까지는 일반인들의 출입이 자유롭지 않았지만, 미얀마 정국이 안정된다면 한국인 접근이 가능할 것입니다. 개인에 따라 다르겠지만 분단의 비극, 공무를 수행하다 희생된 분들에 대한 국가의 의무, 남은 가족들의 슬픔 등 다양한 생각이 교차하는 장소가 될 듯합니다.

K-POP 가수가 되고 싶었던 미스 미얀마

아웅산 묘소 추모비 제막식이 있을 즈음 일명 미스 미얀마 스캔들이라는 하나의 에피소드가 발생합니다.

추모비 제막식 참석 출장단을 태우고 한국에서 출발한 비행기로 한국에서 개최된 한 미인대회에서 우승한 미스 미얀마가 입국한 것입니다. 미모의 미얀마 여인이 미인대회 우승자 왕관을 가지고 왔으니 사람들의 이목이 집중되었을 것입니다. 일부 출장자가 미스 미얀마와 같이 입국했다고 했는데, 저에게는 조금은 의아한 상황이었습니다. 그도 그럴 것이 당시 대사관 행사에 자주 사회를 맡았던 미얀마 연예인에게 들은 바로는 당시 미얀마에는 미스 미얀마를 선정하는 공식 미인대회가 없었기 때문입니다.

사건의 전말은 이렇습니다. 2014년 5월 한국에서 개최된 미스 아시아

퍼시픽 2014에서 K-POP 가수가 꿈인 16세 미얀마인 메이타테아웅이 우승했는데, 이 여성이 미얀마로 돌아와 주최 측이 성접대와 전신성형을 강요했다고 주장한 것입니다. 한편 주최 측은 메이타테아웅이 고가의 왕관을 허락 없이 가지고 잠적했다고 상반된 주장을 했습니다. 이 일이 연일 한국 언론에 소개되고 이윽고 미얀마 영문 주간지 〈미얀마타임즈〉에도 보도되어 미얀마 사람들에게 한국에 대한 부정적인 인식이 확산되자, 대사관이 사태 파악에 나서게 됩니다. '미스 아시아퍼시픽'은 슈퍼탤런트를 뽑는 대회인데 각국 에이전트인 내셔널 디렉터를 통해 참가자를 모집했고 메이타테아웅도 미얀마 디렉터를 통해 대회에 참가하게 된 것입니다. (엄밀히 말하면 미얀마를 대표한 미스 미얀마로 부르기에는 대표성이 부족한 듯합니다.) 한국의 한 시사 프로램에서 대사관에 연락을 할 정도로 당시에는 이슈가 되었던 사건입니다. 한동안 진실공방 이후 메이타테아웅이 왕관을 돌려주며 사건은 일단락되었습니다.

이 책을 쓰면서 메이타테아웅의 근황이 궁금해져서 주변 미얀마 사람들에게 확인해보니, 매이먓노(May Myat Noe)라는 이름(본명)으로 외국에서 배우와 모델로 활발히 활동을 하고 있다고 합니다. 우여곡절이 있었지만 한국과 인연이 있었던 인물이 성공적인 커리어를 쌓고 있다니, 다행스러운 일입니다.

사이클론 나르기스와 미얀마-UN-한국

2008년 5월 2일 미얀마에 상륙한 사이클론 나르기스는 미얀마 군정 발표 기준 사망자 7만 7,738명, 실종자 5만 5,917명의 희생자를 냅니다. 당시 국제기구와 구호단체들은 희생자 수가 20만 명을 훌쩍 넘고 이재민도 250만 명이나 된다고 추산한 바 있습니다. (『CIA WORLD FACTBOOK』은 최소 138,000명 사망으로 추정)

희생자 수만큼이나 국제사회를 놀라게 한 것은 국제사회의 구호 손길에 대한 미얀마 군부의 태도였습니다. 미얀마 외교부의 2008년 5월 9일 성명입니다. "외국의 수색구조팀과 언론은 받아들일 준비가 돼 있지 않다. 의약품과 식량, 의복, 발전기 등 구호물품이나 현금만 받겠다." 권위주의 국가의 폐쇄성을 그대로 보여주는 대목이었습니다. 구호 인력이 활동하지 못할 경우, 미얀마에 도착한 구호품과 구호 성금은 미얀마 군부의 손에 고스란히 떨어지게 될 것이었습니다. 그 결과 이재민 중 20%만이 구호품 지급 혜택을 보고, 2~3주 내에 최대 피해지인 에야와디 삼각주 지역에서만 5세 이하 어린이 3만 명 이상이 심한 영양결핍 상태에 놓이는 상황이 우려되었습니다.

이때 국제사회를 대표해 미얀마를 방문한 인물이 반기문 UN사무총장이었습니다. 반기문 사무총장은 5월 23일 당시 미얀마 군부를 이끌고 있던 딴쉐와 2시간 동안 면담한 뒤 "미얀마 군사정부가 사이클론 나르기스의 이재민 구호를 위한 모든 해외 구호 인력과 긴급원조를 받아들이기로 했다"*라고 현장 인터뷰를 통해 회담장 밖에 기다리고 있던 수십 명의 기자들에게 발표합니다.

우딴 제3대 UN사무총장

반기문 UN사무총장과 딴쉐

이후 국제사회의 구호활동은 활기를 띠기 시작하고, 반기문 사무총장의 미얀마 방문은 2011년 떼인세인 정부의 개혁개방정책으로 이어지게 됩니다. 제3대 UN사무총장 우딴을 배출한 미얀마, 제8대 UN사무총장이 미얀마를 방문한 이후 굳게 닫혔던 미얀마의 문이 열리기 시작, 반기문 UN사무총장을 배출한 같은 아시아 국가 한국, 떼인세인 정부 시절인 2012년 양국 정상 상호 방문, 이러한 일련의 과정이 물 흐르듯 자연스럽게 흘러가게 됩니다. 국가 간의 관계를 인연이라고 표현하는 것이 적절할지는 모르겠지만, 제가 겪어본 미얀마는 한국과 끈끈한 인연이 있는 듯 합니다.

* 반기문, 『반기문 결단의 시간들』, 김영사, 2021

캐나다에서 목격한 한국과 미얀마의 인연

2013년 미얀마로 오기 직전 근무지가 캐다다의 수도 오타와(Ottawa)였는데, 의외로 그곳에서 저는 한국과 미얀마의 인연을 목도(目睹)하게 되었습니다.

한국이 1979년에 구입하여 국유화한 캐나다 대사관저가 이전에는 주캐나다미얀마대사관이었던 것입니다. 규모가 크지는 않지만 고풍스럽고 정・재계 유력 인사들의 저택이 있는 지역(Acacia Avenue)에 어울리는 훌륭한 건물입니다. 사실 관저가 과거 미얀마 대사관이었다는 사실은 미얀마로 발령받기 전에는 크게 눈길이 가지 않는 점이었습니다.

2012년 말 다음 근무지가 미얀마로 정해지고 나니 미얀마라는 나라가 조금은 궁금해졌습니다. 마침 당시 같이 근무한 공사가 주캐나다미얀마대사관의 참사관을 소개시켜 주셨고, 미얀마 대사관도 방문할 수 있었습니다. 그런데 미얀마 대사관 건물에 도착하고 나서 저를 태워준 대사관 기사의 말에 놀라지 않을 수가 없었습니다. 주소만 보고 왔는데, 도착해 보니 4~5년 전쯤 근무한 대사관 공사가 주택으로 임차했던 집이라는 것입니다.

미얀마의 대사관은 한국 대사의 관저가 되고, 한국 공사가 쓰던 집은 미얀마 대사관이 된 것입니다. 두 나라의 인연도 인연이지만 시간의 흐름과 함께 변화한 한국과 미얀마의 위상을 더 크게 느낀 순간이기도 합니다.

2021년 미얀마 군부 쿠데타와 한국

2021년 2월 1일 미얀마에서 쿠데타가 발생한 직후 저는 한국으로부터 많은 연락을 받았습니다. 공무원 합격 때보다 더 많은 연락을 받은 듯합니다. 한국에 계신 분들이 나를 이렇게 많이 걱정해주다니? 감격할 따름이었습니다. 그런데 시간이 지나고 나니 개인적인 걱정도 걱정이지만, 한국 사람들의 미얀마에 대한 관심과 안타까움이 그만큼 크다는 것을 알게 되었습니다.

아웅산수찌, 마지막 남은 기회의 땅, 신남방정책의 핵심 국가 등등 단편적이지만 이러한 단어들로 인해 많은 한국 사람들이 미얀마를 인식해왔던 것입니다. 그리고 미얀마를 다녀간 사람들을 통한 입소문도 미얀마에 대한 인식에 영향을 미쳤으리라 생각합니다. 말로만 듣다가 직접 가보면 더 친근하게 느껴지는 나라가 있는가 하면 그 반대의 나라도 있습니다. 개인적인 경험으로는 전자의 예 중 하나가 한국이 아닌가 합니다. 캐다나 근무 시절 캐나다 사람들 대부분이 한국에 대해 긍정적인 인식을 가지고 있었지만, 특히 한국을 한 번이라도 다녀온 캐나다 사람들은 한국 칭찬에 침이 마르지 않았던 기억이 있습니다. 물론 한국 공무원인 제 앞이었기에 그럴 수도 있지만, 제가 느낀 감정은 진심이었습니다. 한국과 닮은꼴의 나라 미얀마 또한 한국인들에게는 한 번 가보면 더 친근하게 느껴지는 나라인 듯합니다. 제국주의 시절 식민지 경험, 군부 쿠데타라는 역경을 겪은 나라, 피부색은 다르지만 비슷한 외모, 몽골반점을 가진 아이들, 동일한 어순의 언어 등 한국인들이 미얀마의 현실에 공감하고 안타까워할 이유는 많습니다.

한국의 일반국민들이 미얀마 사태를 안타깝게 바라봤듯이, 우리 정부 또한 책임 있는 국제사회의 일원으로서 2021년 미얀마 쿠데타에 대응해 나갔습니다. 쿠데타가 발발한 바로 다음 날인 2월 2일 우리 외교부는 미얀마 쿠데타에 대한 '깊은 우려'를 표명하고 2월 20일에는 '깊은 우려'와 함께 '폭력 사용을 즉각 중단할 것을 강력히 요구'하고 지속해서 폭력에 반대하는 입장을 발표했습니다. 더불어 미국, EU 등 국제사회와 공동으로 미얀마 사태 해결을 촉구하는 성명을 수시로 발표하고 있습니다.

우리 정부의 미얀마 쿠데타 관련 실질적 조치는 2021년 3월 12일 발표된 '국방 및 치안 분야 신규 교류 및 협력 중단', '군용물자 수출 불허 및 산업용 전략물자 수출 엄격 심사', '개발 협력 사업 재검토(단, 민생과 직결된 사업, 인도적 사업은 계속 진행)', '체류 중인 미얀마인에 대한 인도적 특별 체류 조치 계획' 등이 있습니다.

우리 정부의 미얀마 군부와 거리두기는 계속됩니다. 2022년도 한국국제협력단(KOICA)의 대미얀마 무상원조 규모는 전년도 163억 원에서 44억 원으로 대폭 삭감됩니다. 외교부는 삭감 이유로 "국제사회 전반적으로 미얀마 상황에 대한 우려를 공유해왔지만 별다른 진전이 없었다. 미얀마에 대한 ODA 축소는 우리가 그만큼 인권과 민주주의의 가치를 중요시한다는 메시지"*라

---

* "인권탄압 군부에 돈 들어갈라… 미얀마 개발원조 확 줄인다.", 〈매일경제〉,

고 밝혔습니다.

그리고 이러한 우리 정부의 대미얀마 정책 기조는 미얀마 상황이 급격히 호전되지 않는 한 당분간 지속될 것으로 예상됩니다.

우리 정부의 입장에 대한 미얀마 측 반응은 진영에 따라 극명하게 갈립니다. 우선 국민통합정부(NUG, National Unity Government)를 비롯한 미얀마 반군부 민주진영은 우리 정부의 입장을 환영하고 미얀마 민주화를 위한 지속적인 지원을 희망*하고 있습니다. 반면 미얀마 군부 당국은 서운한 심기를 숨기지 않고 있습니다. 일단 고위급 당국자와 면담이 극히 어려워졌습니다. 대사관 직원들이 주(州) 경계를 넘어 기업방문을 할 때는 사전 허가를 받아야 하고, 관할 경찰의 감시도 심해진 상황입니다. 물론 외교관 안전을 위한 조치라는 명분은 있습니다.

양곤 대학로, 민주화의 성지가 되다

양곤의 주미얀마한국대사관은 양곤대학, 양곤외국어대학이 있는 대학로(University Avenue)에 자리 잡고 있습니다. 대사관 맞은편에는 미국

2021.11.25

* "미얀마 NUG 한국대표부 특사 인터뷰", 〈경향신문〉, 2022.8.7, "…미얀마 뉴스가 국제사회에서 사라지는 것 같아 걱정스럽다. 잊지 않고 응원해 주시면 좋겠다. 또한 한국 정부가 군부 규탄 성명을 내주어 감사하고, 한국 국민의 도움 또한 잊지 않겠다…"

대사관이 있고, 대사관 앞 대학로를 따라 양곤대학을 지나면 젊은이들의 만남의 장소 흘레단(Hledan) 사거리가 나옵니다. 굳이 비교하자면 흘레단 인근 지역은 우리나라의 혜화동 정도가 될 수 있겠습니다.

2021년 쿠데타가 발생하자 수 많은 젊은이들이 양곤 도심 곳곳에서 반군부 시위운동을 펼칩니다. 그중 가장 많은 사람이 모이는 곳이 흘레단 사거리였습니다. 특히 2가 5개나 들어가는 2021년 2월 22일에 있었던 소위 22222 총파업 당시 흘레단 사거리에 최대 인원이 운집했고 대사관 앞 도로도 시위대로 인산인해를 이루었습니다. 군부의 제지가 없는 상태에서 시위대의 기세는 이미 민주화를 이룬 듯이 거침이 없었습니다. 시위대 대부분은 젊은이들이었으며, 2011년 떼인세인의 개혁개방 이후 성장한 세대의 자유분방함을 느낄 수 있었습니다. 심지어 코스튬 플레이어, 동성애자(LGBTQ)들도 피켓을 들고 시위에 참가했습니다.

3월 들어 군부가 시위대에 본격적으로 발포를 하자 축제와 같던 시위 현장은 비극의 현장으로 바뀌게 됩니다. 가장 많은 사람들이 모인 흘레단 사거리에서도 많은 희생자가 발생하게 된 것입니다. 때로는 대사관 또는 직원들 거주지에서도 총성을 들을 수 있었습니다.

이렇게 들불처럼 번졌던 도심 민주화 시위는 그 목적을 달성하지 못했습니다. 군부의 총구가 가장 큰 원인이겠지만, 시위대를 이끌 리더십 부재도 실패의 한 원인인 듯합니다.

그러나 실패 성공 여부를 떠나 흘레단, 양곤 대학로는 역사에 미얀마 민주화 운동의 성지로 기록되기에 충분한 듯합니다.

대한민국대사관 앞의 시위대

탱크를 탄 미얀마 대사, 진실과 동떨어진 오해를 피하려면

비교적 최근인 2023년 5월과 8월 시차를 두고 동일한 내용의 미얀마 관련 뉴스가 한국 주요 언론에 보도된 사건이 있었습니다. 일명 딴신(Thant Sin) 주대한민국미얀마대사의 K2 탱크 탑승 사건입니다.

첫 번째 기사는 딴신 대사의 K2 탱크 탑승 자체에 대한 기사이고, 두 번째 기사는 위 사건에 대한 UN 미얀마 인권 특별보고관 토마스 앤드루스(Thomas Andrews)의 우리 정부 앞 서한에 대한 기사입니다. 기사 내용은 아래와 같습니다.

'자국민 학살' 미얀마 대사까지 초청··· 외교부의 무기 수출행사 논란(〈한겨레신문〉, 2023.5.12)

국산 무기 홍보 행사에 외교부가 군부 쿠데타로 집권한 미얀마 대사를 초청한 것으로 알려졌다. 미얀마 관련 시민사회단체는 "미얀마 군부에 무기를 판매한다는 것이냐"라고 비판했다. 정부는 방산수출 확대라는 국정 목표에 맞춰 이번 행사를 기획했고 (중략) 행사에는 미얀마를 비롯해 체코와 칠레, 미국, 폴란드 등 18개국 대사가 참석했고 이들은 전투사격 시범 관람과 함께 K-21 보병전투장갑차도 탑승했다. K2 전차와 K9자주포와 K1 구난전차 등 주력 수출 상품에 대한 상세한 설명도 들었다. (중략)

외교부는 "정부는 미얀마 사태 발발 이후 △국방·치안 분야 신규 교류·협력 중단 △군용물자 수출 불허 및 산업용 전략물자 수출 허가 엄격심사 등을 포함한 미얀마 대응조처를 발표(2021년 3월)하고 이를 엄격히 이행하고 있다"며 "이번 행사는 아세안 회원국을 포함, 주한 외교단을 대상으로 하는 홍보 행사로 미얀마 상황에 대한 우리 정부의 정책과는 무관하다"고 말했다.

"미얀마 대사를 K2 탱크에 태우다니"… UN, 韓에 경고장
(〈중앙일보〉, 2023.8.9)

정부가 국산 무기 홍보 행사에 군부 쿠데타로 집권한 미얀마 대사를 부른 데 대해 UN이 "강한 우려"를 표명했다. "한국이 잔혹한 미얀마 군부에도 무기를 팔려는 것이냐"면서다.
8일 UN인권최고대표사무소(OHCHR)에 따르면 유엔은 톰 앤드루스 UN 미얀마 인권특별보고관 명의로 지난 6월 5일 한국 정부에 서한을 보내 "2023년 5월 10일 외교부가 주최한 국산 무기 홍보 행사에 초청된 18개국 외교단 중 딴신(Thant Sin) 주한 미얀마 대사가 포함됐다는 사실에 강한 우려를 표한다"고 밝혔다. "딴신 대사가 K2 탱크 위에 올라타 손을 든 사진도 찍혔다"면서다. (중략)
정부는 미얀마 군부 쿠데타 직후인 2021년 3월 미얀마와 군 교류를 끊고, 군용 물자의 수출을 금지하는 독자 제재를 발표했다. 유엔은 무기 수출을 위한 행사에서 미얀마 대사를 탱크에까지 태우는 한국이 이런 제재를 제대로 실행할 의지가 있는지 의구심을 표출한 것이다.

주한미얀마대사 딴신은 2023년 5월 10일 국산 무기 홍보 행사에 참여한 18개국 외교단 중 한 명이었습니다. 그리고 공교롭게도 딴신 대사가 K2 탱크 위에 올라타 손을 든 사진도 언론을 통해 보도되었습니다.

딴신 대사의 K2 탑승과 관련한 사실은 아래와 같이 두 단계로 나누어 재구성해볼 수 있습니다. 우선 딴신 대사의 동 홍보 행사

초청 단계입니다. 아마도 행사를 준비한 국방부와 외교부가 평상시 업무절차에 따라 주한 외교단에게 초청장을 일괄 발송했을 것입니다. 외교단이란 '한 나라에 주재하는 여러 나라의 외교사절을 통틀어 이르는 말'인데, 2023년 말 현재 한국에 상주하는 외국공관은 116개에 달합니다. 그리고 외교단 모임에는 당연히 각 대사관을 대표하는 대사들이 참석하게 됩니다. 이 중 방산에 관심이 있는 공관 대사들이 동 행사에 참가했을 것입니다. 여기에 미얀마 대사도 참가를 신청한 것입니다.

다음 단계는 딴신 대사의 K2 탱크 탑승 경위입니다. 외교단도 엄연한 단체이기 때문에 외교단을 대표하는 외교단장을 선출합니다. 보통은 주재국에 근무한 기간이 오래된 대사가 외교단장 임무를 맡습니다. 딴신 대사는 2019년 5월 신임장을 제정한 인사로 타국 대사들에 비해 한국 근무기간이 긴 축에 속합니다. 행사에 참여한 18개국 대사 중에서는 상당히 선참에 속할 듯합니다. 이러한 경위로 참석한 외교단 대표로 K2 탱크에 탑승했을 가능성이 있습니다. 물론 딴신 대사 개인이 자청해서 탱크에 탑승했을 가능성도 배제할 수는 없습니다. 그리고 18개국 대사 모두 탑승의 기회가 돌아갔는데 유독 딴신 대사 탑승 사진이 관심을 끌었을 수도 있습니다.

동 사건을 접하면서 한 가지 아쉬운 점은 준비 과정에서 조금만 신중했다면 하는 것입니다. 동 행사에 각국 대사를 초청하기에 앞서 최근 각국의 정치적 상황을 고려하는 스크린 과정을 거쳤다면, 딴신 대사의 동 행사 참석을 미리 방지할 수 있었을 것입니다.

'오이밭에서 신발 고쳐 신지 말고, 오얏나무 아래서 갓끈 고쳐 매지 말라'는 말처럼 민감한 시기에 신중에 신중을 기했어야 한다고 생각합니다. 더욱이 우리 정부는 이미 2021년 2월 1일 미얀마 쿠데타 이후 '국방 · 치안 분야 신규 교류 · 협력 중단', '군용물자 수출 불허 및 산업용 전략물자 수출 허가 엄격 심사' 등 미얀마 대응조치를 철저히 이행하고 있던 터라 UN 미얀마 인권 특별보고관의 서한은 그간 우리의 노력을 묻어버리고 대신 한국이 쿠데타로 집권한 군부에 무기를 판매한다는 식으로 잘못 알려질 수도 있는 상황을 조성한 것입니다. 다행히 이후 우리 정부의 해명으로 동 사안이 더 이상 문제 되지는 않았지만 불필요한 오해가 증폭되어 국제사회에까지 이슈가 된 것은 한번 되짚고 넘어가야 할 듯합니다. 사실이 아닌 오해가 하나의 해프닝으로 끝날 가능성이 크지만, 진실이 아닌 오해라도 이러한 사건들이 모이면 평판을 형성하기 때문입니다.

2. 지금 한국과 미얀마는?

한국과 미얀마의 교역, 보이는 숫자가 다는 아니다

2022년 기준 한국과 미얀마의 무역량은 약 10억 1,300만 달러로 미얀마는 한국의 72위 상품교역상대국에 불과합니다. 2012년 약 16억 8,200만 달러를 기록한 이후 양국의 교역량은 10~12억 달러대에서 정체되어왔고 쿠데타가 발발한 2021년에는 8억 달러대까지 하락했습니다.

한-미얀마 교역 현황

(단위: 천 달러)

연도	수출	수입	총계	무역 수지	비고
2011	666,742	298,681	965,423	358,061	
2012	1,330,892	351,164	1,682,056	979,728	양국 정상 상호 방문
2013	705,109	487,769	1,192,878	217,340	
2014	800,131	579,894	1,380,025	220,236	미얀마, 아세안 의장국
2019	631,596	595,191	1,226,787	36,404	
2020	608,927	465,871	1,074,798	143,057	
2021	367,934	445,759	813,693	-77,825	미얀마 쿠데타
2022	384,321	629,081	1,013,402	-244,760	

자료: 한국무역협회

그러나 저는 두 나라의 경제협력 관계를 상품교역량만으로 한정할 필요는 없다고 생각합니다. 2023년 현재 미얀마에는 우리 기업 약 300여 개 사가 진출해 있고 상주하는 교민은 약 1,500명에 이르고 있습니다. 교민들 대부분은 미얀마에서 사업을 하거나 한국 본사에서 파견된 기업인들과 그들의 가족이기 때문에 대부분이 미얀마에서 경제활동을 영위하고 있다고 보면 되겠습니다. 기업 중에는 포스코 인터내셔널, 신한은행, 삼성전자(판매) 등이 포함되어 있는데 이들 기업은 모두 한국과 교역보다는 현지 영업을 통해 수익을 얻고 있습니다. 이는 외형적 교역 금액보다 훨씬 큰 미얀마와 경제협력관계가 있다는 것을 의미합니다. 예를 들어 포스코 인터내셔널 가스전만 하더라도 본사의 영업이익으로 잡히는 액수는 연간 3,000~4,000억 원에 달하고 있습니다. 그 외 기업들의 과실송금을 감안하면 한국과 미얀마의 경제관계 규모는 훨씬 커질 것입니다. 그리고 봉제업체들을 비롯한 다수 제조업체들은 한국보다는 글로벌 의류업체들로부터 주문자상표부착생산(OEM, Original Equipment Manufacturing) 방식으로 사업을 영위하거나 미얀마 내수를 위한 상품을 제조하고 있어서 양국의 교역에 잡히는 숫자보다 실제 경제활동은 훨씬 활발하게 이루어지고 있습니다. 서비스업체들 또한 미얀마 소비자를 대상으로 영업하고 있기 때문에 이들의 경제활동은 상품교역에는 포함되지 않고 있습니다.

그리고 외국인고용허가제(EPS)를 통해서 한국의 경제 일선에서 일하는 미얀마 노동자들의 한국 경제 기여도를 생각하면 양국의 경제는 교역 숫자보다 훨씬 밀접하게 연결되어 있다고 하겠습니다. 참고로 미얀마 노동자들은 2023년에만 1만여 명이 신규로 한국에 입국했으며 한국에 상주하는 노동자만도 3~4만 명에 이릅니다.

꾸준히 이루어지고 있는 한국의 대미얀마 투자

투자 측면에서 보면 한국은 미얀마의 6번째 누적 투자국입니다.

국가별 누적 투자(2022년 기준)

투자국	건수	투자액(천 달러)	비중(%)
싱가포르	367	25,837.3	27.9
중국	583	21,742.2	23.5
태국	153	11,605.1	12.5
홍콩	289	10,014.0	10.8
영국	110	7,482.6	8.1
한국	195	4,202.1	4.5
베트남	30	2,224.2	2.4
말레이시아	69	1,961.0	2.1
일본	126	1,865.7	2.0

자료: 미얀마투자위원회

표에서 확인할 수 있듯이 1위는 의외로 싱가포르입니다. 미얀마 자본과 서구를 포함한 타국 자금이 아세안 금융의 허브인 싱가포르를 통해 미얀마로 들어오기 때문인 듯합니다. 중국이 2위인데, (외국 투자 통계로 잡히지 않는) 현지화된 중국계 자본 투자와 홍콩 투자를 합하면 실질적 1위 투자국은 중국입니다. 최근 투자 추세에서도 중국의 비중이 꾸준히 증가하고 있습니다.

한국의 연도별 대미얀마 투자 내역

연도	투자 내역		
	신고 건수	회사 설립 건수	신고금액(천 달러)
2011년	21	7	108,885
2012년	31	13	44,218
2013년	98	46	554,841
2014년	111	56	462,141
2015년	154	53	71,537
2016년	177	66	329,067
2017년	199	61	319,000
2018년	159	54	199,056
2019년	133	43	210,689
2020년	101	20	728,596
2021년	49	6	145,472
2022년	38	3	181,692
누계(1990~2022)	**1,421**	**486**	**6,980,761**

자료: 한국수출입은행

2022년까지 한국수출입은행이 집계한 대미얀마 신고기준 누적 투자액은 총 69.8억 달러입니다. 실제 미얀마에 도달한 금액을 기준으로 한 미얀마 측 통계와는 차이를 보입니다.

설립 건수는 코로나19와 쿠데타의 여파로 2020년 이후 급감했음을 볼 수 있습니다. 그런데 투자금액은 설립 건수와 비례하지 않습니다. 이는 최근 들어서도 소수지만 꽤 규모가 있는 기업들의 투자가 이어지고 있음을 보여줍니다.

미얀마의 한국 기업들

미얀마에 한국 기업이 처음으로 본격 상륙한 것은 현대건설이 1981년 킨다 댐 공사를 수주하면서부터였습니다. 1986년 4월 완공 시까지 네윈이 수시로 공사현장을 찾는 등 미얀마 측에서도 큰 관심을 가진 사업이었습니다. 지금은 포스코에 인수된 대우가 미얀마에 지사를 설치한 것은 1985년 7월입니다.* 이렇게 한국 기업의 미얀마 진출이 시작되었습니다.

현재 미얀마에는 한국 기업 300여 개 사가 진출해 있습니다. 제조업, 광업, 농임업, 도소매업, 물류, 금융, 정보통신, 서비스, 임대 등 업종도 다양합니다.

업종별 누적 투자금액(1990~2023.3)

(단위: 건, 사, 백만 달러)

업종대분류	신고 건수	신규 법인 수	신고 금액	비중(%)	투자금액	비중(%)
농업, 임업 및 어업	39	14	31	0.44	12	0.23
광업	18	9	3,945	56.49	3,158	61.56
제조업	612	166	889	12.73	628	12.24
건설업	129	69	17	0.24	10	0.19
도매 및 소매업	105	53	103	1.48	85	1.66
운수 및 창고업	86	15	704	10.08	341	6.65
숙박 및 음식점업	16	10	63	0.90	2	0.04
정보통신업	22	8	4	0.06	4	0.08
금융 및 보험업	107	26	1,022	14.64	773	15.07

* 신봉길, 『시간이 멈춘 땅 미얀마』, 한나래, 1991

부동산업	95	24	183	2.62	111	2.16
전문, 과학 및 기술 서비스업	107	49	13	0.19	10	0.19
사업시설 관리, 사업 지원 및 임대 서비스업	42	22	8	0.11	5	0.10
보건업 및 사회복지	6	3	1	0.01	1	0.02
예술, 스포츠 및 여가관련 서비스업	13	4	7	0.10	2	0.04
기타	48	15	6	0.09	3	0.06
합계	1,435	488	6,983	100.00	5,130	100.00

자료: 한국수출입은행

한국수출입은행의 한국의 대미얀마 투자 자료에 의하면 투자 건수가 가장 많은 업종은 봉제업을 중심으로 한 제조업입니다. 반면 투자 금액으로는 약 61%인 광업이 압도적으로 큽니다. 가스 개발 등 대규모 투자가 필요한 사업들이기 때문입니다. 그리고 특이한 점은 금융업이 15%를 차지하고 있다는 것입니다. 미얀마에는 일반 은행 외에도 15개 내외의 소액대출기관(MFI, Micro Finance Institute)들이 진출해 있습니다.

이하에는 주요 업종과 주요 우리 기업 진출 현황을 소개합니다. 그 과정에서 일부 개별 기업을 언급하는 경우도 있습니다. 특별히 성공적이어서 언급하는 기업이라기보다는 관련된 업종을 설명하고 참고할 투자 사례로 소개하는 것으로 이해하면 좋겠습니다.

업종별 진출 기업

미얀마 산업의 주력, 봉제업

현재 미얀마를 대표하는 산업인 봉제업은 노동집약적 산업으로 미얀마 노동자 약 50만 명을 고용하고 있습니다. 주문자상표부착생산(OEM) 방식으로 위탁생산된 의류는 주로 유럽, 일본 등 해외로 수출되고 있으며, 이렇게 벌어들인 돈은 미얀마 수출의 25%나 차지합니다. 미얀마연방상의(UMFCCI, Union of Myanmar Federation of Chambers of Commerce and Industry) 산하 미얀마봉제협회(MGMA, Myanmar Garment Manufacturing Association) 회원사가 약 500여 개 사이고 비회원사를 포함하면 약 700여 개 봉제 업체가 영업 중입니다. 대부분 공장은 인구가 밀집한 양곤과 바고주(州)에 위치하고 있습니다.

미얀마 봉제업의 태동기인 1980년대 후반 대우봉제가 처음으로 미얀마에 진출했고, 현재 한국 업체 약 100여 개가 주로 주문자상표부착 방식으로 의류 등을 제조하고 있습니다. CMP 즉 주문자가 원재료를 보내오면 자르고(Cut) 만들고(Make) 포장(Pack)하여 주문자에게 다시 보내는 방식으로 제조활동을 해오고 있습니다.

앞서 언급된 한국과의 교역관계에 CMP 사업을 대입해보면 다음과 같습니다. 한국의 A 브랜드가 주문을 하는 경우 무역액에 집계되지만, 아디다스, H&M 등 외국 업체가 주문하는 경우 한국과의 교역과는 무관하게 영업활동이 이루어지게 됩니다.

한편 미얀마 입장에서 보면 봉제업은 두 가지 측면에서 경제기여도가 큰 산업입니다. 앞서 언급했듯이 봉제업은 미얀마 전체 수출의 약 4분의 1을 차지하고 있습니다. 그도 그럴 것이 2011년 이후 경제를 개방하여 이제 막 노동집약산업이 자리 잡아가고 있는 상황이기 때문에 제조업 대부분은 영세하고 전력, 물류 등 열악한 인프라 사정으로 대규모 장치산업이나 첨단산업의 진출은 아직 요원하기 때문입니다. 봉제업은 또한 미얀마연방상의(UMFCCI) 추산으로 약 50만 명의 미얀마 노동자들에게 일자리를 제공하고 있는 효자 산업입니다. 한국 업체들만 해도 주문량이 많을 때는 10만 명 이상에게 일자리를 제공해왔습니다.

미얀마에는 우리나라 외에도 중국, 일본, 홍콩 업체들이 진출해 있습니다. 전통적으로 한국, 일본 업체들이 많았지만, 최근에는 중국 업체들이 증가하는 추세입니다. 물론 미얀마 회사들도 있지만 외국 업체들에 비해 영세한 수준에 머무르고 있습니다. 재미얀마 한국봉제협회는 미얀마연방상의 산하 미얀마봉제협회(MGMA)와 협력하여 5개국 봉제협회 연합(한, 중, 일, 홍콩, 미얀마)에 주도적으로 참여하고 있습니다.

2021년 2월 1일 군부 쿠데타는 봉제업체들에게 사업 측면에서 긍정, 부정 두 가지 방향의 영향을 미치고 있습니다. 먼저 긍정적인 측면은 낮은 임금으로 인해 값싼 노동력을 제공받고 있다는 점입니다. 2024년 5월 현재 미얀마 최저임금은 하루 5,800짜트*인

---

* 2024년 5월 현재 1달러는 약 4,000짜트 내외

데, 2018년 이후 4,800짜트이던 것을 2023년 10월에 인상한 것입니다. 비록 20%를 상회하는 임금인상이지만 그간 150%나 되는 물가상승이 있었음을 감안하면 실질임금은 오히려 하락한 셈입니다. 우리 업체들은 그간 코로나19와 쿠데타로 지연되어왔던 최저임금 인상이 불가피하다고 생각하고 이에 대비해왔기 때문에 큰 부담으로 작용할 것 같지는 않습니다. 오히려 지나치게 낮은 임금은 노동자들의 근로의욕을 감소시키고 고용주인 기업에게도 불리하게 작용하기 때문에 우리 업체들은 수시로 특별상여금 및 쌀, 식용유 등 현물 보조를 통해 근로자들을 지원하고 있습니다.

봉제공장 내부 작업 현장

부정적인 측면으로는 외국 주문자 특히 자라, 망고, H&M 등 유럽 업체들의 주문이 감소하고 미얀마 시장 철수가 잇따르고 있다는 점입니다. 미국 브랜드들은 이미 쿠데타 발생 초기부터 미얀마에 대량 주문을 주지 않고 있습니다. 앞서 언급한 낮은 임금도 부메랑으로 돌아오고 있습니다. 봉제업 근로자 공급이 줄어들고 있는 것입니다. 태국, 말레이시아 등 비교적 임금이 높은 주변 국가로 노동력이 급격하게 이탈하고 있기 때문입니다. 결과적으로 볼 때 쿠데타는 노동집약산업의 경쟁력은 일시적으로 높였지만, 제조사와 근로자 모두에게 불편한 상황을 만들었다고 볼 수 있겠습니다.

양극화된 금융업

1962년 쿠데타 이후 미얀마 군부는 모든 금융기관을 국유화하고, 수시로 화폐를 개혁해왔기 때문에 미얀마 사회 전체에는 오랜 기간에 걸쳐 금융에 대한 불신이 누적되어 왔습니다. 이러한 연유로 2020년 쿠데타 발생 직전까지도 미얀마 전체 인구 중 은행 계좌 보유 비율은 25%에 불과했습니다. 그나마 1990년 미얀마 금융기관법(Myanmar Financial Institutions Law)이 개정된 이후 조금씩 관치금융 형태를 벗어났기 때문에 늘어난 수치입니다.

2014년 외국계 은행에 대해서도 미얀마 금융시장이 개방되었고 한국계 은행을 포함한 금융기관들도 이를 전후하여 미얀마 시장에 진출하게 됩니다. 제가 처음 미얀마에 도착했던 2013년 우리나라의 몇몇 은행들은 이미 양곤에 연락 사무소를 운영하고 있었고 여타 은행들은 그즈음 미얀마 시장에 막 진출하고 있었습니다. 제가 재부임한 2020년에는 일부는 은행 영업을 하고 있었고, 일부는 은행 인가를 받고 영업 개시를 준비하고 있었습니다. 그리고 한국의 시중은행 대부분은 미얀마에서 은행은 아니지만 소액금융대출기관(MFI, Micro Finance Institute)으로 활동하고 있었습니다.

은행으로는 신한은행이 2016년 한국계 은행 최초로 양곤에서 지점 영업을 개시했습니다.* 2020년에는 국민은행과 기업은행이 법인 설립 인가를, 산업은행은 지점 설립 인가를 받았습니다. 2020년 인가를 받은 3개 은행은 원래 2020년 내에 영업을 개시해야 했으나 코로나19로 인한 공사 지연 등으로 2021년 1월 영업을 개시했습니다. 1월 27일에는 대사관 맞은편에 위치한 KB국민은행 영업 개시를 위한 행사가 열렸고 대사관에서도 참석해서 축하해 준 기억이 있습니다.

그런데 공교롭게도 2021년 2월 1일 쿠데타가 일어나는 바람에 이들 3개 은행은 현재까지 제대로 된 영업도 못 해본 채 유지되고 있습니다. 복잡한 과정을 거쳐 미얀마에 진출했기 때문에 이들 은행은 쉽게 철수 결정을 내리지 못하고 있습니다. 옆 나라 태국의 경우 아시아 금융위기 때 철수한 한국계 은행들이 현재까지 재진출을 하지 못하고 있는데, 우리 은행이 철수를 한다면 미얀마에서도 비슷한 상황이 발생할 가능성이 큽니다. 한국계 은행들은 당분간 상황을 지켜볼 것으로 예상됩니다.

---

* 외국계 은행에 대해서는 2014년 9개, 2016년 4개, 2020년에 7개 신규 인허가 승인이 있었습니다. 인허가는 지점 면허(Branch License)와 법인 면허(Subsidiary License) 두 가지 형태로 발급되고 있으며, 지점 면허는 주로 기업을 대상으로 한 도매금융(Wholesale Banking)만 가능합니다. 법인 면허를 받으면 개인을 대상으로 한 소매금융(Retail Banking)도 가능하고 복수의 지점을 개설할 수도 있습니다.

미얀마에는 은행 외에도 한국계 소액대출기관(MFI) 15개 사가 진출해 있습니다. 말 그대로 이들 기관은 저신용·저담보로 은행 대출이 어려운 금융소비자에 소액대출 서비스를 제공하고 있습니다. 주 이용객은 소상공인, 노동자, 농민들이며 이자율은 연 20~30% 선입니다. 한국인에게 이 정도 이자는 굉장히 높은 것으로 인식될 텐데, 미얀마 일반 국민들 간 신용거래 즉 사채 이자율이 연 200%를 넘는 사실을 알면 생각이 달라질 것입니다. 빚지고는 못 사는 미얀마 국민들 성향 덕분에 일반적으로 연체율이 높지 않지만, 코로나19 시절 도시 노동자와 소상공인들의 생계가 어려워진 관계로 연체율이 급상승했습니다. 특히 2021년 쿠데타 이후 전투가 벌어지는 등 치안이 불안해진 지역의 경우 대출 회수가 쉽지 않은 상황입니다. 다행인 것은 양곤, 만달레이, 네피도 등 도시 지역이 안정화되고 있어 이들 지역의 영업 현황이 개선되고 있다는 점입니다.

미얀마 진출 한국계 은행의 보유 달러 소진으로 인한 어려움

수협 MFI 법인 출범(네피도)

한류와 함께 진출한 소상공인

미얀마에는 포스코, CJ 등 대기업도 진출해 있지만 음식, 숙박, 도소매 등 소상공인 진출도 활발합니다. 예를 들어 양곤에만 해도 크고 작은 한국 음식점이 30여 곳인데, 2023년 기준 미얀마 교민 수가 많아야 1,500여 명에 불과한 점을 감안하면 아주 많은 숫자라고 할 수 있습니다.

경제적인 측면에서 추측해본 이유는 아래와 같습니다. 2010년대 중후반 몇 년은 롯데호텔 건설을 위해 포스코건설을 비롯한 한국 건설업체 및 협력업체들이 대거 미얀마에서 활동한 시기입니다. 이때 미얀마의 한식당이 급격하게 증가한 것을 볼 수 있습니다. 이후 미얀마를 떠난 음식점들도 있지만 대부분은 새로운 주인을 찾아 명맥을 유지하고 있습니다.

한국 교민은 제한되어 있고, 군사 쿠데타로 한국 출장단도 많지 않은 상황에서 현지 한식당이 유지된다는 것은 그만큼 현지인 고객이 많다는 것을 의미합니다. 이는 곧 한국 음식이 미얀마에서도 많이 알려져 있다는 뜻입니다. 한류의 힘인 듯합니다. 한국 교민들이 손에 꼽을 정도로 드문 샨주 따웅지에도 번듯한 한식당이 있습니다.

미얀마에는 요식업 외에도 식료품, 화장품 등 한류를 활용한 소상공인들이 다수 진출해 있지만, 생각만큼 사업이 성공적이지는 않은 상황입니다. 미얀마 경제가 어려운 탓에 구매력이 부족한 것이 원인으로 생각됩니다.

이러한 상황에서 소상공인 중 뜻있는 분들 중심으로 '재미얀마 소상공인연합회'를 구성하여 상호 정보를 교환하고 함께 사업 구상을 하고 있습니다. 특히 회원사 간 공동으로 사용할 수 있는 할인상품권을 발매하고, 벼룩 시장을 개최해 저렴한 제품을 제공하고 있기도 합니다. 개별 업체가 대응하기에는 어려운 시기에 현명한 생존전략이라고 생각됩니다. 소상공인 연합회 정기 모임에 수차례 참석해보고 이 단체의 정체성을 확인한 뒤 정부 차원의 지원이 가능한지 국내 관련 기관에 문의를 해본 적이 있습니다만 국외 거주 단체라 지원이 여의치 않다는 답을 들었습니다. 한국의 대한상의가 재외 한인상의, 예를 들면 재미얀마한인상의를 직접 지원하지는 않지만 '한-아세안 경제장관회의'와 같은 계기에 아세안 한인상의 회의를 개최하는 등 간접적으로나마 소상공인들을 지원하는 방안이 나온다면 큰 힘이 될 듯합니다.

주요 개별 기업 및 투자 지역

황금알을 낳는 거위, 쉐(Shwe) 가스전

미얀마 한국 기업 진출 역사와 규모 면에서 단연 독보적인 기업은 포스코 인터내셔널입니다. 포스코 인터내셔널의 전신은 대우 인터내셔널인데, 고 김우중 대우그룹 회장의 '세상은 넓고 할 일은 많다'를 가장 잘 실천한 기업 중 하나인 듯합니다. 대우 그룹의 모태가 봉제업이었듯이 1980년대 말 1990년대 초 미얀마에 진출한 대우는 초기 봉제업을 주력으로 네트워크를 구축하였습니다. 2000년에는 미얀마 서부 해상 A-1 광구 생산물 분배계약을 체결한 후, 당시 우리에게는 생소한 가스전 개발에 뛰어들었습니다. 여러 번 실패 후 2004년 합작사들도 철수하려는 찰나 마지막 도전에서 극적으로 가스층을 발견하게 됩니다. 이를 쉐(Shwe) 가스전* 이라고 합니다. 쉐는 한국 말로는 황금을 뜻하기 때문에 쉐 가스전은 말 그대로 황금알을 낳는 거위입니다. 쉐 가스전의 연간 영업 이익만 3,000억 원에서 4,000억 원 정도라고 하니 황금알을 낳은 거위로도 모자란 표현인 듯합니다. 2013년 6월 첫 가스 생산에 이르기까지 약 13년의 노력 끝에 성취한 결과고, 국내 민간기업이 해외에서 개발한 최대 규모의 자원개발 프로젝트입니다. 일평균 5억 입방피트가 생산되고 있는데, 이는 2022년 기준 한국 하루 평균 도시가스 소비량의 약 18.5%에 해당하는 양입니다. 생산된 가스는 미얀마 서부 해안 짜욱퓨에서 중국 남부 쿤밍까지 연결된 793km의 육상 가스관을 통해 미얀마(20%)와 중국(80%)에 공급되고 있습니다.

* 2004년 발견된 쉐(Shwe), 2005년 발견된 쉐퓨(Shwe Phyu), 2006년 발견된 먀(Mya) 가스전을 합해 쉐 가스전으로 통칭합니다.

2021년 2월 1일 쿠데타는 포스코 인터내셔널에게도 큰 과제를 안겨주고 있습니다. 2000년 포스코 인터내셔널과 미얀마 정부가 체결한 생산물 분배계약에 따르면 쉐 가스전 지분 15%는 미얀마석유가스공사(MOGE, Myanmar Oil and Gas Enterprise)의 몫입니다. 그리고 미얀마 군부의 자금줄을 끊어야 한다는 국제사회의 제재 칼날이 미얀마석유가스공사(MOGE)를 향하고 있기 때문에 포스코 인터내셔널의 고민도 깊어지고 있습니다. Part Ⅰ에서 잠시 설명했듯이 유럽연합은 이미 미얀마석유가스공사를 제재대상에 포함했고, 미국도 미얀마석유가스공사 수뇌부 인사들 주거래은행인 미얀마무역은행(MFTB, Myanmar Foreign Trade Bank)과 미얀마투자상업은행(MICB, Myanmar Investment and Commercial Bank)을 제재대상에 포함시켜 왔습니다.

미국 행정부는 미얀마 제재와 관련하여 동맹인 한국 기업의 이익, 미얀마에 가해지는 압력으로 인한 중국의 반사이익 등 다양한 측면을 고려하고 있는 듯합니다. 하지만 유권자들을 의식한 미국 의회의 생각은 좀 더 명쾌합니다. 2021년 미얀마 쿠데타 초기부터 제프 머클리 민주당 의원, 마르코 루비오 공화당 의원 등은 미얀마석유가스공사 제재를 주장했고 2022년에는 미얀마법(Burmese Act 2022)을 통해 행정부에 미얀마석유가스공사 제재를 일임하고 6개월마다 미 의회에 보고서를 올릴 것을 규정하기도 했습니다. 2023년 6월 첫 번째 보고서가 의회에 보고되었는데, 주미얀마 미국대사관 인사의 말로는 의회에서 매우 불만족스러운 반응이었다고 합니다.

미국 행정부는 이윽고 2023년 10월 31일 미얀마석유가스공사에 대한 제재를 발표했습니다. 다만 직접 제재대상인 특별지정제재대상(SDN, Specially Designated Nationals)으로 지정하지는 않고 미국민들의 미얀마석유가스공사에 대한 재정적 기여 등을 금지하는 조치를 취한 상태입니다.(…following activities by a U.S. person are prohibited.… financial services to or for the benefit of MOGE…*)

향후 미얀마 사태에 따라 미얀마석유가스공사에 대한 더 강력한 제재 조치가 내려질 수도 있는 상황입니다. 앞에서도 언급했듯이 미국이 미얀마 제재가 가져올 동맹국의 불필요한 손실은 회피하려 하겠지만, 국제관계라는 것이 항상 그러하듯이 미국의 국익을 위해 미얀마석유가스공사를 직접 제재하는 것은 언제라도 현실이 될 수 있을 것입니다. 미얀마석유가스공사 제재 이슈는 계속 살아 움직이고 있습니다.

황금 바위로 가는 급행열차, 짜익티요 케이블카

미얀마는 인구의 87.9%가 불교도인 불교의 나라입니다. 쿠데타 이후 늘어나는 것은 불교사원밖에 없다는 말이 있을 정도로 미얀마 사람들의 불교에 대한 믿음은 진심입니다. 그리고 미얀마 사람들이 꼭 가보고 싶어 하는 3대 불교 성지가 있는데 양곤의 쉐다곤(Shwedagon), 만달레이의 마하무니(Mahamuni), 몬주(Mon State)에

---

* OFAC, DIRECTIVE 1 UNDER EXECUTIVE ORDER 14014, Prohibitions Related to Financial Services to or for the Benefit of Myanmar Oil and Gas Enterprise(October 31, 2023)

위치한 짜익티요(Kyaikhtiyo)가 그것입니다. 이 중 짜익티요는 황금(정확히는 황금색이 칠해진) 바위인데 아직도 많은 사람들이 기도와 함께 바위에 금박을 붙이고 있습니다. 코로나19와 쿠데타가 일어나기 전에는 태국 등으로부터 많은 해외의 불교 관광객이 방문했던 각광받는 관광지이기도 합니다. 짜익티요의 또 다른 특징은 제한된 접근성입니다. 쉐다곤과 마하무니는 대도시에 자리하고 있기 때문에 대중교통이나 개인 차량을 이용해 접근할 수 있는 반면, 짜익티요는 해발 1,100m에 위치하고 있고 개별 차량은 출입이 허용되지 않기 때문입니다. 2017년 12월 이전에는 연 300만 명에 달하는 관광객들이 덤프트럭을 개조한 셔틀버스를 이용해야만 짜익티요에 접근할 수 있었습니다. 2017년 12월이라고 구체적으로 언급한 것은 이때부터 해발 900m 지점부터 정상까지 약 200m 구간에 한국 기업 스카이 아시아(Sky Asia)가 2,000만 달러를 투자해 설치한 케이블카가 운행되고 있기 때문입니다. 이 케이블카는 1993년부터 상사맨으로 활약해오고 미얀마 한인회장을 역임한 스카이 아시아 대표이사의 끈질긴 노력의 결과라고 할 수 있습니다. 제가 짜익티요 케이블카 사업을 처음 접한 것이 2013년이니, 대표이사가 사업을 구상하기 시작한 것은 그보다 훨씬 전일 것이고 미얀마 중앙 및 지방정부에 브리핑 한 것만도 수백 번은 될 것입니다. 불교 성지 주변 산을 깎고 미얀마 사람들에게는 생면부지인 케이블카를 설치한다는 것은 무모한 도전일 수 있었지만 결국 결실을 맺게 되었습니다. 저도 2021년 케이블카를 타보았는데, 한국 스키장에서 흔히 볼 수 있는 곤돌라 시스템이었고 가파르고 구불구불한 산을 트럭으로 오르는 것보다 훨씬 안전하고 시간도 절약되었던 기억이 있습니다.

다만 이 사업도 쿠데타 이후 주변 지역에서 벌어지는 군부와 반군부 간 전투 등 치안 불안으로 관광객이 줄어드는 타격을 받고 있습니다. 하루빨리 미얀마 정세가 안정화되어 사업이 정상궤도에 오르기를 기원합니다.

짜익티요(황금 바위)

미얀마 최고의 랜드마크, 롯데호텔

2013년 부임했을 당시 양곤에서 가장 비싼 호텔은 다운타운의 트레이더스* 호텔과 인야호수 주변의 세도나 호텔이었습니다. 직원들은 친절했지만 동남아시아의 다른 특급 호텔들에 비해서는

---

* 트레이더스 호텔은 홍콩에 본사를 둔 샹그릴라 호텔 체인의 자매브랜드 호텔입니다. 트레이더스는 주로 비즈니스 출장객들을 상대하는 4성급 호텔을 칭하는데, 양곤 트레이더스는 2014년 5성급인 샹그릴라로 호텔명을 변경하였습니다.

시설이나 서비스가 부족함에도 1박에 200달러를 상회하는 객실료에 놀란 기억이 있습니다.

그랬던 양곤에 2017년 자타 공인 최고의 호텔이 등장합니다. 포스코 인터내셔널이 최대 지주이고 호텔 롯데가 위탁 운영을 하는 롯데호텔 양곤입니다.

2020년 9월 1일 미얀마에 다시 부임했을 당시 코로나19 격리차 롯데호텔을 방문했을 때의 첫 느낌은 '호텔 건물도 훌륭하지만 인야호수에 접한 입지 조건은 어느 호텔도 견줄 수 없다'였습니다. 그도 그럴 것이 이 롯데호텔은 2005년 네피도로 수도를 이전하면서 비어 있던 국방부 공관 부지에 지어졌기 때문입니다. 인야호수 주변은 양곤 최고의 부촌으로 군부 및 정 · 재계 유력자들의 집과 고급 식당들이 들어서 있습니다. 떼인세인 정부가 개혁개방을 선언한 이듬해인 2012년에 있었던 입찰에서 포스코 인터내셔널은 40대 1의 경쟁률을 뚫고 국방부 부지를 낙찰받았다고 합니다. 아마도 미얀마에서 1980년대 이후 다양한 사업을 진행해왔고 2000년대에는 쉐 가스전을 개발한 포스코 인터내셔널이었기에 낙찰이 가능했을 것입니다.

2017년 이후 롯데호텔은 미얀마 최대도시 양곤의 랜드마크로 자리 잡고 있습니다. 대사관 주요 행사, 대통령 국빈방문(2019) 숙박시설로 사용되는 등 한국의 외교활동 거점으로도 적극 활용되고 있습니다. 저는 주로 기업지원협의회 등 기업 관련 활동으로 롯데호텔을 방문했었는데, 롯데호텔에 갈 때마다 미얀마 최고의 호텔을 한국 기업이 건설하고 운영한다는 데 큰 자부심을 느끼곤

했습니다.

미얀마 사람들도 롯데호텔이 최고 호텔이라는 데는 이견이 없는 듯합니다. 미얀마에서는 능력만 된다면 많은 하객을 초청하여 최대한 화려한 결혼식을 올리는 것이 관례입니다. 그리고 롯데호텔이 미얀마 재력가들에게 최고의 결혼식장으로 꼽히고 있습니다.

코로나19와 쿠데타는 롯데호텔에도 진퇴양난의 숙제를 남기고 있습니다. 코로나19로 영업이 제한되었기 때문에 흑자이던 운영이 2019년부터 적자로 돌아섰습니다. 이에 더해 2021년 쿠데타 이후 롯데호텔은 군부는 물론 반군부의 압력에도 직면하게 됩니다. 외국인 또는 외국법인에게는 토지 소유가 인정되지 않기 때문에 롯데호텔은 호텔 부지에 대한 토지 임대료를 국방부에 지불해야 합니다. 반군부 세력은 당연히 국방부에 임대료를 지불하지 말 것을 강요하고 있습니다. 국내외 정치계로부터의 압력도 만만치 않은 상황입니다. 호주 의회가 주미얀마호주대사관 외교관들의 롯데호텔 거주를 문제 삼은 바도 있을 정도로 롯데호텔에 대한 외부 압력은 심심찮게 들려오고 있습니다.

기업을 대변한 상무관을 해본 입장으로서 그리고 대한민국 국민의 한 사람으로서 대기업이라는 이유만으로 우리 기업이 대안 없이 비판만 받는 것이 안타까울 따름입니다.

띨라와 경제특구(SEZ)의 한국 기업들

2011년 출범한 떼인세인 정부 이후 미얀마에는 양곤 인근 떨라와, 서부 해안 짜욱퓨, 남해안 다웨이 세 곳에서 경제특별구역(SEZ) 건설이 추진되었습니다. 이 중 가장 성공적으로 경제특구로 안착한 곳은 일본이 조성한 띨라와 공단입니다.* 영국 식민 시절 원유 추출지이던 띨라와(옛 이름 '시리암')는 양곤강을 끼고 있어 물류 운송이 편리하고 배후에 대도시 양곤이 있기 때문에 노동력 공급에도 유리한 위치에 있습니다. 띨라와 경제특구는 2013년 10월 미얀마와 일본 간 51:49 합작 협약으로 시작되었으며 2016년 10월 문을 열었습니다. 저도 띨라와 경제특구를 수차례 방문했는데 이곳은 자체 발전시설, 항구, 도로 등 한국의 공단 못지않은 인프라를 갖추고 있었습니다.

물론 분양가격은 미얀마 내 여타 공단보다 비싸지만, 공장 운영 여건이 뛰어나기 때문에 한국 기업들도 띨라와 공단에 입주해 있습니다. LS전선, 고려전선, 요진시멘트, 덕산, 한세, 대아전자 등 대기업 또는 중견기업 자회사들이 진출해 있습니다. 이 중 LS전선, 고려전선, 요진시멘트는 미얀마 내수시장을 목표로 진출한 기업들로 원재료를 외국에서 수입하여 공장에서 가공한 후 완제품을 미얀마 시장에 판매를 하는 수익모델을 가지고 있습니다.

이들 기업은 2021년 미얀마 쿠데타의 최대 피해자들이 되고 있습니다. Part Ⅰ에서 설명했듯이 미얀마 중앙은행이 2022년 4월

---

* 중국이 주도하는 짜욱퓨 경제특구는 장기 사업인 중국-미얀마 경제회랑과 연계되어야 하기 때문에 서두르지 않고 추진되고 있으며, 2015년 태국계 개발업체 ITD(Italian Thai Development Public Company)가 주도한 다웨이 경제특구는 사업 진척이 없어 미얀마 당국은 ITD에 계약 취소를 통보한 상태입니다.

발표한 외환 강제 환전조치와 외화 반출시 외환관리위원회(FESC) 승인으로 인해 원재료 수입에 큰 어려움을 겪고 있기 때문입니다. 어렵게 원재료를 확보하더라도 완제품을 미얀마에서 판매하기 때문에 나날이 가치가 하락하는 미얀마 화폐 짜트만 금고에 쌓이고 있는 상황입니다. 수출 기업인 덕산도 상황이 어렵기는 마찬가지입니다. 덕산은 주석궤를 제작해 한국의 본사로 수출하고 있는데, 미얀마 내에서 생산되는 주석이 중국의 수요 강세로 지나치게 가격이 올라버린 것입니다.

우리 기업들의 어려운 상황을 타개할 방안을 찾기 위해 띨라와 공단관리위원회(TSMC)를 수차례 접촉해보았지만, 돌아오는 답은 '우리도 어쩔 도리가 없다'였습니다. 솔직한 답은 고마웠지만 답답한 마음으로 한국에 돌아오게 되어 너무나 아쉬운 생각이 듭니다.

띨라와 SEZ 입주한 한국 전선공장의 내부 모습

은둔 고수 기업들의 집산지, 바고 공단

양곤 북부에는 과거 몬족 왕조가 번성했던 바고주(州)가 위치하고 있습니다. 이 바고주를 향해 양곤에서 자동차로 약 두 시간을 달리면 바고 공단(Bago Development Industrial Zone)을 만날 수가 있습니다. 바고 공단이라고 하면 생소하지만 태광그룹이 공단을 조성해 타 기업들에게 분양사업을 추진한 지역 일대라고 하면 좀 쉽게 다가올 것 같습니다. 바고 공단에도 우리 기업들이 입주해 있는데 팬코, 미얀스타, 선진사료, KM헬스케어, 위아위즈 등입니다. 낯선 이름들이지만 나름 업계에서는 입지를 다진 기업들입니다.

10만 평 부지에 편직-염색-봉제로 이어지는 수직계열 공장을 건설하고 있는 팬코는 생산거점을 베트남에서 미얀마로 옮기고 있습니다. 현지 직원 고용 규모도 1만 명 이상이 될 것으로 예상되고 있어 바고주의 전폭적인 지원을 받고 있습니다.

하림그룹 계열의 동물 사료 제조업체인 선진사료는 2014년 바고 공단에 사료 공장을 건설했습니다. 미얀마 축산협회에 따르면 미얀마 동물사료 수요가 매년 15% 내외의 꾸준한 증가세를 보이고 있으나 자체 공급 능력은 떨어진다고 합니다. 또한 미얀마 경제가 코로나19와 쿠데타의 직격탄을 맞았으나 동물사료 분야는 경미한 영향만 받고 있어 외국 사료업체들에게는 우호적인 환경이 조성되었습니다. 해외 수입 원료 공급 어려움이 있기도 했지만 선진사료는 바고 공장 성장을 바탕으로 2023년 6월에는 만달레이에 제2공장을 준공하여 사업 활동지를 넓혀가고 있습니다.

바고 공단 초입에는 의료용 가운, 방호복, 마스크를 제작하는 KM헬스케어가 자리하고 있습니다. 코로나19 팬데믹 초기 방호복을 생산하는 다국적기업들이 자국 수요에 물량을 맞추어 국내 수입에 어려움을 겪을 때 방호복을 만들어 국내에 공급한 것도 바고 공단의 KM헬스케어입니다. 미얀마에서는 드물게 드라이 룸을 갖추고 있어 생산 직원들의 자부심도 높다고 합니다.

바고 공단에는 세계 최강 한국 양궁 대표팀이 사용하는 활을 만드는 공장도 있습니다. 경기도 안성에 본사를 둔 위아위스(WIAWIS, WinnIng Action WinnIng Spirit)라는 회사인데 전 한국 양궁 국가대표이자 감독이 창업자라고 합니다. 최근에는 탄소 소재를 이용한 자전거 프레임도 제작하고 있습니다.

이 밖에도 바고 공단에는 20년 이상 신사복을 제조하고 있는 미얀스타, 샌드위치 판넬을 제작하는 A&G 등이 입주해 있습니다.

바고 위치

만달레이 인근의 한국 기업들

1886년 영국의 식민지가 되기 직전까지 미얀마를 지배한 꼰바웅 왕조의 마지막 수도인 만달레이는 양곤에서 육로로 625km 떨어진 미얀마 제2의 도시입니다. 양곤은 양곤강변 '술레 파고다'로부터 북쪽으로 방사선으로 뻗어가는 도시의 형태를 이루고 있어서 복잡한 도로망을 가진 반면, 만달레이는 만달레이 궁을 중심으로 조성된 계획도시로 도로명(avenue, street)으로 쉽게 목적지를 찾을 수 있는 도시입니다.

신기하게도 만달레이 주변에도 우리나라 기업들이 진출해 있습니다. 이 기업들은 만달레이가 잘 정비된 도로망을 가지고 있듯이, 최신 설비를 갖추고 과학적인 방식으로 운영되고 있습니다.

만달레이에서 북동쪽으로 자동차를 타고 산길을 한 시간쯤 달리면 삔우린*이라는 휴양도시가 나타납니다. 이 고원지대 인근에 한국 기업 해우농수산이 있습니다. 삔우린은 샨 고원 끝자락에 위치하고 있어 영국 식민지 시절부터 휴양지로 알려진 도시이고 고랭지 채소 재배가 가능한 지역입니다. 무, 양배추, 당근 등을 가공하여 라면 스프용 건 야채를 제조하는 업체인 해우농수산이 물류 조건이 불리함에도 불구하고 삔우린에 공장을 건설한 것은 기후 조건 때문인 듯합니다. 해우는 인근 지역 농민과 채소 계약재배를 통해 건야채 원료를 공급받고 있습니다. 미얀마 농촌지역의 일자리 창출, 소득증대를 돕고 있는 것입니다. 또한 지역 주민들을 근로자로 채용하고, 그 지역의 농업 생산자 조합을 구성해 농민을 대상으로 기술교육을 시키는 등 다양한 지원활동도 진행하

---

* 삔우린(Pyin U Lwin)은 1896년 영국인 세운 도시로 영국군 제5 벵골 경기병의 메이(May) 사령관 이름을 따서 메이묘(Maymyo, 메이의 도시)라고도 불립니다. 해발 1,070m의 고원에 있어 일 년 내내 좋은 기후를 유지하고 있습니다. 식민지 시절 여름철 휴양지 시설로 조성되어 영국식 건물이 많고, 현재도 미얀마 부유층의 별장이 많습니다.

고 있습니다. 중소기업인 해우가 미얀마에 과감히 투자할 수 있었던 것은 훌륭한 조력자가 있었기 때문이기도 합니다. 물론 사업이 성공적으로 정착한 데는 해우의 노력이 가장 크게 작용했겠지만 한국국제협력단(KOICA)의 포용적 비즈니스 프로그램(IBS, Inclusive Business Solution)*이 미얀마 사업 초기 정착에 많은 도움을 준 것입니다. 해우 제품이 한국을 통해 전세계로 뻗어나가기를 바랍니다.

뻰우린만큼은 아니지만 만달레이에서 멀지 않은 곳에 한국국제협력단의 포용적 비즈니스 프로그램(IBS)을 통해 진출한 기업이 하나 더 있습니다. 따웅지 아보카도 농장개발 및 아보카도 오일 가공생산 사업체 하이아보카도입니다. 2022년 말 제가 아보카도 오일 가공공장을 방문했을 때 막바지 공사가 진행 중이었는데, 사업 초기 쿠데타로 어려운 시기를 맞이했지만 성공적으로 사업이 정착하기를 기원합니다.

뻰우린 인근 똥제 지역에는 2012년 미얀마에 진출한 농우바이오가 있습니다. 종자용 토마토, 수박, 오이 등을 재배하는 기업인데, 국내에 상장된 기업이기도 합니다. 반군이 출몰하는 지역임에도 불구하고 조용히 본연의 업무에 집중하고 있습니다.

---

* 협력국(미얀마 등) 사회 개발 문제 해결과 우리기업의 비즈니스 수요 충족이라는 공동의 목표를 위한 전략적인 파트너십 기반 사업(KOICA 포용적 비즈니스 프로그램 안내서)입니다. 중소기업의 경우 총 사업비의 70%를 KOICA가 지원합니다.

실패 사례와 조기 철수, 성급한 포기? 신의 한 수?

이 책을 쓰면서 기술을 망설인 부분이 몇 곳 있습니다. 대부분의 경우는 미얀마에 대한 부정적 기술과 관련된 부분이었습니다만, 지금 이 부분 또한 기술 여부에 대해서 여러 번 생각한 부분입니다. 관련 기업들에 폐를 끼칠 수도 있기 때문입니다. 하지만 이 책의 취지가 여러 사람들과 사례를 공유하고, 미얀마에 진출하는 기업이나 개인들이 과거 사례를 활용할 수 있게 하자는 것이기 때문에 최대한 객관적으로, 사실관계에 입각하여 그리고 관련 업체명은 특정하지 않고 기술하고자 합니다.

철수 기업의 경우 쿠데타가 일어난 현시점에서 보자면 철수 결정은 신의 한 수일지도 모르는 일입니다.

현지 파트너와 부주의한 계약을 체결한 결과

A 업체는 약 600만 달러를 투자해 양곤 공항 인근에 호텔을 건설하여 2017년 말부터 2020년까지 만 3년간 이 호텔을 운영한 회사입니다. 호텔 부지는 미얀마 파트너가 제공하기로 하고 건설비용을 A사가 부담하는 합작(joint venture) 형식으로 미얀마에 진출했습니다. 호텔 초입에는 미얀마 파트너가 과거부터 운영하던 작은 규모의 호텔 건물이 있지만, 이 호텔 객실 대부분이 있는 본관은 A사의 투자로 새로 지어졌고 제가 부임한 2020년 호텔 운영도 한국 직원들이 도맡아 하고 있었습니다.

그런데 2020년 말 한국인 호텔 총지배인이 대사관의 도움이 필요하다는 연락을 해왔습니다. 2021년에는 호텔 운영권을 미얀마 파트너에게 넘겨야 할지도 모른다는 다급한 상황이었습니다. 내용은 이러합니다. 2015년 체결한 합작투자 계약은 총 5년 내에 A사가 150여 객실의 호텔 건물을 완공하고 2020년까지 남은 기간 독점 운영을 한 다음 미얀마 파트너에게 운영권을 넘기고 운영수익분배를 조정한다는 것이었습니다.

부동산이나 투자에는 문외한인 제가 보기에도 투자금 회수가 만만해 보이지 않는 계약이었습니다. 후에 들은 이야기로는 투자에 관여한 브로커들의 조언을 통해 맺어진 계약이라고 합니다.

계약과 별개로 초기 호텔 영업은 잘되었다고 합니다. 공항 인근이라는 좋은 입지조건, 호텔 로비에 입점한 한복 체험관 · 한국 식품판매점이 한류를 타고 손님들을 모았기 때문입니다. 그런데 코로나19라는 예상치 못한 악재가 발생하고 나서 부실 계약의 여파가 커지게 됩니다. 계약서상 5년만 명시되어 있지 이 기간 발생할 수도 있는 돌발상황 또는 불가항력(force majeure)에 대한 대비 조항이 없었던 것입니다. 그사이 A사의 미얀마 파트너는 2020년 말 계약기간이 종료된다는 내용증명을 보내는 등 호텔 운영권을 넘겨받기 위한 작업에 돌입하고 있었습니다.

파트너사의 의사(욕심)가 분명한 상태였기 때문에, 계약기간에 대해서는 그래도 해석의 여지가 있을까 하여 대사관이 자문을 받는 법무법인에도 A사 계약 건에 대해 문의해보았습니만, 예상대로 A사에게 불리할 수밖에 없는 상황이었습니다.

다음으로 살펴보아야 할 점은 코로나19라는 예상치 못한 상황에 대한 유예가 가능하냐는 것이었습니다. 계약 문구 자체로는 역시 A사에게 불리한 상황이었습니다. '코로나19를 이유로 한 계약 기간 연장을 법정에서 다투는 것은 어떨까'라는 생각을 호텔 관계자들과 나누기까지 했습니다.

결과적으로 A사는 미얀마 법원에 소를 제기하지 않았습니다. 미얀마 사법제도에 대한 믿음도 부족했지만, 무엇보다도 2021년 쿠데타 정국에 미얀마에서 소송을 한다는 것이 A사에는 큰 부담으로 다가왔던 것 같습니다.

한국에서 찾아온 기업인들과 대화할 때 제가 가장 강조하는 것이 좋은 미얀마 비즈니스 파트너를 만나는 것입니다. A사를 통한 경험이 큰 가르침이 되었습니다.

장기적 관점에서의 시장 수요 파악이 우선되어야

미얀마는 고온다습한 기후 특성상 튀기는 음식이 많습니다. 당연히 식용유 소비도 많습니다. 미얀마 명절에 직원들에게 주어지는 명절선물에도 식용유는 빠지지 않고 들어갑니다. 이러한 배경하에 B사는 2016년 11월 양곤의 띨라와 경제특별구역에 식용유 공장을 완공하여 대두유, 해바라기유, 팜유, 혼합유 등 가정용 식용유 제품을 연간 약 2만 톤까지 생산할 수 있는 시설을 갖추었습니다. 당시 미얀마의 식용유 시장은 약 1조 3,000억 원 이상 규모로 추정되었습니다. 미얀마 현지에서 직접 식용유를 생산하는 기업은 없었기 때문에 B사 공장은 한국의 본사로부터는 물론 미얀마 현지에서도 큰 기대를 받았습니다. B사는 또한 향후 가공식품 분야 현지 업체와도 협업 체계를 구축하고 유관 분야 진출을 강화해가기로 합니다. 실제로 B사는 베트남에 콩 부산물을 발효시켜 만드는 사료원료 '발효대두박' 공장을, 미얀마에는 사료공장을 건설하여 운영함으로써 사업 간 연계를 강화했습니다.

제가 B사의 띨라와 식용유 공장 건설에 대한 소식을 처음 접한 것이 2014년경이었으니, B사는 훨씬 이전부터 미얀마 식용유 공장 운영을 준비해왔을 것입니다. 그리고 제가 한국에서 근무하고 있던 기간인 2016년 말에 식용유 공장이 완공되었습니다. B사의 계획대로라면 제가 미얀마에 다시 부임하게 된 2020년에는 사업이 정상궤도에 올라와 있어야 했을 것입니다.

그런데 놀랍게도 미얀마에 도착한 후 제가 접한 소식은 B사 식용유 공장의 철수설이었습니다. 코로나19도 악재이기는 했지만 철수의 결정적인 원인은 아니었습니다. 쿠데타는 2021년 발생했기 때문에 정치적 상황도 원인은 아닙니다.

후에 알게 된 식용유 공장 철수 이유는 수익성 악화와 사업의 비전 부족이었습니다. 우선 수익성 악화는 B사 식용유 공장 생산품과 시장 수요의 괴리 때문이었습니다. B사 주력 제품은 비교적 고급 식용유였는데 1인당 국민소득이 1,000달러대에 불과한 미얀마의 일반 소비자들은 인도네시아 등으로부터 수입되는 값싼 팜유를 소비했던 것입니다. 또한, 일부 첨가 성분이 미얀마 소비자의 기호에 맞지 않았다는 이야기도 있었습니다. 사업의 비전 부족 문제는 기업용 소비 증가의 부진으로 설명될 수 있겠습니다. 가정용 소비는 안정적이기는 하지만 지속적인 성장성을 담보하기는 어렵습니다. 미얀마의 인구도 소폭 증가 또는 정체기이기 때문에 큰 가정용 식용유 소비 증가를 기대하기는 어려운 상황입니다. 한편 외식업체 등의 기업용 소비는 기호, 소득 수준에 따라 변동성이 큽니다. 그런데 미얀마에서 기업용 식용유 소비 증가는 기대보다 크지 않았던 것입니다. 앞서도 설명한 바 있듯이 미얀마 기업들은 제조 공장 투자보다는 외국에서 생산된 완제품을 들여와 판매하는 차익거래를 선호하고 있습니다. 이러한 미얀마 기업들의 비즈니스 모델 특성이 식용유 다소비 업종인 제과, 외식업에도 반영되었을 것입니다.

B사의 경우 소비 주체별 시장분석, 소비자 기호 파악이 좀 더 있었다면 하는 아쉬움이 있습니다. 아무리 좋은 제품이라도 그 사회와 맞지 않는다면 소비자를 잡을 수 없으니 말입니다.

시작이 반? 구슬이 서 말이라도 꿰어야 보배!

2014년 12월 13일 미얀마의 떼인세인 대통령 일행을 태운 차량 대열이 한국의 고속도로를 달리고 있었습니다. 부산 벡스코에서 개최된 제2차 한-아세안 특별정상회의에 참석한 떼인세인 대통령이 요청하여 부산에서 멀지 않은 곳에 위치한 C농기계회사 방문이 이루어진 것입니다. 당시 저는 한-아세안 특별정상회의 국별연락관(DLO, Delegation Liaison Officer)으로 한국에 출장 중이었기 때문에 떼인세인 대통령을 수행 중이었습니다. C사는 미얀마 정부와 1억 불 상당 트렉터, 콤바인, 경운기 수출 MOU를 체결한 상태였기 때문에 동 방문에서는 농업분야 양국 협력방안이 논의되었습니다. 한국의 산업통상자원부, 신한은행 등이 참석하여 금융지원, 기술지원 사업 등이 논의되었습니다. C사 직원들도 양곤에 상주하는 등 미얀마에서 농기계 사업은 탄탄대로를 타는 듯했습니다.

그런데 2020년 미얀마에 다시 왔을 때 C사 사무소는 철수한 상태였습니다. 물론 1억 달러 계약이 종료했기 때문일 것입니다. 한 가지 아쉬운 점은 어렵사리 미얀마에 도입된 국산 농기계들이 잘 관리, 유지된다면 향후에 더 큰 수요로 이어질 것인데, 그러한 선순환 고리가 끊어진 것입니다. 철수에는 분명 나름의 이유가 있었을 것입니다. 실제로 아주 가끔씩이었지만 미얀마 농업 관련 인사들은 한국산 농기계 사후 관리에 대한 아쉬움을 토로하기도 했습니다.

현재 미얀마에서 활동하고 있는 주요 농기계 브랜드로는 구보다, 이세키, 소날리카, 얀마르, 뉴홀랜드, 존디어, 마힌드라 등이 있습니다. 이 중 가장 인기 있는 일본계 브랜드 구보다의 경우 태국에 생산거점을 두고 있습니다. 이 밖에 동펑, 쉬펑, 유정 같은 중국 브랜드도 인지도가 높은 편입니다.

중국, 인도뿐 아니라 일본 농기계 회사들도 계속 사업을 영위하는 것을 감안할 때 C사가 좀 더 긴 안목으로 미얀마 시장을 바라보았으면 어땠을까 하는 아쉬움이 남습니다.

아쉬운 결정, 공공기관의 조기 철수

중소기업 진흥을 위한 사업을 효율적으로 수행하기 위해 설립된 공공기관 D공단은 2018년 양곤에 수출인큐베이터센터를 개소했습니다. 인큐베이터센터는 이름처럼 미얀마에 진출하는 한국 중소기업들의 조기 정착을 지원하기 위해 사무공간을 제공하고 법률 · 회계 · 마케팅 분야 현지 전문가 그룹과 연계해 현지 시장 특성에 맞는 서비스를 지원하는 임무를 맡습니다. 센터를 개소하는 과정에서 대사관과 한국무역진흥공사(KOTRA) 양곤 무역관이 많은 도움을 주었습니다.

우선 대사관은 미얀마 정부와 협의를 통해 한국에서 파견되는 공단 직원에게 대사관 근무 자격을 받을 수 있도록 지원했습니다. 이 경우 공단 직원은 외교관에 준하는 외교특권 · 면제의 대상이 되기 때문에 미얀마 내에서 우리 중소기업들을 위해 적극적인 업무 수행이 가능해지는 것입니다. 이러한 대사관 직원 자격부여 여부는 주재국 즉 미얀마가 결정하는 것인데 이때 대사관의 협상 논리가 중요하게 작용합니다. 중소기업 수출진흥이란 국가 경제 업무를 수행하고 미얀마 투자유치에도 큰 역할을 하기 때문에 실질적으로는 외교관에 준하는 임무를 수행하고 있다는 논리였습니다. 참고로 제가 근무한 경험이 있는 캐나다는 공공기관에게는 외교관 근무 자격을 주지는 않았습니다. 코트라 양곤 무역관 또한 사무실 바로 옆 공간에 인큐베이터센터가 자리 잡을 수 있도록 지원해주었습니다.

D공사의 수출인큐베이터센터는 미얀마 진출 추진 단계이거나 초기인 기업들에게 매우 큰 도움이 되었습니다. 미얀마 내 사무공간을 마련하지 못한 기업들에게는 사무실을 제공해주고 여러 기

업들이 모여 대화할 수 있는 사랑방 역할도 했습니다. 대사관과 함께 1975년부터 미얀마에 상주하는 코트라 바로 옆에 센터가 입주해 있었기 때문에 기업들이 필요한 장기간 축적된 정보를 실시간으로 지원받을 수도 있었습니다.

그런데 코로나19와 연이은 2021년 쿠데타는 인큐베이터센터 활동에도 큰 타격을 줍니다. 미얀마에 신규로 진출하는 중소기업이 확연히 줄어들었기 때문입니다. 특히, 2021년 3월 말 신한은행에 근무하는 미얀마 직원이 미얀마 군의 총격으로 사망한 사건 이후 인큐베이터센터의 활동은 개점휴업에 들어갑니다. 이윽고 2022년 양곤의 수출인큐베이터센터는 철수하게 됩니다. 진출한 지 얼마 안 되었기 때문에 철수 시 포기해야 하는 매몰 비용이 적고 활동이 어려운 상황을 고려할 때 이해가 가는 결정일 수 있습니다. 직원들의 안위도 걱정되었을 것입니다.

그러나 한편으로는 대사관과 코트라의 전폭적인 지원이 있었는데 그렇게 급하게 철수를 결정할 필요가 있었을까 하는 아쉬움은 듭니다. 더군다나 특별한 지위를 인정해준 미얀마 당국에서 볼 때는 불만이 제기될 수도 있는 상황이었기 때문에 D공단의 결정이 좀 더 신중하게 결정되었으면 어땠을까 하는 생각이 듭니다.

미얀마의 한인사회

2013년 미얀마에 첫 번째 부임했을 때 개인적으로 놀란 점 중 하나는 교민사회가 매우 조직화되어 있고 건전하다는 것이었습니다. 후에 알게 된 사실이지만 군부가 지배한 엄중한 시절 미얀마에 진출한 기업은 소수였고 교민들도 대부분 기업에서 파견된 근무자들이었기 때문에 상호 친밀하게 교류하고 정보도 신속하게 공유하며 상부상조해온 전통이 계속 이어져온 것이었습니다. 첫 번째 해외 근무지인 캐나다의 교민사회도 건전했지만, 조직력 측면에서는 미얀마 교민사회가 더 나은 듯합니다. 이민자들의 나라인 캐나다 특히 수도 오타와의 경우 공무원, 유학생들도 다수 있었던 반면, 폐쇄적인 미얀마의 교민사회는 철저히 경제적인 이유로 진출한 분들로 구성되어 있어 결집력이 훨씬 커졌을 것으로 생각됩니다.

1980년대 이후 대기업 지사 중심 진출이 있었고 2000년을 전후하여 지사에서 미얀마를 경험한 분들이 사업체를 꾸리거나 중국 등에 진출했던 봉제업체들이 새로운 기회를 찾아 미얀마에 진출했습니다. 그리고 2010년대 특히 아웅산수찌의 민주주의민족동맹(NLD) 집권기에는 다양한 서비스업에서 개인 사업자들 진출이 두드러집니다. 미얀마의 개방으로 한국인들의 미얀마 입출입이 자유로워지면서 미얀마 교민사회에 다양성이 가미되었지만, 현재에도 단단한 결집력을 보여주고 있습니다.

아래에 미얀마의 한인사회를 훌륭하게 이끌어오고 있는 한인

단체들의 활동을 간단히 소개합니다.

재미얀마 한인회와 코로나19

재미얀마 한인회는 1986년 결성되었습니다. 역대 한인회 회장 대부분은 미얀마에 진출한 기업인 출신입니다.

한인회 활동 중 인상 깊은 경험은 2021년 '코로나19 신속대응 TF' 운영입니다. 미얀마의 경우 2020년 코로나19 1차, 2차 파동을 비교적 성공적으로 극복하였으나, 2021년 6월 중순부터 시작된 델타 변이 3차 파동 때는 속수무책으로 희생자가 발생했습니다. 미얀마에서도 많을 때는 하루 만 명 이상 확진자가 발생하고 수백 명씩 사망자가 속출하면서 교민들의 확진, 위중증 환자 발생도 급속히 증가하였습니다. 더욱 큰 문제는 군사정부에 반대하며 시민불복종운동에 참여한 의사와 간호사들의 부재로 인한 의료체계 붕괴였습니다. 치료병상 · 의약품 부족, 호흡곤란을 겪는 환자 치료에 꼭 필요한 산소발생기와 산소통도 구할 수 없어서 교민 2명이 병원에 입원하지도 못한 채 사망하는 안타까운 사례가 발생하면서 교민사회는 큰 충격에 빠졌습니다.

불안감을 넘어 공포감에 빠진 동포들을 위해 한인회가 중심이 되어 '신속대응 TF'를 결성하게 됩니다. 코로나19 신속대응 TF는 환자와 한국의료진을 연결하는 콜센터와 약품 · 수액 · 산소발생기 · 음식 등을 배송하고 회수 후 소독하는 배송팀 총 32명으로 구성되었습니다. TF는 준비기간을 거쳐 7월 20일부터 본격적인 활동을 개시했습니다. 이후 8월 31일까지 총 43일간 상담 982건, 투약 230건, 위중증 환자 20명 포함 등록 환자 147명 중 146명을 회복시키는 성과를 거두었습니다. 8월 초고령인 환자가 오전에 등록된 후 투약과 산소발생기 제공 등 조치를 했음에도 불구하고 당일 저녁에 사망한 경우를 제외하고는 모든 환자가 건강을 회복했습니다. 위중증 환자 중 산소포화도가 70%까지 떨어져 생명이 경각에 달했던 교민 8명은 에어앰뷸런스로 한국으로 이송되어 치료를 받고 모두 무사히 회복했습니다. 치료를 담당했던 한국 의료진은 '환자들 모두 의료기관이 아닌 자가에서 에어앰뷸런스 탑승 전 3, 4일간 TF의 지원을 통해 산소발생기와 산소통으로 호흡을 유지시켰다'는 말을 듣고 기적이라고 표현하였습니다.

6월부터 8월까지 당시 미얀마 거주 교민 1,500명 중 한인회 추산 약 800명이 감염되었고 그중 총 6명이 사망하였습니다. TF의 지원을 받지 못하고 돌아가신 5명은 지방거주, 한인회/교민사회와 전혀 교류를 하지 않았거나 TF 활동 개시 전 운명하신 분들입니다. 신속한 TF팀의 지원을 받을 수 없는 지방 거주 교민을 위해 한인회에서는 8월 산소발생기를 추가로 32대 수입하여 이 중 17대와 의약품, 자가 진단키트, 마스크 등 방역용품을 전달하여 예방 및 치료에 기여하였습니다.

물론 대사관과 코트라도 이 과정에 힘을 보태게 됩니다. 5, 6월에 인도와 인도네시아를 덮친 코로나19 델타 변이 파동으로 인해 돈을 주고도 살 수 없었던 산소발생기 30대를 코트라 본사에서 긴급하게 확보해 주었고 대사관 외교행낭을 통해 최소 일정으로 산소발생기를 미얀마로 들여올 수 있었습니다. 만약 통상적인 무역절차에 의해 수입이 되었다면 1~2주 이상 더 소요되었을 것이며 확진자 수가 가장 많았던 7월 중순부터 8월 초까지 교민 피해는 훨씬 더 심각했을 것입니다. 24시간 위급한 전화를 받은 콜센터 봉사자들, 군부의 비상계엄령하에 내려진 통행금지 시간에 비상등을 켜고 환자에게 달려가던 봉사자들, 산소통, 산소발생기를 연결해주고 통행금지 탓에 귀가도 못 한 채 밤샘 간호를 했던 봉사자들 덕분에 미얀마 한인사회는 델타 감염 위기를 슬기롭게 극복할 수 있었습니다.

재미얀마 한인상공회의소(KOCHAM)와 쿠데타

미얀마 한인사회 전체를 위한 조직이 한인회라면 미얀마에 진출한 한국 기업을 위한 조직으로는 재미얀마한인상공회의소(KOCHAM)가 있습니다.

2008년 결성된 재미얀마 한인상공회의소에는 2023년 현재 약 230여 회원사가 가입해 있습니다. 사실상 미얀마 진출 주요 기업 대부분이 참여하고 있다고 볼 수 있습니다. 한인상공회의소는 미얀마 진출 기업의 애로사항을 해결하고 신규로 진출하는 기업이 성공적으로 정착하도록 지원하는 일을 주 임무로 하고 있습니다. 대한무역투자진흥공사 즉 코트라(KOTRA) 활동과 중첩되는데, 코트라 양곤무역관장이 한인상공회의소의 당연직 부회장을 겸하고 있어 상호 원활한 업무협조를 하고 있습니다.

한인상공회의소는 특히 2021년 2월 쿠데타 이후 많은 활동을 하고 있습니다. 대사관 코트라와 함께 분기 1회 이상 기업지원협의회를 개최하여 미얀마 당국의 외환조치, 물류 등 쿠데타 정국 경제 동향을 공유하고 개별 기업들의 구체적인 애로사항을 취합하는 역할을 수행합니다. 이렇게 취합된 애로사항을 코참의 미얀마 측 파트너인 미얀마연방상의(UMFCCI)와 공유하고, 대사관과 함께 정기적으로 수도 네피도를 방문하여 투자대외경제관계부, 상무부, 외교부 등에게 우리 기업 애로사항을 전달하고 개선방안을 제시하는 등 적극적인 활동을 펼치고 있습니다.

또한 제조, 금융, 봉제, 건설, 서비스 등 업종별 활동도 활성화되어 있어서 자칫 분절화될 수 있는 개별 기업들의 활동을 규모 있는 업계 활동으로 한 단계 향상시키고 있습니다. 이러한 활동의 대표적인 예가 미얀마 진출 기업들의 '기업의 사회적 책임(CSR, Corporate Social Responsibility)' 활동 활성화입니다. 재미얀마 한인상공회의소는 개별 기업들의 CSR 활동을 한인 기업 전체 활동으로 격상시키기도 하고, CSR 모범사례를 발굴하여 연말 시상식에서 회원사들과 사례를 공유하고 있습니다. 그 결과 미얀마에서 활동하는 우리 기업의 이미지는 매우 긍정적으로 인식되고 있습니다.

정부 간 경제협력 사업, 성공 또는 실패가 아닌 현재 진행형

한국과 미얀마는 남북한의 체제 경쟁이 한창이던 1975년 5월 16일 수교를 했습니다. 기업 활동을 지원하는 대한무역투자진흥공사(KOTRA) 양곤 무역관 또한 수교와 동시에 미얀마에 상주했지만, 한국 기업들은 1980년대를 거치면서 미얀마에 본격적으로 진출했습니다. 그러나 정부 간 협력 사업들은 비교적 최근인 2010년대 이후 구체적으로는 2012년 이명박 대통령의 국빈방문 이후 본격적으로 추진되어 왔습니다. 70년대에는 한국도 국제사회의 지원을 받던 시절이기 때문에 국가 차원의 해외진출은 꿈도 못 꾸던 시절이었습니다. 그리고 수교 후 얼마 지나지 않아 발생한 1983년 아웅산 테러 사건 이후 한동안 '미얀마'는 한국에서 금기어가 되다시피 했습니다. 당연히 정부 간 협력사업은 논의 자체가 어려운 상황이었습니다.

2012년 한국과 미얀마 정부 간 협력사업이 본격화되기까지 30년 넘는 세월이 걸린 셈입니다.

한국개발연구원(KDI)을 모델로 한 미얀마개발연구원(MDI)

2012년 이명박 대통령의 미얀마 방문 결과 추진된 대표적인 협력사업은 미얀마개발연구원(MDI, Myanmar Development Institute) 설립 지원 사업입니다. 이 사업은 떼인세인 대통령이 이명박 대통령에게 미얀마 국가개발 청사진을 제시할 수 있는 연구기관 설립 지원을 요청하면서 시작된 사업입니다. 마침 한국의 대표적인 싱크탱크(Think Tank)인 한국개발연구원(KDI, Korea Development Institute)이라는 좋은 모델이 있었기 때문에 이를 벤치마킹하여 이름도 MDI로 정해진 것입니다. MDI 설립은 하드웨어와 소프트웨어로 구성되는데, 하드웨어 즉 연구원 건물 건설은 한국국제협력단(KOICA)이, 소프트웨어인 연구역량 확충은 한국개발연구원(KDI)이 지원을 담당하게 됩니다. 2023년 8월 현재 MDI 건물은 네피도에 완공되어 있습니다. 다만 연구 조직 인력을 포함한 연구역량 확충은 아직도 부족한 점이 많은 상황입니다. 한국개발연구원(KDI)은 꾸준히 미얀마 공무원들 초청연수를 시행해 연구역량 향상을 지원하고 있지만 미얀마 측의 국가발전 청사진을 그리기에 충분한 연구 인력 확충은 아직도 요원해 보입니다. 순수 연구 인력이 부족하기 때문입니다.

미얀마에서 근무하는 동안 개인적으로 한국개발연구원(KDI)에서 연수한 정부 인사들을 만나볼 수 있었습니다. 이들이 한국개발연구원(KDI) 연수에 큰 자부심을 가지고 있다는 것을 느낄 수 있었지만, 관료출신이었기 때문에 연구보다는 조직 관리나 행정에 적합한 인물로 보였습니다. 과거 한국이 그랬듯이 외국에서 유학을 하고 다양한 연구 프로그램에 참가해본 연구 인력들이 미얀마로 복귀하여 MDI에 참여하면 MDI 인력을 포함한 소프트웨어 확충에 숨통이 트일 듯합니다.

MDI 착공식

미얀마 당국은 건물을 인도하면 자신들이 적절히 활용하겠다고 하지만, 위에 언급한 인력 문제나 현재 미얀마의 정치 상황을 고려하면 MDI가 본연의 국가개발 연구기관으로서의 역할을 수행할 수 있을지는 미지수입니다. 개인적인 생각으로는 시간이 더 걸리더라도 연구 인력 확충과 MDI 본연의 업무를 유지 관리할 수 있는 조직을 갖추는 것까지 한국 측이 관심을 가지고 지원할 필요가 있다고 생각합니다. 경제적인 여력이 없는 국가들 대부분이 그렇듯이 미얀마도 시설이나 제도의 유지 관리에 취약점을 보이고 있기 때문입니다.

한-미얀마 우정의 다리(달라 다리, Dalla Bridge)

양곤은 서쪽에서는 흘라잉강(Hlaing River)이 동쪽에서는 바고강(Bago River)이 흘러와 두 강이 합쳐져서 남쪽으로 양곤강(Yangon River)을 이루는 지형 위에 형성된 도시입니다. 그리고 북쪽에서 남쪽으로 흐르는 이들 강은 끊임없이 퇴적물을 실어 나르고 있습니다. 자연히 강 남쪽에는 삼각주가 형성되었고 식민지 시대 영국인들은 양곤강 건너 퇴적물이 형성한 남쪽 지역을 델타(Delta, 삼각주)라고 불렀습니다. 현재 미얀마 사람들은 양곤강 건너 이 지역을 달라(Dalla)라고 하는데 '달라'라는 발음은 '델타'에서 전이된 듯합니다.

참고로 일부 한국 언론이 달라 지역을 '강남'이라고 칭하기도 하는데, 강의 남쪽에 있는 지리적 의미로는 맞지만 '달라 강남'은 우리가 생각하는 '강남'과는 거리가 멉니다. 양곤에는 고층 건물들이 즐비하지만 600미터 폭의 강 너머 남쪽 달라에는 전형적인 동남아시아 시골 마을이 펼쳐져 있기 때문입니다. 대부분 도심 외곽이 그렇듯이 이 지역에는 도시 빈민들이 거주하고 있습니다.

일설에 의하면 1960년대 쿠데타 이후 인도계 빈민들을 달라 지역에 수용했을 정도로 이 지역은 철저히 개발에서 외면받아 왔습니다. 당연히 양곤과 달라를 잇는 다리는 존재하지 않습니다. 그 때문에 양곤에 일자리를 둔 달라 사람들은 배를 타고 출퇴근을 하고 있습니다. 비바람이 거센 날이면 50km 이상 되는 우회도로를 이용해야 합니다.

현재 달라와 양곤과 잇는 4.32km 길이(연결도로 포함)의 다리가 건설되고 있습니다. '달라 다리(Dalla Bridge)' 일명 '한-미얀마 우정의 다리'*가 그것입니다. 달라 다리 건설이 본격적으로 논의된 것은 2013년 6월 현오석 경제부총리가 '한-미얀마 경제협력 위원회'를 위해 미얀마를 방문했을 때입니다. 당시 저도 위원회에 참석했었는데, 양국 간 여러 경제협력 의제 중 달라 다리가 유독 기억에 남는 이유는 미얀마는 자신들의 상환 부담이 전혀 없는 무상원조(Grant)를 희망했고, 우리 정부는 유상원조(EDCF)를 줄 수밖에 없는 상황에서 양측의 의견이 끝까지 대립했기 때문입니다. 1억 달러가 넘는 비용과 인프라 건설이라는 특성상 유상원조로 추진할 수밖에 없다는 우리 측의 설득으로 마지막 순간 미얀마가 입장을 바꾼 기억이 있습니다.

구체적인 협의에 따라 다를 수 있지만 미얀마의 경우 보통 15년 거치에 25년간 0.01% 이자로 원리금을 갚기 때문에 물가상승률을 감안하면 말만 유상원조이지 실제로는 무상원조와 마찬가지입니다. 따라서 미얀마의 선택은 큰 부담은 아니라고 생각합니다. 그리고 원금 부담을 주인의식을 갖기 위한 일종의 지분이라고 생각한다면 장기적으로는 미얀마 측에 유리한 선택이라는 생각이

---

* 공적개발원조를 받는 미얀마, 캄보디아, 라오스 등 동남아시아 국가들에는 다수의 우정의 다리가 있습니다. 한-미얀마 우정의 다리도 그중 하나이므로 '달라 다리'가 정식명칭입니다.

들기도 합니다. 한국이 과거 유상원조를 적극적으로 활용함으로써 주인의식을 갖고 국가발전을 이루었듯이 말입니다.

달라 지역

한-미얀마 우정의 다리 조감도

이렇게 시작한 달라 다리 건설은 몇 차례 설계 변경 끝에 2020년 5월에 와서야 첫 삽을 뜨게 됩니다. 2020년 9월 제가 재차 미얀마에 부임했을 때 예상보다 많이 늦은 공사라고 생각했습니다. 한국수출입은행 양곤 사무소 소장이 알려준 공사 지연 이유는 아래와 같습니다.

쉐다곤 파고다보다 높은 구조물은 없어야 한다!

왕복 4차선 사장교인 달라 다리는 당초 139m 높이의 두 개 주탑을 가진 다리로 설계되어 양곤의 스카이라인을 바꿀 예정이었습니다. 그런데 뜻밖에도 미얀마 측에서 이 멋진 설계도의 변경을 요청합니다. 미얀마 사람들이 가장 사랑하는 불교 성지이자 가족여행지인 쉐다곤 파고다의 높이 98m보다 주탑의 높이가 높다는 이유였습니다. 이로 인해 달라 다리 주탑 높이가 변경되었는데, 이 경우 사장교의 특성상 다리 전체의 주요 사양이 변경되어야 합니다.
미얀마 정부의 요구에 따라 다리 건설이 지연되었고 그 이유가 미얀마의 상징 쉐다곤 파고다였기 때문에 미얀마 국민들의 거부반응은 없었습니다. 여기서도 미얀마 국민들의 불교에 대한 진심이 느껴집니다.
설계 변경, 공기 지연으로 비용이 더 들었지만 우리 측에서도 미얀마의 요청을 수락합니다. 이것이 수원국에 대한 존중, 공적개발원조(ODA)의 정신이기 때문입니다.

달라 다리 건설 또한 2021년 쿠데타로 계획보다 상당히 지연되고 있습니다. 쿠데타 초기인 2021년에는 미얀마로 향하는 물류 운송 대란으로 자재 조달 어려움이 있었습니다. 그리고 2022년에는 공사장 주변에 설치된 폭탄이 폭발하는 사고가 발생해서 공사가 지연된 적도 있습니다. 확실한 것은 알 수 없지만, 달라 다리 완공이 군부의 치적이 될 것을 반대한 반군부 측이 설치한 것으로 추정하고 있습니다. 이 사건 이후 오히려 달라 다리에 대한 군부 당국의 관심이 부쩍 늘어 빠른 공사를 종용하고 있는 상황입니다. 공사를 담당한 기업이 군부의 심기를 건드리지 않으면서 반군부의 눈치를 보는 이중의 고역을 치르고 있습니다.

한-미얀마 경제협력 산업단지(KMIC)

양곤 시내에서 북쪽으로 약 60km 지점 냐웅니핀 지역에는 군부가 여당이던 시절 연수원으로 사용했던 부지가 있습니다. 그리고 이 일대 225만m^2에는 '한-미얀마 경제협력 산업단지(KMIC, Korea-Myanmar Industrial Complex)'가 조성되고 있습니다.

KMIC 구상은 2013년 산업통상자원부의 미얀마 산업단지 조성 타당성 검토연구용역과 함께 시작되었습니다. 이후 한국토지주택공사(LH)가 미얀마 정부와 협의하게 됩니다. 부지 선정, 비용 부담 주체, 양곤에서 공단으로 접근하는 외부 인프라 조성 등 세부적인 사항 협의에 오랜 시간이 걸렸습니다. 그 결과 이 사업도 제가 미얀마에 다시 온 이후인 2020년 12월 24일에 와서야 착공식을 개최하게 됩니다. 그리고 다른 사업들과 마찬가지로 2021년에 발생한 쿠데타로 인해 사업이 지연되고 있습니다. 산업단지의 경우 특히 수요자인 기업의 입주가 중요한 요소이기 때문에 미얀마의 정치적 불안정이 해소되기 전에 사업이 정상화되기는 어려워 보입니다.

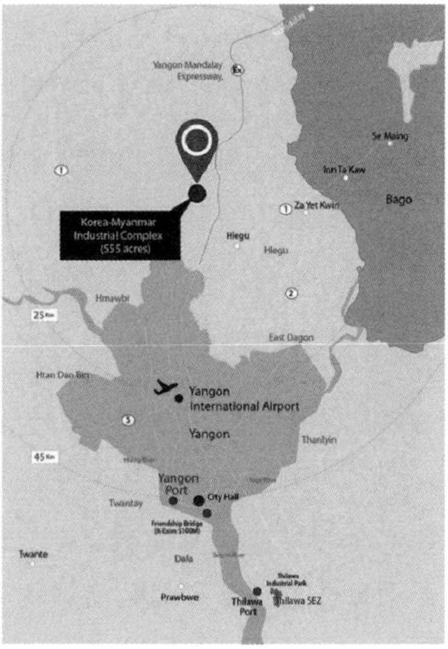

KMIC 위치

사실 위의 KMIC 부지는 2010년대 초반 삼성전자가 반도체 공장을 지을 부지로 고려했던 지역이기도 합니다. 베트남 반도체 공장이 포화상태에 이르게 되자 삼성전자는 베트남에 제2공장을 짓는 것과 베트남 이외 아세안 국가에 새로운 공장을 짓는 안을 두고 고민한 듯합니다. 당시만 해도 마지막 남은 기회의 땅으로 부상하던 미얀마도 중요한 고려 대상이 되었을 것입니다. 본사 임원들의 미얀마 출장과 당시 떼인세인 정부 당국자들과 협의가 있었습니다. 들리는 말로는 미얀마 측의 과도한 토지비용 등 까다로운 조건이 사업의 걸림돌이 되었다고 합니다. 결과적으로 삼성전자는 베트남에 제2공장을 건설했고 훗날 베트남이 한국의 3위 교역 대상국이 되는 데 큰 기여를 하게 됩니다.

제가 재부임하고 나서인 2021년, 저녁을 같이한 미얀마 사업가는 미얀마 삼성전자 공장 건설이 불발된 이유가 미얀마 정치 지형과 관계 있다는 주장을 하기도 했습니다. 삼성전자가 미얀마 공장을 검토하던 때인 2010년대 초반 떼인세인 대통령의 최대 정적은 쉐만(Thura* Shwe Mann) 하원의장이었습니다. 당시 미얀마 공무원은 행정부인 자신들이 삼성전자를 유치하더라도 쉐만이 주도권을 가진 의회에서 승인을 받기 어렵다고 생각해서 토지 비용 등을 크게 배팅 했다는 것입니다. 개인의 주장이기 때문에 어느 정도 신빙성이 있을지 의문이 들었지만, 쉐만 하원의장이 공공연히 차기 대통령은 본인이라고 말하고 다녔던 당시를 생각해보니 그럴 수도 있겠다는 생각이 들었습니다.

미얀마가 삼성전자를 유치하지 못한 것은 민주화를 희망하는

---

* 뚜라(Thura)는 군공을 세운 사람들에게 붙이는 호칭입니다.

미얀마 사람들 측에서 보면 많은 아쉬움이 남는 대목일 것입니다.

삼성전자가 미얀마에 진출했다면?

역사에는 가정이 없지만, 미얀마에 있는 동안, 특히 2021년 2월 1일 쿠데타가 발생한 이후 저는 가끔 이런 상상을 해봤습니다. 만약 2010년대 초반 삼성전자가 미얀마에 투자했다면 지금 미얀마의 모습은 어떨까?

물론 삼성전자가 세계적인 기업이기는 하지만 삼성전자의 투자만으로 미얀마의 운명을 바꾸지는 못했을 가능성이 큽니다. 하지만 삼성전자와 협력업체들의 진출, 더 나아가 삼성전자의 진출을 신호탄으로 몇 개의 글로벌 제조업체가 미얀마에 진출했다면?

아웅산수찌의 민주주의민족동맹(NLD, National League for Democracy)의 집권 후 미얀마 경제는 좀 더 활발하게 움직였을 것입니다. 지지층도 한층 단단해졌을 것입니다. 군부 또한 쿠데타에 앞서 더 신중한 태도를 보였을지 모르는 일입니다. 쿠데타 상황에서 국제사회의 개입 강도는 훨씬 커졌을 것이고, 반군부 저항에 대한 국제사회의 관심도 훨씬 커서 미얀마 사태는 쉽게 잊히지 않고 현재진행형의 사태로 인식되고 있을지도 모르겠습니다.

물론 이런 상상은 미얀마의 반대편에 있는 삼성전자의 입장을 생각하면 금세 현실로 돌아옵니다. 삼성전자 입장에서 2021년 쿠데타는 수없이 가슴을 쓸어내릴 사건이니 말입니다.

500kV 송전망 사업

앞서 소개한 '달라 다리(우정의 다리)', '한-미얀마 경제협력 산업단지(KMIC)'가 미완의 협력인 반면, 2023년 현재 대부분의 공사가 마무리된 협력 사업이 있습니다. '500kV 송전망 개선사업'이 그것입니다.

미얀마는 동남아시아국가연합(ASEAN) 10개국 중에서 전력 인프라가 가장 낙후된 국가입니다. 2023년 현재 전력보급률이 60% 초반(2021년 12월 기준 61.6%)에 불과하고 전력선이 연결된 지역도 발전량이 부족해 수시로 정전이 발생합니다. 미얀마 전력발전의 특징은 샨, 까친 등 대도시와 떨어진 지역에서 생산되는 수력발전에 대한 의존도가 크다는 것입니다. 실제로 총 발전 용량의 45.8%가 수력발전이고 생산 중인 전력의 39.4%도 수력으로부터 나오고 있어 우기와 건기의 전력 공급 편차도 매우 큰 편입니다.

이에 더해 미얀마의 전력난을 가중시키는 요소는 송배전 과정의 큰 전력 손실입니다. 미얀마 통계청에 따르면 송배전 과정에서 손실되는 전력량은 생산 전력의 약 19%에 이른다고 합니다. 한국의 3.5%는 물론 라오스(7.12%), 캄보디아(4.27%)에 비해서도 크게 뒤지는 수치입니다. 전력 손실의 주된 원인은 낮은 송배전 전압을 들 수 있습니다. 예를 들어 샨, 까친 등 북부지방에 위치한 수력발전소와 전력의 주 사용처인 양곤을 잇는 송전선 전압은 230kV에 불과하고 북부 산간지역 송전망은 132kV로 훨씬 열악한 상황입니다. 배전망은 33kV~0.4kV 배전선으로 구성되어 있습니다. 참고로 가정에는 230V 전압이, 산업현장에는 400V 전압이 공급됩니다.

안정된 전력 공급은 국민 생활 여건 향상과 산업 발전에 필수적인 요소이기 때문에 미얀마 정부는 2014년부터 전력 인프라 개선과 이를 위한 재원조달 및 기술도입 방안을 담은 '국가전력화프로그램(NEP, National Electrification Project)'을 발표하고 시행해왔습니다. 2030년 전력보급률 100% 등 발전 용량 확충 사업 외에 송배전 분야에 총예산의 24.9%를 투입하기로 하고 주요국의 유상원조인 대외경제협력기금(EDCF)을 적극 활용하기 시작했습니다. 그중 하나가 양곤 북부 타웅우(Taungoo)와 파야지(Phayargy) 사이의 188.3km 구간 500kV 송전망 구축사업입니다. 이 구간은 2019년 두산건설이 낙찰을 받아 공사를 진행해왔고 2023년 8월 현재 90% 이상 공정을 보이고 있습니다.

이와 같은 개선 노력에도 불구하고 미얀마 전력 상황의 한계점은 너무나도 뚜렷합니다. 우선 발전 및 송배전 확충 프로젝트를 진행하고 관련 기자재를 도입하기 위한 재원이 충분하지 않습니다. 군부 쿠데타 이후 국제기금, 공적개발원조가 빠져나가고 대규모 발전 프로젝트들이 취소되었기 때문입니다. 국가 차원의 대규모 개선사업 진행도 여의치 않은 상태입니다. 또한 전력부(Ministry of Electricity), 국경부(Ministry of Border Affairs), 개발협력부(Ministry of Cooperatives and Rural Development) 등 다수 부처가 각자의 재원으로 관할지역에 개별적인 독립전력망을 구축하고 있어서 대규모 국가전력망 구축을 방해하고 있는 형국입니다.

한국이 지원한 500kV 송전망 사업이 이러한 어려움을 넘어 조금이나마 미얀마 국민들의 삶의 질을 향상할 수 있기를 바랍니다.

미얀마의 한국 인식- 잘되면 남한, 못되면 북한

2021년 2월 1일 쿠데타 이후 한동안 양곤의 주미얀마한국대사관 앞은 시위대로 장사진을 이루었습니다. 대사관이 위치한 대학로(University Avenue) 좌우에 양곤을 남북으로 관통하는 두 개의 대로(삐 로드, 까바에 파고다 로드)가 있어서 시위대가 모이기도 쉽고, 한국대사관 맞은편 불과 200m 거리에 미국대사관도 위치하고 있어서 국제 여론 환기에 유리하다고 생각했기 때문인 듯합니다.

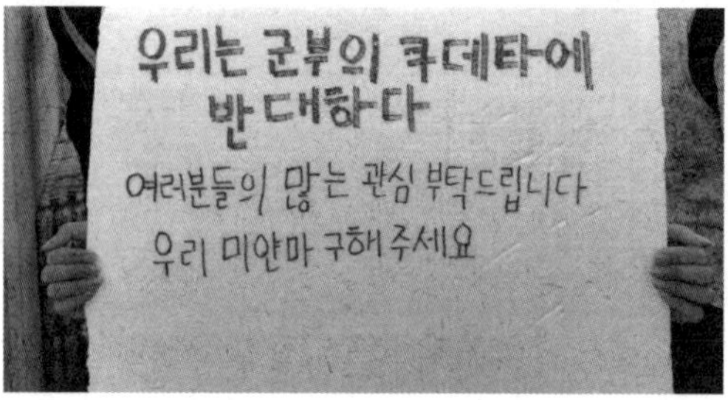

반군부 시위 현장 한글 피켓

그리고 개인적인 생각이지만 또 한 가지 중요한 이유는 미얀마 사람들이 한국에 대해 가지는 특별한 감정 때문인 듯합니다. 지금은 한류가 전 세계적으로 보편적인 현상이 되었지만, 제가 첫 번째로 미얀마에 근무했던 2010년대 초반만 해도 가수 싸이(PSY)가

부른 〈강남스타일〉의 빌보드 차트 진입이 뉴스거리가 되던 시절이었습니다. 다행히 미얀마를 포함한 동남아시아는 세계 다른 지역보다 한류를 빨리 접해서인지 상대적으로 이른 시기에 한류가 성숙기에 접어든 지역이었습니다. 당시 미얀마에서 방영되는 드라마의 약 80%가 한국 드라마일 정도로 한국 문화는 미얀마 사람들 생활 깊숙이 자리 잡고 있었습니다. 방영된 드라마 종류도 〈대조영〉, 〈불멸의 이순신〉 등 사극, 가정사를 주로 다루는 주말연속극, 한국의 근현대사를 다룬 시대극까지 다양했기 때문에 한국 사회에 대한 이해도도 높았습니다. 많은 미얀마 사람들이 미얀마보다 가난했던 한국의 경제발전과 민주화를 부러워하고 자신들도 그렇게 되기를 바란다고 했습니다.

그리고 2021년 2월 쿠데타 초기 반군부 시위를 주도한 미얀마 MZ세대(1980년대 초반부터 2000년대 초반에 태어난 세대)는 한류를 접하면서 성장한 세대이기 때문에 한국의 민주화와 경제발전을 인지하고 있습니다. 이들에게 한국은 일종의 롤 모델 국가입니다. 이들 중 일부는 한국대사관 앞에 모였고 한국어로 된 피켓을 들고 시위에 나서게 됩니다. 한국과 국제사회가 미얀마의 민주화를 위해 도움을 달라는 내용이 주를 이루었지만, '잘되면 남한, 못되면 북한' 등 한국 현대사를 관통하는 시위 문구도 등장할 정도였습니다.

많은 한국 사람들이 개인 입장에서 최근 미얀마 사태를 매우 안타까운 시선으로 바라보고 있습니다. 일부 시민단체는 정의롭지 않은 상황의 시정을 요구하면서 미얀마에 진출한 한국 기업을 대상으로 미얀마 사업 철수 시위운동을 벌이기도 했습니다. 그러나 미얀마 반군부 시위대와 개인들의 순수한 바람과는 별개로 국가 간의 관계는 주권평등이란 대원칙하에 움직이고 있습니다. 또한 국가 간의 관계는 장기적인 관점에서 형성되고 국익으로 환원되는 관계이기 때문에 미얀마 국내 문제에 대한 타국 또는 국제기구의 직접적인 개입은 극히 제한적입니다. 정부 차원에서 가능한 조치는 국가 간의 관계를 규정하는 국제법의 테두리 안에서 이루어지고 있습니다. 대표적인 것이 정부 승인(government recognition) 거부, 개발원조(ODA) 축소 · 중단, 사태 악화 방지를 촉구하는 공동성명 등 한국정부가 이미 취하고 있는 조치들입니다. 반군부 시위대에게는 분명 만족스럽지 못한 조치일 것입니다.

주어진 상황이 이렇다면 대안으로 미얀마 특히, 미얀마 일반국민을 위한 활동을 강화하면 어떨까 하는 생각이 듭니다. 아래 언급될 미얀마 유학생, 노동자들이 한국을 통해 개인의 꿈을 이룰 수 있도록 돕는 것도 미얀마 국민에게 많은 힘이 될 것이기 때문입니다.

기회의 땅 한국

한때 미얀마는 마지막 남은 기회의 땅이라고 불렸습니다. 그런데 반복되는 쿠데타와 정치적 불안, 이로 인한 외국인 투자 감소와 경제성장 지체 및 낮은 임금수준, 수시로 발생하는 폐교 · 수업거부 등 열악한 교육환경, 생존을 위협하는 소수민족 지역 분쟁은 미얀마의 앞날에 짙은 그림자를 드리우고 있습니다. 위에 언급된 원인들로 인해 많은 젊은이들이 미얀마를 떠나 외국행을 택하고 있습니다. 일부는 더 높은 임금을 받기 위해 태국, 말레이시아, 싱가포르 등 인접국은 물론 심지어 중동으로도 떠나고 있고, 일부는 질 좋은 교육 기회를 찾아 미국, 호주, 싱가포르 등으로 향하고 있습니다. 그리고 미얀마 사람들이 일자리를 찾거나 교육을 받을 수 있는 곳으로 선호하는 중요 행선지 중에는 다름 아닌 한국도 한자리를 차지하고 있습니다. 미얀마 사람들에게 한국이 기회의 땅이 된 것입니다. 물론 개인별로 한국을 선택하는 이유는 다양할 것입니다. 그러나 이들이 한국행을 택하는 공통적인 요소를 뽑자면 한국이 그동안 쌓아온 평판과 능력 즉 한국의 민주화와 경제성장 그리고 문화적인 영향력이라 하겠습니다.

미얀마 사람들의 대표적인 한국행 경로인 유학과 노동 취업에 대해 아래 기술하겠습니다.

한국 유학

일부 재정적 능력이 있거나 꿈을 향해 나아가는 의지가 강한 미얀마 학생들은 해외 유학을 통해 자신들의 미래를 개척해가고 있습니다. 인상적인 점은 점점 많은 미얀마 학생들이 유학 행선지로 한국을 선택하고 있다는 것입니다. 2019년에 250여 명이었던 한국행 어학연수 신청자 수가 2022년에는 2,400여 명으로 약 10배 늘어났고 이러한 추세는 당분간 계속될 것으로 보입니다.

제가 첫 번째 부임했던 2010년대 초만 해도 한국에 유학하는 미얀마 학생들은 소수였습니다. 대사관에서 선발하는 정부 초청 장학생이 1년에 5~10명 사이, 한국국제협력단(KOICA)이 선발하는 비슷한 인원, 각 대학들이 선발하는 인원 일부, 많아야 1년에 100여 명 남짓한 숫자였습니다.

한국을 유학하는 학생들의 출신 전공도 대부분 한국어학과였습니다. 한국에서 공부한 분야는 한국어 외에도 경영, 공학, 국제관계, 교육 등 상대적으로 다양해서 그나마 긍정적인 부분으로 평가됩니다. 미얀마로 돌아온 한국 유학파들 중 일부는 사업을 하기도 하고, 공무원으로 복무하기도 하지만 대부분은 대학 교단, 한국어 학원 또는 한국 기업으로 진출했습니다. 첫 번째 미얀마 근무 때 정부초청 장학생 업무를 할 기회가 있었는데, 한국 유학을 마친 졸업생들을 만나면서 더 많은 한국 유학파들이 정계나 경영 분야로 진출했으면 하는 마음을 가졌던 기억이 납니다. 그리고 동시에 한국어가 나름 인기 있는 학과이기는 하지만 한국어과 출신만으로 다양한 분야에서 활동하기를 희망하기는 어렵겠다고 생각했던 기억이 납니다.

소수 학문 탐구 위주의 한국 유학 양상이 2020년대 특히 미얀마 쿠데타 발생 이후 많은 변화를 보이고 있습니다. 위에 언급했듯이 한국 유학생 수가 코로나19 이전에 비해 10배 이상 대폭 증가했습니다. 물론 이 중에는 학업보다는 시급이 높은 한국에서 파트 타임으로 돈을 벌기 위해 입국하는 학생들도 있습니다.*

---

* D2 비자를 받는 어학연수생이 한국에서 6개월 이상 연수를 하게 되면 이후에

일부 이러한 학생들이 있다고 하더라도 과거보다는 월등히 많은 수의 학생이 한국에서 공부하고 있다는 것은 부인할 수 없는 사실입니다. 학생들의 미얀마에서 전공 분야도 매우 다양해졌습니다. 한국어뿐만 아니라 거의 모든 전공 출신들이 한국행을 택하고 있습니다. 당연히 한국에서 배우는 분야 또한 다양해지고 있습니다. 이들이 한국에서 다양한 경험을 쌓고 미얀마에 돌아간다면 과거 한국의 해외 유학생들이 각 분야에서 고국의 발전에 기여했듯이 미얀마 발전에 크게 기여할 날이 오지 않을까 하는 희망을 가져봅니다.

주미얀마대한민국대사관 앞의 대기 행렬

2022년 6월 1일 출근길에 깜짝 놀랄 장면을 목격했습니다. 양곤의 주미얀마한국대사관 앞에 수백 명이 200m 이상 긴 줄을 서서 대사관 영사 업무가 시작하기만을 기다리고 있는 것이었습니다.
'한국 유학을 원하는 학생들이 한국 대학에 보내야 하는 서류의 공증 업무를 2022년 6월 1일부터는 선착순으로 대사관에서 받아 처리하겠다' 라고 공지하면서 생겨난 장사진이었습니다. 이전에는 매달 인터넷으로

는 파트 타임 즉 아르바이트가 가능합니다(한국어 능력이 뛰어나 어학연수가 필요 없는 D4 유학생의 경우 즉시 아르바이트 가능). 일주일에 약 7시간씩 월 30시간을 근무한다고 해도 약 30만 원을 벌 수 있습니다. 10만 원 남짓 되는 미얀마 봉제노동자 월급보다 훨씬 많은 돈입니다. (물론 이러한 경우가 없기를 바라지만) 한국행 목적이 돈이라면 아르바이트에 더 많은 시간을 투입할 수도 있겠습니다.

신청한 순서대로 해당 업무를 처리했었는데, 미얀마 인터넷 사정이 열악했기 때문에 일부 대도시에서만 유요한 접속이 가능한데다 그나마도 속도가 너무 느려 신청이 잘 안된다는 불만이 끊이지 않았던 사안이었습니다. 더욱이 유학 브로커들이 여러 번호를 받아 이를 필요한 유학생들에게 되파는 장사를 하고, 페이스북 등 SNS에는 대사관이 뒷돈을 받고 공증 업무를 처리한다는 유언비어가 퍼지는 부작용이 발생했습니다. 6월 1일부터는 현장에서 번호표를 배부했기 때문에 온라인으로 신청하던 이전의 문제는 사라졌지만 어두운 새벽부터 만들어진 긴 대기 행렬, 비가 오는 날 대기자들의 불편 등 또 다른 문제들이 발생했습니다. 대사관은 대기인들을 위한 천막 설치 등을 고려했지만, 많은 사람들이 모이는 것을 바라지 않는 미얀마 당국은 천막 설치를 허가하지 않았습니다. 대사관 앞의 줄은 미얀마 언론에도 보도되고 때로는 외교가에서 부러움 반 시샘 반의 목소리로 회자되기도 했습니다. 한국이 미얀마 학생들에게 인기 있는 유학지라고 부러워하면서도, 공증이나 비자 처리가 너무 느린 것 아니냐는 조금은 비아냥이 섞인 목소리도 들려왔습니다. 우리 대사관의 비자 발급 대기시간과 한국과 비슷하게 유학지로 선호되는 나라의 대기시간을 비교해본 결과, 우리 대사관의 대기시간이 더 짧았기 때문에 비자발급 지연이라는 누명은 벗을 수 있었습니다

대사관의 영사 업무 인력을 증원하고 요일별로 비자 종류별 처리 업무를 달리하는 등 업무 효율화를 하면서 대사관 앞의 대기 줄은 조금씩 줄어들었습니다. 다만, 제가 미얀마를 떠나던 2023년 9월에도 수십 명의 유학생들이 대사관 앞에서 번호표를 받기 위해 줄을 서고 있었으니 SNS에 떠도는 비자 관련 민원은 당분간 계속될 듯합니다.

비자 발급을 기다리는 밤샌 대기 행렬

한국, 최고 임금을 주는 나라

2023년 10월 미얀마 당국은 2018년 이후 1일 8시간 근무 기준 4,800짜트(시간당 600짜트)로 동결되어 있던 최저임금을 5,800짜트로 약 20% 인상합니다. 2021년 2월 쿠데타 이후에만도 물가가 150% 이상 상승한 상황을 감안하면 실질임금은 오히려 크게 감소했지만, 노동자들에게는 그나마 다행인 일입니다. 한국 기업 대부분은 최저임금 인상을 예상하고 있었기 때문인지 감내할 수 있는 수준이라는 반응입니다. 하루 8시간 노동을 기준으로 한 일당 5,800짜트를 달러로 환산하면 넉넉잡아 약 3달러, 30일 노동 기준 월급은 약 90달러를 번다는 계산이 나옵니다. 그런데 이 수치는 미얀마 중앙은행 고시 환율인 달러당 2,100짜트로 계산한 것이고, 2024년 초 현재 실제 시장환율인 3,900짜트로 계산하면 월 임금은 50달러에도 미치지 못하는 결과가 나옵니다. 태국의 최저임금인 285.9달러, 말레이시아의 315달러는 물론 캄보디아의 200달러, 라오스의 76.8달러에도 미치지 못하는 금액입니다. 이에 더해 코로나19, 군부 쿠데타를 거치며 외국자본이 이탈하고 미얀마 기업들의 투자도 위축되어 그나마 많지 않던 일자리도 줄어들고 있는 것이 미얀마 노동시장의 현실입니다.

이러한 상황에서 미얀마 노동자들은 자연스럽게 임금이 높은 외국에서의 일자리로 눈을 돌리고 있습니다. 특히 새로운 환경에 적응력이 빠른 미얀마 젊은 세대들은 말레이시아, 태국 등으로 일자리를 찾아 떠나고 있습니다. 같은 아세안 국가여서 지리적, 문화적으로도 공통점이 많고, 업종별로 차이는 있지만 어학 요건 등 특별한 자격 요건을 요구하지 않기 때문에 미얀마 노동자들이 우선적으로 취업지로 선택하고 있습니다. 또 다른 아세안 국가인 싱가포르로는 많은 미얀마 여성들이 가사도우미 등으로 취업하고 있습니다. 그러나 싱가포르가 내국인과 외국인 사이에 이중 임금 체계를 적용하고 있기 때문에 생각보다 많은 임금을 받지는 못한다고 합니다. 현지 언론이 2023년 6월까지 태국, 말레이시아로 떠난 미얀마 노동자들이 약 30만 명에 달한다고 했으니, 현재 그 수는 훨씬 늘어났을 것으로 생각됩니다. 실제 출장을 위해 공항을 갈 때마다 다양한 국가로 떠나고 그들 국가에서 돌아오는 미얀마 노동자들을 볼 수 있었습니다.

주지하다시피 한국도 미얀마 노동자들이 매우 선호하는 일자리 행선지입니다. 한국의 기본적인 임금 수준이 높을 뿐만 아니라 외국인 근로자에게도 내국인과 동일한 최저임금을 적용하고 있기 때문입니다. 2024년 4월 한국의 최저임금은 1일 9,860원, 월 206만 원이고 이를 환율 1,300원 기준으로 달러로 환산하면 약 1,500달러입니다. 1,500달러는 태국, 말레이시아에서 받을 수 있는 임금의 5배에 달하는 큰돈입니다. 앞서 언급한 대로 싱가포르는 외국인 노동자들에게 자국민과는 다른 임금을 적용하고 있고 일본도 산업연수생* 제도를 운영하고 있기 때문에 현재 한국이 외국인 노동자들에게 최고 임금을 지불하는 나라입니다.

미얀마 노동자의 꿈, 외국인고용허가제도(EPS)

미얀마 노동자들이 한국으로 진출하는 경로 중 대표적인 것은 '외국인고용허가제도(EPS, Employment Permit System)'입니다. 외국인고용허가제도는 '내국인 노동자를 고용하지 못한 중소기업이 우리 정부로부터 고용허가서를 발급받아 합법적으로 비전문 외국 인력을 고용할 수 있도록 하는 제도'입니다. 2023년까지는 미얀마를 포함한 16개국을 대상으로 운영 중입니다. 허용 업종은 중소 제조업(근로자 300인 미만 혹은 자본금 80억 원 이하), 농·축산업, 어업(20톤 미만), 건설업, 건설폐기물 처리업·냉장냉동창고업·인쇄물출판업 등 9개 업종입니다. 외국인고용허가제도는 1993년 도

---

* 저개발국 외국인에게 고용국(선진국) 기업연수 기회를 제공하여 선진기술을 이전하고, 고용국 중소기업 인력난을 해소하는 역할을 한 제도입니다. 한국의 경우, 시행 초기에는 연수기간이 2년이었으나 1998년 이후에는 연수 후 자격시험을 통과하면 1년간 국내 취업을 허용, 2001년에는 연수 기간을 1년, 취업기간을 2년으로 조정하였습니다.

입된 '외국인 산업연수생제도'가 모태입니다. 산업연수생제도는 민간 인력송출기관이 연수생을 선발하여 중소기업중앙회, 건설협회, 수협, 농협 등 국내 연수추천단체에 연수생 정보를 보내면 이들 단체가 한국의 고용업체에게 연수생을 추천하는 방식으로 운영되었습니다. 그런데 운영과정에서 '연수생 선발과 관련한 비리', '과다한 수수료', '인력 수요에 대한 탄력적 대응 곤란' 등 문제점이 발생하게 됩니다.

외국인 산업연수생제도를 보완한 것이 2004년 이후 도입된 외국인고용허가제도입니다. 이 제도의 요점은 미얀마 등 노동력을 제공하는 국가와 한국의 중소기업을 연결해주는 주체를 민간 인력송출회사에서 공공기관인 '한국산업인력관리공단'으로 교체한 것입니다. 공공기관인 한국산업인력관리공단이 직접 노동자들을 선발하기 때문에 선발 과정에서의 비리 등 문제가 발생할 여지가 현저히 줄어들게 되었습니다. 대신 노동자들은 한국어능력시험(TOPIC)에서 일정 이상의 점수를 취득해야 하고 색맹 등 신체검사를 통과해야 합니다. 한국산업인력관리공단에서 수취하는 수수료는 없기 때문에 노동자들의 부담은 줄어들게 되었습니다.

물론 '외국인고용허가제도'가 미얀마 노동자가 한국 기업에 취직하기까지 지불해야 하는 비용 측면에서 완벽한 제도는 아닙니다. 우선 한국어 공부를 위해 학원에서 최소 수개월 한국어 수강을 해야 하고, 한국행이 결정된 후에도 미얀마 정부에 보증금으로 150만 짜트를 지불하는 등 1인당 약 1,500달러 이상의 비용이 필요합니다. 이는 미얀마의 1인당 국민소득을 상회하는 큰 금액입니다. 한국행을 택하는 노동자 대부분이 형편이 넉넉하지 않기 때문에 친척이나 이웃에게 돈을 빌려 한국에 도착한 후 돈을 벌어 빌린 돈을 갚고 있습니다. 상황이 이러하다 보니 많은 한국 취업 희망자들은 가족의 기대를 한 몸에 받고 한국행에 임하고 있습니다. 한국어 시험장 밖에는 부모형제들이 수험생 합격을 위해 기도하는 모습을 심심찮게 목격할 수 있습니다.

EPS 한국어능력시험장(The AsiaN)

2022년 9월 한국에서 짧은 휴가를 보내고 양곤으로 향하던 비행기에서 만난 한 미얀마 노동자는 오래 사귄 여자 친구와 결혼하기 위해 미얀마에 들르는 길이라고 했습니다. 그리고 남은 기간 한국에서 돈을 모아 미얀마에서 음식점을 차리는 꿈이 있다고 했습니다. 저도 그 청년의 꿈이 이루어지기를 빌어주며 함께 양곤 공항을 빠져나왔던 기억이 있습니다.

2023년 한 해만도 외국인고용허가제도를 통해 한국으로 입국한 미얀마 노동자들은 약 1만 명에 달합니다. 저출산 고령화라는 현재 한국의 인구구조가 지속된다면 미얀마로부터의 노동력 유입은 더 늘어날 것으로 보입니다. 미얀마 노동자들에게 한국이 기회의 땅이듯, 한국에게도 미얀마가 구원의 손길이 될 것으로 보입니다.

인력송출업체에게도 꿈, 조선 용접공

앞서 언급한 '외국인고용허가제도'는 비숙련 노동자들을 대상으로 하고 있으며, 이들 노동자들은 한국 정부로부터 E-9 비자를 받아 입국하게 됩니다. 그런데 최근 E-9 비자와 대비되는 비자 종류가 미얀마에서 화제가 되고 있습니다. 다름 아닌 E-7 비자입니다. E-7 비자는 숙련공 즉 전문가에게 주어지는 비자 종류인데 학력, 경력 등 까다로운 조건이 필요합니다. E-7 비자는 가족 초청이 가능하고 일정 조건하에서 영주권 신청도 가능하기 때문에 만능 열쇠 비자라고도 합니다.

2022년 한국으로부터 미얀마 노동시장을 들썩이게 하는 소식이 전해집니다. 오랜 불황 끝에 많은 수주잔고를 쌓은 한국의 조선업체들이 급하게 용접공 등 선박 제조 인력을 구한다는 소식이었습니다. 아래 언론 기사가 관련 상황을 잘 설명해주고 있습니다.

내달부터 외국인 근로자 온다… 인력난 조선업계 '숨통'
(〈조선비즈〉, 2022.6.29)

조선업계의 기능인력 부족이 심각한 가운데, 정부의 취업비자 규제 완화로 이르면 다음 달(2022년 7월)부터 외국인 근로자들이 추가로 들어와 인력난에 다소 숨통이 트일 전망이다.(중략)
국내 조선업계는 "과거 불황을 겪으면서 인력이 대거 이탈했다. 이후 업황이 회복돼 수주 물량이 늘었으나 인력은 돌아오지 않아 일할 사람이 크게 부족한 상황이다. 현대삼호중공업 인근의 전남 영암 대불산단에서는 인력난이 심화하면서 물량을 반납하는 협력업체도 나왔다. 웃돈을 주고서라도 타사의 외국인 근로자를 빼오기 위한 쟁탈전도 매일 저녁 벌어지고 있다"고 한다.
법무부는 이 같은 기능인력 부족 현상을 완화하기 위해 지난 4월 전문기술·기능 외국인 대상 취업비자인 특정활동 E-7 비자의 외국인 근로자 쿼터제를 폐지하고, 전문성 증명 방식을 완화하는 조치를 시행하기로 했다.
아직까지 법무부 조치를 활용해 늘어난 외국인 근로자는 없지만, 조선업계는 이르면 7월부터 본격적으로 추가 인력을 확보할 수 있을 것으로 기대하고 있다. 외국인 근로자들이 E-7 비자를 받기 위해서는 근무경력 등 전문성을 문서로 증명해야 했는데, 조선업계에서 수요가 많은 도장공·용접공·전기공의 경우 이 같은 검증 요건을 기량검증 방식으로 대체해 완화하기로 했기 때문이다.
업계에서는 이르면 7월 초 주요 외국인 근로자 송출국 현지에서 기량검증이 진행될 수 있을 것으로 내다보고 있다. 조선업계 관계자는 "용접

등의 경우, 전문성을 증명하는 방법이 어려워 한국에서 검증할 사람이 해외에 가서 반드시 기량검증을 해야 한다. 기존 경험을 기초로 인력을 모집하다 보니, 기존 도입 이력이 있는 나라를 중심으로 인력 도입이 우선 추진될 것으로 보인다"라고 말했다.

2022년 들어 미얀마의 한국 인력 송출업체들이 분주해졌습니다. 한국 진출 외국 노동자들이 그토록 가지고 싶어 하는 E-7 비자이기에 그 가치에 준하는 만큼의 수수료 수익확대를 기대할 수 있기 때문이었습니다. 이들이 움직였다는 것은 한국에서 조선소와 연결된 인력 업체, 미얀마에서 노동자들과 접촉하는 미얀마 인력송출업체가 같이 움직인다는 것을 의미합니다. 관여하는 업체가 많아질수록 노동자들이 부담해야 할 수수료가 늘어나는 일은 당연할 것입니다. 미얀마 인력송출 시장이 과열되기 시작한 것입니다.

한편, 위 기사에 언급되어 있듯이 E-7 비자발급의 최종 결정권자인 우리 법무부는 조선사들의 인력 부족 해소를 위해 절차를 간소화하는 등 외국 인력의 한국 입국을 적극적으로 지원했지만 손뼉이 부딪혀야 소리가 나듯이 우리 측만 급하다고 외국의 우수한 조선 인력이 하루아침에 한국으로 들어오기는 힘든 일이었습니다. 가장 중요한 문제는 미얀마를 포함한 외국 노동자 중 한국의 조선사가 원하는 능력을 가진 인력을 걸러내는 일, 즉 기량검증이었습니다.

이러한 연유로 대사관은 수도 네피도에 출장하여 노동부 관계자들과 한국의 조선 시장현황을 공유하고 관련 협의를 하게 됩니다. 미얀마 노동부가 우려하는 점은 노동자들이 부담할 과도한 수수료, 한국에 도착한 노동자들에 대한 혹시 모를 부당한 처우였습니다. 노동자들을 외국으로 파견하는 나라의 노동당국으로서는 충분히 우려할 수 있는 사항이었습니다. 그리고 대사관도 미얀마 노동부가 우려하는 인력 도입 과정에서 발생하는 문제들이 한국의 이미지에도 부정적인 영향을 미칠 수 있기 때문에 미얀마 측의 우려에 전적으로 공감했습니다. 기량이 검증된 미얀마 노동자들은 기량에 준하는 처우를 받는 시스템이 구축되어 있다는 설명과 함께 미얀마 당국에는 신속하고 효과적인 기량검증을 위해 협조해줄 것을 요청했습니다. 미얀마 노동부도 우리 측 요청에 적극 협조할 의사를 표명했습니다. 그런데 문제는 미얀마 내에는 기량검증을 할 장비나 인력, 즉 검증 능력이 부족하다는 점이었습니다. 이러한 문제는 비단 미얀마만의 문제는 아니었을 것입니다. 그리하여 우리 당국과 업계에서는 기량검증단을 미얀마 등 한국에 인력을 보낼 나라에 파견키로 했습니다. 다시 공은 한국에게 넘어온 것입니다.

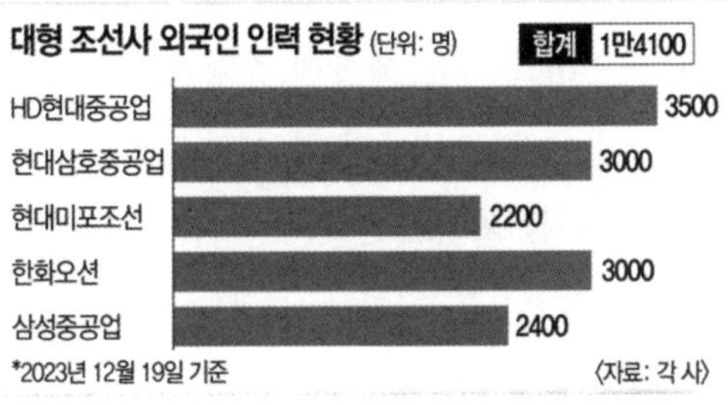

조선사 외국인 인력 현황(출처: 〈국민일보〉)

'인력송출업체에게도 꿈'이라는 제목은 다소 자극적이고 불필요한 오해를 불러올 수도 있습니다. 실제 제가 E-7 비자 관련 문제로 접촉했던 업체들은 대부분 한국과 미얀마의 협력을 증진하고 합리적인 가격으로 비즈니스를 하는 회사였습니다. 하지만 우려했던 일이 발생한 것도 사실이기에 이를 반영하여 본 단락의 제목을 정했습니다. 2023년 여름, E-7 비자 신청 업무를 대행해준 미얀마 현지에 등록된 한국인 인력송출업체를 통해 한국에 입국한 80여 명 미얀마 노동자들의 불만이 저에게까지 전해진 것입니다. 결국 이 문제도 기량검증이 부족했기 때문에 생긴 일이었습니다. 한국의 조선업체들은 외국에서 한국에 왔지만 기량이 부족한 인력을 현장에 투입하지 못해 불만이었고, 많은 수수료를 내고 한국에 온 미얀마 노동자들은 원하는 만큼 임금을 받지 못해 나름대로 불만인 상황이 발생한 것입니다. 일부 인력이 한국에서 미얀마로 돌아왔다는 말도 있었지만, 다행히 이 부분은 사실이 아닌 것으로 밝혀졌습니다. 제가 미얀마에서 한국으로 복귀하기 직전인 2023년 8월의 상황입니다. 참고로 위의 80여 명을 한국에 보낸 한국인이 운영한 업체는 현재 운영을 하지 않고 있습니다.

조선 노동자 E-7 비자 건은 새롭게 진행되는 사안이 현실에 적용되는 과정에서 발생하는 문제의 한 예라고 할 수 있습니다. 장기적인 관점에서 관계를 바라보는 정부, 이윤을 추구하는 기업, 생계의 문제가 걸린 개인 모두 머리를 맞대고 진솔하게 대화하면서 합리적인 해결책을 찾아야 할 것입니다.

조선(造船) 노동자 문제와 MOU

미얀마 조선노동자와 관련해서는 미얀마 노동부 장관 면담, 노동부 차관보 면담 등 많은 논의가 있었습니다. 특히, 네피도에서 노동부 차관보를 만났을 때 미얀마 측으로부터 제안받은 사항이 하나 있습니다. 조선노동자 파견과 관련한 양해각서(MOU, Memorandum of Understanding) 체결이었습니다.

MOU의 사전적 의미는 '당사국 사이의 외교교섭 결과 서로 양해된 내용을 확인하고 기록하기 위해 정식조약 체결에 앞서 행하는 문서로 된 합의'입니다. 쉽게 말하면 MOU는 구속력을 가지지 않은 문서로 된 합의입니다. 구속력을 가진 문서로는 국가 간에는 조약이, 사인 간에는 계약이 대표적입니다. 구속력을 가진 문서인 조약은 내용을 위반할 경우 국가 책임 문제가 발생하고, 조약 체결 절차 또한 국회의 비준 동의 등 복잡하기 때문에 최근에는 국가 간에 부담이 적고 위반하더라도 이행 책임이 없는 MOU를 체결하는 경우가 많습니다.

미얀마 노동부가 주미얀마한국대사관에 제안한 MOU에 대한 우리 측의 대답은 유보적이었습니다(외교관계에서 직설적으로 NO라고 말하는 경우는 드뭅니다).

우선 조선 산업이 호황과 불황이 있는 사이클 산업이기 때문에 MOU를 통해 인력도입을 못 박을 경우 서로에게 부담이 될 수 있기 때문입니다. 그리고 한 가지 이유를 더하자면, 불필요한 오해를 피하기 위해서였습니다. 미얀마의 MOU 체결 절차는 각료회의에 상정되는 등 정식조약 체결 절차와 유사합니다. 우리 정부가 미얀마 당국과 MOU를 체결하는 경우 자칫 의도하지 않은 '미얀마 정부 승인'으로 연결될 수 있기 때문에 대사관은 MOU 체결을 완곡히 거절한 것입니다. 물론 미얀마 노동부가 정부승인을 의도하고 MOU 체결을 제안한 것인지는 분명하지 않습니다. 하지만 미얀마 군부가 쿠데타로 집권한 민감한 시기에 우리 측이 불필요한 논란에 휘말릴 여지를 남길 필요는 없는 일입니다.

정부승인 논의와는 별개로, 왜 미얀마는 MOU를 조약처럼 체결하는 것일까요? 개인적인 상상력을 발휘해보자면, 국제사회로부터 고립된 시기, 조약체결이 어려워지자 MOU를 조약처럼 체결한 것이 아닌가 하는 생각이 들기도 합니다. 이웃 나라 라오스도 MOU 체결 시 각료회의를 거치기 때문에 정상회담을 앞두고 가볍게 협의하려던 MOU가 큰일이 된 적이 있습니다.

Part V

우리의 선택, 어떻게 미래를 만들어가야 하는가?

다시 돌아보는 한국과 미얀마의 관계

20세기 초반 제국주의 국가들의 지배를 받던 한국과 미얀마, 양국 현대사의 출발은 비슷했지만, 1950년대 한국전쟁으로 한국이 후퇴하던 시기 미얀마는 아시아에서는 앞서가는 나라였습니다. 다행히 대한민국 역사상 가장 힘든 시기에 미얀마가 쌀 지원 도움을 준 덕분에 양국 관계의 첫 단추는 잘 끼워졌습니다.

1961년에는 한국에서 1962년에는 미얀마에서 쿠데타가 있었습니다. 1년 차이로 쿠데타를 겪은 두 나라는 정치 측면에서는 비슷한 길을 걷지만, 경제 차원에서는 정반대의 길을 걷습니다. 양국 모두 권위주의 국가였지만 한국은 '수출만이 살길이다'를 외치며 개방경제를 추구했고, 미얀마는 '버마식 사회주의(Burmese Way to Socialism)'라는 고립주의를 선택한 것입니다.

두 나라가 의도한 것은 아니지만 우연하게도 1988년 각자가 그간 추진해온 정책의 중간성적표를 받게 됩니다. 1988년 한국에서는 9월에 올림픽이 개최되었고, 미얀마에서는 8월에 8888민주화운동이 있었습니다. 연평균 10% 이상 고도성장을 바탕으로 올림픽 개최를 위해 전력투구한 한국은 성공적으로 올림픽을 치릅니다. 전쟁과 고아 수출국으로 알려진 한국이 국제사회에 또 다른 모습을 알리기 시작한 때입니다. 이즈음 한국은 민주화도 달성합니다. 88서울올림픽으로 전 세계의 이목이 집중된 것이 1987년 헌법 개정과 같은 해 대통령 선거가 평화롭게 진행된 데 긍정적인 영향을 미쳤을 것입니다.

한편 미얀마는 8888민주화 운동을 통해 다 잡았던 민주화를 신군부의 거부쿠데타로 놓치게 되고, 국제사회의 외면을 받은 경제는 더 어려워져 1인당 국민소득은 200달러 수준으로 후퇴하게 됩니다. 이미 일본, 서독 등으로부터 빌린 대외 차관 상환이 불가능해져 스스로 최빈개도국* 위치로 내려가기를 희망하는 수모를 겪은 후의 일이기 때문에 경제와 관련해서는 뾰족한 돌파구가 없는 상황이었습니다.

8888민주화 운동(미얀마 술레 파고다 인근)

---

* 대외 차관의 상환이 불가능한 상태에 이른 미얀마(당시 버마)는 서독의 조언과 일본으로부터도 채권 포기 등의 조치가 있을지 모른다는 기대 속에서 1986년 12월 주UN 버마 대사의 UN사무총장 앞 공한을 통해 정식으로 세계 최빈국 공인 신청을 하였습니다. 이러한 신청은 이듬해에 'UN경제사회이사회(ECOSOC)' 및 UN총회 제2위원회의 토의를 거쳐 1987년 12월의 UN총회 결의에 의해 최종적으로 공인받게 됩니다.(신봉길, 『시간이 멈춘 땅 미얀마』, 한나래, 1991)

2012년 한국과 미얀마 관계는 전환기를 맞이합니다. 미얀마가 개혁개방을 추진하고 한국도 중국, 베트남에 이은 경제협력 파트너를 찾고 있던 시기입니다. 때마침 당시 양국 지도자들의 성향도 잘 맞았던 듯합니다. 조용하지만 자신의 역할을 끈기 있게 추진하는 외유내강형인 떼인세인 대통령은 인프라 지원, 싱크탱크 구축 지원, 축구 국가대표 감독 파견 등 미얀마가 필요로 하는 부분을 가감 없이 요청했고, 해외 사업 경험이 풍부한 한국의 이명박 대통령도 성심성의껏 미얀마를 지원해준 것입니다. 제가 처음 미얀마에 부임했던 2013년에서 제가 한국으로 돌아온 2015년 초까지 거의 매주 한국의 장·차관 또는 정치인들이 미얀마를 방문했었습니다. 구호단체 홍보대사인 연예인, 언론에도 알려진 존경받는 종교인, 의료단체, 예술인, 공연인 등 민간에서도 수많은 인사들이 미얀마를 방문해서 각종 봉사활동과 공연을 펼쳤습니다.

물론 긍정적인 측면만 있었던 것은 아닙니다. 미얀마 거주 교민들이 증가하면서 일부이지만 미얀마에 투자하려는 한국 사람들을 대상으로 한 사기행각이 펼쳐지기도 하고, 한국에서 범죄를 저지르고 미얀마로 입국하는 사람들도 증가하게 됩니다. 이러한 연유로 2022년 주미얀마한국대사관에는 사건·사고를 전담하는 경찰영사가 파견됩니다.

일부 부작용에도 불구하고 전체적으로 한국과 미얀마는 매우 우호적인 관계를 유지합니다. 2014년 박근혜 대통령이 아세안 정상회의 참석을 위해 미얀마를 방문하고, 2019년에는 문재인 대통령이 미얀마를 국빈 방문하는 등 미얀마를 중요한 협력 파트너로 인식하게 된 것입니다. 그사이 미얀마에서도 많은 인사들이 한국을 방문했습니다. 2012년 떼인세인 대통령의 국빈 방문에 이어 2014년과 2019년 부산에서 개최된 한-아세안 특별정상회의에는 각각 떼인세인 대통령과 아웅산수찌 국가고문이 참석했습니다.

2012년 이명박 대통령 미얀마 방문

2014년 한·아세안 특별정상회의(부산)

2019년 문재인 대통령 미얀마 방문

2021년 미얀마 쿠데타는 양국 관계의 또 다른 변곡점이 되고 있습니다. 국제사회의 책임 있는 일원인 한국 정부는 대미얀마 공적개발원조(ODA, Official Development Assistance)를 재검토하는 등 미얀마 군부 당국과 거리를 두었고, 미얀마 군부도 서운한 심기를 숨기지 않고 있습니다. 첫 번째 미얀마 근무 때와는 정반대로 쿠데타 이후 한국에서 미얀마로의 주요 인사 방문은 거의 없었습니다. 민간 교류 또한 쿠데타 이전에 비해 확연히 줄어들었습니다. 코로나19 및 쿠데타 이전과 이후를 비교하자면 대표적으로 매일 운행되던 대한항공의 인천-양곤 직항이 일주일 한 편으로 줄어들었습니다. 상주 교민들도 3,000여 명에서 1,500여 명으로 줄어들었습니다.

그렇지만 쿠데타가 모든 면에서 양국 관계를 후퇴시킨 것은 아닙니다. 한국을 찾는 미얀마 사람들 수는 지속적으로 늘어나고 있습니다. 외국인고용허가제도를 통해 한국에 입국하는 미얀마 노동자 수는 코로나19 팬데믹 이전에는 연 4,500여 명이었지만 2023년에는 약 10,000명으로 크게 증가했습니다. 매년 한국으로 오는 미얀마 유학생 수도 2010년대 초 백여 명 대에서 2022년에는 2,400여 명으로 늘었습니다. 한국이 미얀마 사람들에게는 경제적 자유와 미래를 위한 역량 강화라는 기회를 제공하고 있는 것입니다. 한편, 일부이기는 하지만 미얀마 투자를 늘린 도전적인 한국 기업도 있습니다.

위에 다시 한번 살펴본 닮은꼴의 나라 한국과 미얀마는 어깨를 맞대고 겨루는 경쟁하는 사이라기보다는 상대방을 통해 자신을 되돌아보는 거울과 같은 사이임을 알 수 있습니다. 자신이 가지지 못한 장점을 상대방은 가지고 있기에 서로를 필요로 하는 '상호보완적 관계'인 것입니다. 그렇기 때문에 전략적 활용도가 높다, 마지막 남은 황금의 땅 등 이해관계에 따른 평가 이전에 친숙해지고 싶고 어려울 때 도움을 줄 수 있는 상생발전 관계를 지향해야겠습니다.

미얀마와 북한의 관계

과거 미얀마 즉 버마는 남·북한에 대해 공식적으로 중립정책을 펼쳤습니다. 같은 맥락에서 1961년 영사 관계를 수립하고 1975년 이를 대사관계로 승격해 공식 외교관계를 맺을 당시에도 미얀마는 남한과 북한을 동등하게 대우했습니다.
원칙적인 중립외교에도 불구하고 1962년 쿠데타로 집권한 네윈 정권은 반제국주의 노선을 지향한 제3세계 군부정권의 속성상 냉전 시기 한반도 문제에 있어서는 친(親)북한 태도를 보여왔습니다. 북한은 무기를 수출하고 미얀마는 쌀과 목재를 수출하면서 각자에게 필요한 동반자 관계를 구축했던 것입니다.
그랬던 북한과 미얀마의 관계는 1983년 아웅산 묘소 폭탄테러 사건으로 단절되었습니다. 외국 정상 방문단 중 주요 장차관을 포함해 17명이나 폭사했으니 미얀마로는 외교 경호 참사인 것입니다. 현대사에서 유사한 사건 사례는 없는 듯합니다. 버마 정부는 즉각적인 대북한 외교관계 단절 및 북한에 대한 정부 승인 철회는 물론 '주버마 북한대사관 전 직원 48시간 내 추방' 등으로 강경하게 대응했습니다.
아웅산 묘소 폭탄테러 사건이 발생한 지 17년이 지난 2000년 미얀마 정부는 북한의 아세안 지역 포럼(ARF, ASEAN Regional Forum) 가입에 반대하지 않는다는 입장을 태국 외무장관에게 전달하는 등 북한과 관계 정상화에 긍정적 입장으로 선회합니다. 2007년 4월에는 양곤에서

쪼투(Kyaw Thu) 외교 차관과 북한 김영일 외무성 부상이 수교합의서에 서명하고, 2010년 10월에는 김석철 주미얀마 북한대사가 미얀마에 입국하여 12월에 신임장을 제정하게 됩니다.

김석철은 저의 첫 번째 미얀마 근무 기간인 2013~2015년에도 미얀마에서 대사로 근무하고 있었습니다. 2016년 3월에는 정호범이 주미얀마 북한대사로 부임했고 2023년 말 현재까지 그 직을 유지하고 있습니다.

미얀마와 북한의 관계에서 한국을 포함한 국제사회의 가장 큰 관심 사항은 북한산 무기 거래입니다. 떼인세인 대통령 시절 한국 주요 인사와 면담 때마다 미얀마 당국은 '더 이상 북한과의 무기 거래는 없다'라고 말했습니다. 아웅산수찌의 민주주의민족동맹(NLD)이 집권한 2020년까지는 사실이었을 것입니다. 2021년 2월 쿠데타 이후 중국, 러시아 외에 군수물자 거래가 끊긴 미얀마에게 북한은 좋은 대안이 될 수 있습니다. 많든 적든 미얀마와 북한 간 무기거래의 대가로 북한으로 흘러들어가는 자금은 한국을 겨냥한 미사일, 핵탄두 개발과 제작에 쓰이기 때문에, 미얀마와 북한 관계는 민감하게 지켜보아야 할 사안입니다.

한국의 당면 과제와 미얀마

한국은 1인당 국민소득 3만 달러 이상이면서 인구 5,000만 명 이상인 지구상 몇 안 되는 30-50클럽* 국가 중 하나입니다. 이 가

* 30-50클럽은 1인당 국민총소득이 3만 달러 이상이면서 인구 5000만 명 이상이

운데 제국주의 역사를 가지고 있지 않은 국가이자 식민 지배를 당한 국가는 한국이 유일할 정도로 한국은 경제발전 측면에서 입지적인 국가입니다. 인적자본의 근간인 교육을 중시하고 유구한 문화와 전통이 있었기 때문에 가능한 결과였을 것입니다. 그런데 누구나 나름의 문제를 가지고 있듯이 아무도 이루지 못한 성과를 낸 한국에게도 해결해야 할 과제들이 있습니다. 경제 측면에서 시급한 과제 몇 가지만 언급하면 아래와 같습니다.

저출산 인구 고령화

한국의 저출산 문제는 한국뿐만 아니라 전 세계가 눈여겨보고 있는 현상입니다. 물론 일부에서 인공지능(AI, Artificial Intelligence)과 로봇 사용이 보편화되는 미래에 저출산이 큰 문제가 되지 않을 수도 있다는 주장이 제기되기는 하지만 일반적으로 현재 한국의 저출산 문제는 거의 재앙적 수준으로 인식되고 있습니다.

2023년 12월 2일 미국 〈뉴욕타임즈(NYT)〉가 0.7명 대로 줄어든 한국의 합계출산율을 소개하면서 흑사병 창궐로 인구가 급감했던 14세기 중세 유럽 시기보다 더 빠른 속도로 한국의 인구가 감소할 수 있다고 지적한 바 있습니다.

라는 조건을 충족하는 국가를 일컫는 말입니다. 2022년 기준 30-50클럽에 속한 국가는 일본, 독일, 미국, 영국, 이탈리아, 프랑스, 한국 7개국입니다. 1992년 일본을 시작으로 1996년 미국, 2004년 영국 · 독일 · 프랑스, 2005년 이탈리아, 2018년 한국이 30-50클럽에 이름을 올렸습니다.

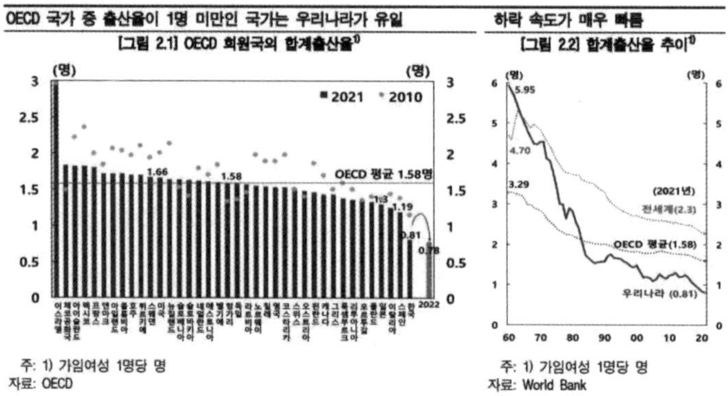

OECD 출산율 비교표(출처: 한국은행)

한편 우리나라의 65세 이상 고령인구 비중은 2022년 기준 전체 인구의 17.5%이며 2025년에는 20.3%로 초고령사회(고령인구 비중 20% 이상)에 진입할 것으로 예상됩니다. 이는 한국이 2018년에 고령사회에 진입한 지 약 7년 만으로, 이미 초고령사회에 진입한 OECD 국가(2021년 기준 일본 10년, 이탈리아 18년)를 뛰어넘는 매우 빠른 속도입니다.

한국은행도 2023년 12월 3일 경제전망보고서『초저출산과 초고령사회 극단적 인구구조 원인 · 영향 · 대책』에서 “저출산 · 고령화에 제대로 대응하지 못할 경우 2050년대 0% 이하 성장세일 확률이 68%, 2070년 인구수가 4,000만 명 이하일 확률이 90%에 달한다”라고 경고했습니다. 이렇듯 저출산 · 고령화는 저성장과 소득 불균형을 심화시킬 것으로 예상되는데, 문제는 그 속도가 워낙 빠르기 때문에 한국이 자체의 역량만으로 단기간에 이 문제를 해결할 돌파구를 찾는 것이 불가능해 보인다는 것입니다. 저출산·고령화 문제는 복지부, 행정안전부, 지방자치단체 등 몇몇 관련 부처·기관만의 노력으로 해결될 일이 아니라 온 나라가 나서야 할 사안입니다. 그리고 외부의 자원도 적극 활용해야 대응이 가능할 것입니다.

취약한 공급망

한국은 약 10만km^2의 크지 않은 영토 안에 웬만한 산업 분야 제조업체를 갖춘 불가사의한 나라입니다. 바이오, 반도체, 2차전지 첨단산업부터 석유화학, 철강 등 전통적인 대규모 장치산업까지 전국 곳곳에 산업단지들이 들어서 있습니다. 그리고 이들 중 상당수 제조업체들은 외국에서 원재료를 수입해서 완제품을 만들고 이를 수출하는 가공무역에 특화해왔습니다. 협소한 국토와 내수시장 그리고 부족한 자원을 훌륭한 기술력과 인적자본으로 보완해왔던 것입니다.

그런데 한국의 이러한 산업구조는 태생적 한계를 지니고 있습니다. 다양한 제품의 제조에 필요한 소재와 부품을 모두 한국 내에서 조달할 수 없기 때문입니다. 그 결과 외부의 원료 공급망에 대한 의존성이 클 수밖에 없습니다. 최근 급성장하는 2차전지를 예로 들어 보겠습니다.

한국에는 LG에너지솔루션, 삼성SDI, SK온이라는 글로벌 셀(cell) 제조사가 있고 소재 분야에도 4대 소재(양극재-포스코퓨처엠·에코프로비엠, 음극재-포스코퓨처엠, 분리막-SK아이이테크놀로지,

전해액-엔켐), 파우치(율촌화학) 등을 생산하는 훌륭한 기업들이 있습니다. 그러나 각종 소재 공급 규모에 비해 최종 제품인 셀 제조 규모 증가가 상대적으로 크기 때문에 중국, 일본 등 외국 기업들로부터도 소재를 조달받을 수밖에 없습니다. 이러한 상황은 2019년 일본 아베 정부의 소재·부품 수출규제, 2023년 중국의 흑연 수출규제, 미국의 인플레이션감축법(IRA, Inflation Reduction Act) 등 한국의 경제와 밀접한 관계를 가진 나라들이 경제정책을 변경하거나 특정 조치를 취할 때마다 우리 기업들과 정부가 분주하게 움직일 수밖에 없도록 만들고 있습니다. 위에 언급한 현상의 근본적인 원인은 공급망 취약성입니다.

물론 우리 산업계나 정부도 공급망 취약성을 모르는 바는 아니었지만, 공급망 취약성 극복이 말처럼 쉬운 작업은 아니었습니다. 발등에 불이 떨어지는 상황이 닥치지 않았다는 것이 더 정확한 표현이겠습니다. 수십 년 전부터 외치던 일본 업체들에 대한 소재·부품 의존도 완화가 2019년 일본 수출규제에 이르러서야 소부장(소재, 부품, 장비) 업체들에 대한 지원을 통해 일부나마 이루어지고 있는 상황이 좋은 예입니다. 이는 실제 위기가 닥치기 전에 대비하는 것이 얼마나 어려운지를 보여주는 예이기도 합니다.

이 책의 Part Ⅰ '21세기 국제정세와 미얀마'에서도 언급했듯이 세계화가 진전되고 각국 간 분업화가 잘 이루어져 글로벌공급망(GVC, Global Value Chain)이 원활히 작동되던 시기에는 한국의 공급망 취약성은 크게 문제되지 않았습니다. 냉전이 종식되고 나서 최근까지 30여 년이 이러한 시기였을 것입니다. 그러나 21세기 특히 코로나19 팬데믹 이후의 글로벌 저성장의 세계에서 각국은 거리낌 없이 자국 우선주의 경제정책을 펼치고 있습니다. 이유도 다양합니다. 때로는 자국의 경제 안정화를 이유로, 때로는 기후변화 등 글로벌 환경보호를 이유로, 때로는 자국 산업 육성을 이유로 보조금 · 환경 규제 강화 등 다양한 보호무역 정책을 펼치고 있습니다. 이러한 자국 우선주의와 보호무역 정책은 한국에게는 공급망 취약성의 심화로 귀결되고 있습니다.

최근의 글로벌공급망 상황은 한국에게 더욱 불리해지고 있습니다. 각국의 보호무역주의와 더불어 미 · 중 패권 경쟁이 격해지고 있는 가운데 한국의 산업들 또한 점점 많은 위협에 노출되고 있는 것입니다. 코로나19 시기에 전선다발에 불과한 와이어하네스(wire harness) 부족으로 현대자동차 공장이 멈추어선 일이나 요소수 부족 사태, 중국의 흑연 수출 통제 등 점점 발생 빈도가 늘고 있습니다.

우리 기업이 한국 내에서 모든 소재와 부품을 조달하면 좋겠지만 효율적이지도, 가능하지도 않을 것입니다. 기왕에 외국으로부터 수입을 해야 한다면 단일한 국가가 아닌 보다 다양한 국가로부터 수입선을 확보하는 노력을 계속해나가야 하겠습니다. 참고로 미얀마의 띨라와 특별경제구역(SEZ)에도 와이어 하네스를 만드는 한국 업체가 진출해 있습니다.

공급과잉 시대의 해결책, 기술력 향상

"우리는 역사적 변환점에 와 있다. 탈냉전의 시대는 완전히 끝났다. 하지만 다음 시대를 예측할 수는 없다. 분명한 것은 다음 시대의 핵심은 기술이라는 것이다."* 미국 국무부장관 안토니 블링컨(Atony Blinken)의 이 말은 시계 제로인 신냉전 시대에 기술의 중요성을 일깨워 주는 말입니다. 실제로 미국은 자국 내 첨단기술산업 유치를 위한 전방위적인 노력을 경주하고 있습니다.

블링컨 장관의 말 중 기술의 중요성을 강조한 부분은 소규모 개방경제(Small Open Economy)인 한국, 특히 저성장 공급과잉 시대에 직면한 한국에게 매우 큰 울림을 주고 있습니다.

'세계 경제 10위권인 한국이 왜 소규모 경제야?'라고 반문할 수도 있을 것입니다. 그렇지만 한국은 소규모 경제가 맞습니다. 한국의 경제정책이 글로벌 경제에 미치는 영향은 미미하지만 글로벌 경제가 한국경제에 미치는 영향력은 매우 크기 때문입니다. 여기서 '글로벌 경제'를 미국, 중국 같은 G2로 대체해도 큰 차이는 없습니다. IMF에 따르면 2023년 미국의 GDP 규모는 약 27조 달러, 중국은 약 19조 달러로 한국의 1조 7,800억 달러보다 10배 이상 큰 상황입니다. 참고로 GDP 3, 4위 국가인 일본과 독일은 4조 달러 대에 머물고 있습니다. 동시에 한국은 무역의존도가 80%를 상회하는 대표적인 개방경제 국가입니다.

소규모 개방경제는 세계 경제가 성장하고 자유무역을 추구할 때 지속적으로 성장할 가능성이 커집니다. 1960년대 이후 한국이

---

* 안토니 블링컨 국무부장관-콘돌리자 라이스 대담 중(2022년 10월 17일 스탠포드 대학교)

좋은 예입니다. 그런데 최근 IMF, OECD 등은 앞으로 세계 경제는 저성장 기조를 유지할 것이라고 입을 모으고 있습니다. 그리고 그간 이루어진 글로벌 과잉투자는 저성장 시대에 공급과잉으로 되돌아오고 있습니다. 저성장을 예상한 각국 정부, 기업, 가계가 재정지출, 투자, 소비를 줄인다면 시간이 지나면서 저성장의 골은 더 깊어질 수도 있습니다. 현재 공급과잉은 철강, 석유화학 등 전통적인 대규모 장치산업에서 발생하고 있지만 향후 반도체, 이차전지 등 첨단산업에서도 발생하지 말라는 법은 없습니다. 최근 한국에서 외국산 철강제품과 석유화학 제품의 덤핑판매가 증가하는 것은 공급과잉의 최종적인 결과라기보다는 초기증상에 불과할지도 모르는 일입니다.

글로벌 GDP 성장률

(단위: %)

	2022년	2023년	2024년(예상)	2025년(예상)
세계	3.5	3.1	3.1	3.2
선진국	2.6	1.6	1.5	1,8
개도국	4.1	4.1	4.1	4.2
중국	3.0	5.2	4.6	4.1

자료: IMF(2024년 1월)

글로벌 저성장과 공급과잉 시대에 소규모 개방경제인 한국이 기댈 곳은 결국 더욱 높은 기술력밖에 없을 듯합니다. 과거 빠른 추격자(fast follower) 전략으로 성공을 거두었지만 더 이상 지구상에는 한국이 모방할 상대가 많지 않은 상황입니다. 첨단산업은 첨단산업대로 전통산업은 전통산업대로 초격차 기술을 갖추어야 생존이 가능한 시기가 온 것입니다.

우리의 문제에 대한 해답을 미얀마에서 찾을 수는 없을까?

위에 언급한 한국의 당면 과제 해결을 위한 다양한 노력이 이루어지고 있습니다. 2023년 6월에 출범한 '재외동포청' 신설, 이민청·인구부 신설 논의 등은 저출산·고령화라는 우리 사회의 문제와 무관하지 않습니다. 2024년 5월 '우주항공청' 업무 개시 또한 항공 및 우주산업 분야 기술 개발과 궁극적으로는 우주의 자원 활용을 염두에 둔 조치이기도 합니다. 하지만 한국 내부에서의 노력만으로는 해결책을 찾기가 힘에 부치는 것도 사실입니다. 외부로부터 자원을 받아들이는 것도 병행되어야 할 것입니다.

이러한 맥락에서 미얀마도 한국 앞에 놓인 문제를 완화하는 데 도움을 줄 수 있는 중요한 나라입니다. 미얀마는 이미 한국의 당면 과제 중 저출산, 고령화 완화에 많은 기여를 하고 있습니다. 국내 노동력 공급이 급속히 감소하고 있는 일부 제조업의 경우 미얀마의 노동력이 긴급구호의 역할을 하고 있습니다. 대표적으로 미얀마는 외국인고용허가제도를 통해 2023년에만 만여 명의 노동자들을 한국에 보냈습니다. 향후에는 그 숫자가 늘어날 가능성이 큽니다.

한국에서 외국 노동 인력이 필요한 분야 또한 점차 늘어나고 있습니다. 2024년부터 서울시가 가사 관리사와 식당 도우미로 필리핀 노동자(소위 필리핀 이모)를 받아들이기로 한 것을 예로 들 수 있습니다. 향후 고령화가 급속히 진행될 경우 의료 간병 분야의 인력도 많은 수요가 있을 것으로 예상됩니다. 그리고 가사 관리 같은 분야는 미얀마도 경쟁력을 가진 분야입니다. 이미 많은 미얀마 여성들이 싱가포르에서 가사 관리사, 아이돌보미로 일하고 있습니다. 싱가포르는 외국인 노동자에 대한 임금체계가 다르기 때문에 싱가포르에서 일하는 미얀마 사람들의 임금수준은 한국의 동일 업종 임금보다 낮다고 합니다. 미얀마에서 제가 만난 한 분은 전 근무지가 싱가포르였는데, 미얀마에 부임하면서 싱가포르에서 고용한 미얀마 출신 아이돌보미와 함께 입국했습니다. 미얀마 근로자들의 성실성은 여러 곳에서 인정받고 있습니다.

물론 이들이 한국에서 취업을 하기 위해서는 몇 가지 해결해야 할 과제들이 있습니다. 우선 우리 고용 당국이 미얀마 노동자들에게 가사도움, 간병 등 서비스 분야의 외국인 고용을 허용해야 합니다. 참고로 이러한 서비스 분야는 조선족 출신들에게만 개방되어 있었습니다. 시간이 지나면 미얀마 노동자들에게도 허용할 필요성이 커지리라 봅니다. 그리고 지금은 미얀마 노동부의 양해로 해결이 된 조건이지만 2023년까지 미얀마 정부는 여성 노동자의 경우 5인 이상을 채용하는 한국기업에만 인력을 파견한다는 방침이 있었습니다. 영세 업체가 5인 이상 여성을 동시에 고용하는 경우는 드물기 때문에 2023년까지 외국인고용허가제도를 통해 한국에 취업한 미얀마 여성은 없었습니다. 다행히 음식점 서비스, 호텔 청소 등 분야에서 미얀마 서비스 노동자들을 고용한다고 하니, 조만간 이들이 한국에서 근무하는 모습을 볼 수 있기를 기대해봅니다.

미얀마는 한국의 취약한 공급망 다변화에도 중요한 역할을 할 수 있습니다. 생산물을 직접 도입하고 있지는 않지만 포스코 인터내셔널이 미얀마 해상에서 천연가스를 생산하고 있습니다. 반도체, 전기차, 초고속 데이터 전송용 광섬유 등 한국의 미래산업에 필수적인 희토류 공급선 다변화에도 미얀마는 크게 기여할 수 있는 나라입니다. 미얀마산 천연자원은 주로 중국에 수출되고 있습니다. 수요자인 중국이 가격 설정에 있어 더 입김이 큰 수요독점 상태인 것입니다. 그렇기 때문에 미얀마도 중국 일변도의 수출에서 벗어나고자 하는 의지가 있는 듯합니다. 일부 천연자원은 대규모는 아니지만 우리 기업이 이미 거래를 하고 있고, 일부 자원에 대해서는 미얀마 측이 우리 업체들에게 거래 가능성을 타진해온 적도 있습니다. 다만 국제사회의 제재를 받고 있는 현재 미얀마의 정치 · 경제 상황에서는 새로운 거래를 추진하는 것은 여의치 않아 보입니다. 하지만 분명한 것은 미얀마가 한국의 취약한 공급망을 보완해줄 적임자 중 하나라는 것입니다.

기술 개발의 경우 미얀마가 당장 초격차 기술 개발에 직접적으로 기여하기는 힘들 것입니다. 하지만 훌륭한 연구인력을 제공한다거나 국내 연구기관과 연계한 미얀마 내 생산시설 운영 등 상생협력 방안을 고민해볼 필요가 있을 것입니다.

미얀마 현재 상황에 어떻게 대응할 것인가?

2024년 2월 1일 한국은 미얀마 쿠데타 발발 3주년을 맞아 아시아 국가로는 유일하게 미국, EU, 영국, 캐나다, 호주, 뉴질랜드, 노르웨이, 스위스와 함께 외교부 장관 명의 공동성명을 발표했습니다. 성명서에서 한국 정부는 미얀마 군부 정권하에서 인도적 위기가 악화되고 있음을 지적하고 상황 진전을 위한 아세안 및 UN 차원의 역할을 지지하면서, 미얀마의 평화적 · 포용적 · 민주적 미래를 위한 국제사회의 적극적인 관여 의지를 다시 한번 표명했습니다. 참고로 미국은 공동성명과는 별도로 미얀마 군정에 협력한 개인 4명과 단체 2곳을 새롭게 제재대상에 추가하는 조치를 내렸습니다.

쿠데타 발발 3주년 유사입장국 공동성명 주요 내용
(외교부, 2024.2.1)

미얀마 군부는 3년 전 민주적으로 선출된 정부를 전복시켰음. 군부 정권하에서 민간인 대상 폭력이 증가하여 수천 명이 구금되고 고문당하고 사망하였으며, 공습·포격·방화 등으로 인해 가옥·학교·보건시설 등 민간 기반시설이 파괴되었음. 로힝야*족 등 종교·인종·인종 집단에 대한 체계적인 차별도 만연한 상황이며 260만 명 이상의 피난민이 발생하였고, 1800만 명 이상의 사람들이 곤궁한 상황에 처해 있음.

미얀마 군부 정권의 잔학 행위 및 인권 유린을 가장 강력한 어조로 규탄하며, 미얀마 군부가 방향을 전환하여 ▲ 민간인에 대한 폭력을 즉각 중단하고, ▲ 부당하게 구금된 모든 정치범을 석방하고, ▲ 인도주의적 접

* 'Rohingya' 이책에서는 '로힝자'로 표기하지만, 외교부 공동성명에는 '로힝야'로 표기

근을 전면 허용하며, ▲모든 이해 당사자들 간의 포용적인 대화를 위한 여건을 마련할 것을 거듭 촉구함.

미얀마 위기 해결을 위한 아세안의 단합된 노력을 적극 권장하며, 아세안 의장국 및 특사의 건설적 노력을 높이 평가함. 미얀마 군부 정권이 아세안 5개 합의사항*을 이행하고, 미얀마의 포용적 민주주의 전환을 위해 아세안 대표들과 협력할 것을 촉구함.

UN안전보장이사회 결의안 2669호(2022년 채택)의 완전한 이행을 계속 지지하며, 아세안의 평화적 해결책 모색 노력을 지원하기 위한 UN안보리의 활동을 적극 지지함. UN사무총장 미얀마 특사 및 상주 조정관의 적시 임명 등 UN의 미얀마 관련 노력 강화를 촉구하며, UN회원국들이 미얀마의 긴급한 인도적 수요에 대한 지원을 계속할 것을 촉구함.

국제사회의 모든 구성원들이 미얀마 군부가 폭력을 중단하도록 압박하고, 신뢰할 수 있고 평화로우며 민주적인 미얀마의 미래를 위해 진정으로 포용적인 대화를 이끌어내기 위한 노력을 지지할 것을 촉구함. 또한 미얀마 국민들과 인접국으로 피신한 난민들의 긴급한 인도적 수요를 충족시켜줄 것을 요청함. 또한 미얀마 군부에 무기·장비를 제공하는 것을 중단할 것을 촉구함.

군부 쿠데타 3주년을 맞이하여, 포용적이고 진정한 민주주의를 염원하는 미얀마 국민들과 계속 연대할 것임.

---

* ①폭력 즉각 중단 ②모든 당사자 간 건설적 대화 개시 ③아세안 의장 특사 중재 ④인도적 지원 제공 ⑤아세안 의장 특사단 미얀마 방문 및 모든 당사자 면담

한편 같은 날 미얀마 군총사령관이자 국가행정위원회(SAC, State Administrative Council) 위원장인 민아웅흘라잉은 국영방송 MRTV 연설에서 "무슨 수를 써서라도 반대 세력을 진압하고 국가를 안정된 상태로 돌려놓겠다"라고 밝히면서 반군 세력과 전투를 벌이고 있는 각 지역 친(親)군정 민병대에 더 많은 물자를 제공할 계획임을 강조했습니다.* 이상을 종합해보면 국제사회와 미얀마 군부의 현 상황에 대한 인식의 간극은 여전히 크다는 것을 알 수 있습니다. 이에 따라 미얀마 상황이 단기간에 개선될 여지는 크지 않아 보입니다.

미얀마 사태가 장기화되는 상황에서 미얀마와 관련한 우리 정부의 가장 중요한 현안은 미얀마 현지에 있는 우리 교민들의 안전 확보와 우리 기업의 이익 훼손 방지일 것입니다. 주미얀마 대한민국대사관의 존재 이유이기도 합니다. 그리고 국가 간의 관계 차원에서의 과제로는 미얀마와 협력관계의 끈을 계속 유지하는 것을 들 수 있습니다. '미얀마'를 규탄하는 공동성명을 발표하면서 '미얀마'와 협력관계의 끈 유지라니? 모순 아닌가 하는 의문을 제기할 수도 있을 것입니다. 그렇지만 미얀마를 좀 더 세분화해서 보면 가능한 일이 됩니다. '미얀마를 통치하고 있는 군부정권'과 협

---

* 미얀마 당국은 2024년 2월 10일 '18~45세 남성과 18~35세 여성은 2년간 군에 징집될 수 있으며, 국가 비상시에는 5년까지 연장될 수 있다.'라고 규정된 2010년 병역법을 시행한다고 발표했습니다. 국내 언론은 미얀마 군부가 2010년 제정된 병역법을 지금에서야 시행하는 것은 그만큼 반군부와의 전투에서 수세에 몰렸다는 것을 방증한다고 해석(〈경향신문〉, 2024.2.12)하기도 했습니다.

력의 대상인 '국가로서의 미얀마'를 구분해서 볼 필요가 있습니다. 그리고 이러한 과제들은 결국 어떻게 현재의 상황을 관리할 것인가로 귀결되고 있습니다.

이와 관련한 평소 개인적 생각 몇 가지를 적어봅니다.

① 장기적인 관점에서 미얀마 바라보기

미얀마와 관련된 문제 대응을 위해서는 먼저 과거 우리가 어떻게 미얀마를 바라봐왔는지를 짚어볼 필요가 있습니다.

2010년 이전에는 일부 미얀마와 사업관계에 있던 사람들을 제외하고 대부분 한국 사람들에게 미얀마는 무관심의 영역이었습니다. 미얀마를 아는 사람들도 오히려 아웅산 묘소 폭탄테러 사건, 마약생산지 골든트라이앵글 등 부정적인 이미지로 미얀마를 바라보았을 것입니다. 2010년대 초 떼인세인 정부가 개혁개방정책을 시작할 무렵에 와서야 미얀마를 마지막 남은 기회의 땅, 제2의 베트남 등 경제적 거래가 가능한 대상으로 바라보기 시작했습니다. 2017년 이후 한동안 한국에게 미얀마는 '신남방 정책'의 핵심 국가였습니다. 협력의 포인트는 여전히 경제였지만 상대적으로 상생을 강조한 시각이었습니다. 2021년 쿠데타 이후에는 좀 더 정치적인 시각에서 미얀마를 안타깝게 바라보고 있습니다. 경제협력과 관련한 논의는 대부분 사라진 상태입니다. 한국과 미얀마가 교류를 시작한 지 50여 년에 불과함을 감안하더라도, 우리가 미얀마를 바라보는 시각 특히 경제협력 측면에서의 관점은 시류에 민감하게 시시각각 바뀌어온 점을 알 수 있습니다. 한마디로 경제적 측면에서는 미얀마를 근시안적, 표면적으로만 바라봐왔다고 해도 무방할 듯합니다.

우리의 미얀마에 대한 시각이 과거와 같이 시류에 따라 움직인다면 쿠데타를 겪고 있는 현 시점의 미얀마는 또다시 경제협력 측면에서 무관심의 영역으로 떨어질 가능성이 커 보입니다.

그렇다면 미얀마를 이대로 우리의 시야에서 사라지도록 두고 보아야 할까요? 이 책을 시작하면서도 언급했듯이 저의 생각은 "그렇지 않다"입니다.

그 이유는 첫째, 최근 10여 년간 우리가 확인해왔듯이 미얀마는 경제적 잠재력이 매우 큰 나라이기 때문입니다. 미얀마의 잠재력은 타 국가들의 최근 행보를 보면 더 쉽게 알 수 있습니다. 국경을 접한 중국, 인도, 태국은 하나같이 국제사회의 미얀마에 대한 제재에 동참하기보다는 미얀마와 경제협력을 강화하는 길을 택하고 있습니다. 우리와 유사한 상황인 일본도 미얀마와 경제협력 관계를 유지하기 위해 매우 조심스러운 행보를 보이고 있습니다. 미얀마에 공식 · 비공식적으로 고위인사를 파견하고 우리 정부가 매번 참여하는 '미얀마 정세를 우려하는 국제사회의 성명서'에는 불참함으로써 군부와 마찰을 최소화하고 있는 것도 미얀마의 잠재력을 고려한 행보입니다. 둘째, 미얀마는 한국이 가지지 못한 자산을 보유하고 있기 때문입니다. 미얀마에는 젊고 성실한 노동력이 풍부합니다. 2024년에는 역대 최대 규모인 11,000여 명의 근로자들이 한국에 입국할 예정입니다. 한국의 저출산 · 고령화를 해결해줄 수는 없지만 해결책을 마련하는 데 시간을 벌어줄 수는 있을 것입니다.

미얀마의 풍부한 천연자원은 한국의 공급망을 튼튼하게 지탱해줄 자원으로 활용될 수도 있습니다. 그리고 미얀마 사람들 특히 젊은 층의 한국에 대한 호의적인 태도 또한 빠뜨리지 않고 눈여겨보아야 할 미얀마의 자산입니다. 한류가 보편화된 현재 한국어를 구사하는 외국인을 만난다거나 한국 문화에 관심 있는 외국 청소년들을 접하는 것은 더 이상 특별한 일이 아닙니다. 하지만 한국의 현대사를 꿰뚫고 있으면서 민주화, 경제발전 역사를 부러워하는 젊은이를 만나는 것은 흔한 일이 아닙니다. 미얀마의 젊은이들이 후자에 해당합니다. 이는 2021년 쿠데타 이후 두드러지는 현상이고, 한국으로 향하는 미얀마 유학생 수 증가가 잘 증명하고 있습니다. 이들은 한국을 통해 미래의 꿈을 키워나가고 있고 한국의 도움 또한 희망하고 있습니다. 양국 발전을 위해 긍정적인 에너지로 활용할 필요가 있습니다.

위의 이유들은 장기적인 관점에서 미얀마를 바라보아야 하는 이유이기도 합니다. 근시안적인 시각으로 시류 또는 작은 이익만 좇다가 어려움에 부딪히면 쉬 잊어버리는 관계를 반복한다면 그저 그렇고 그런 관계로만 남게 되고 미얀마의 잠재력은 남의 떡이 될 공산이 큽니다. 더욱이 한국은 GDP 세계 10위권(2022년 기준 13위) 국가이지만 2023년 경제성장률은 1.3%였고 2024년 성장률도 2% 초반대에 머물 것으로 예상되는 등 미래 성장 전망이 밝지만은 않은 상황입니다. 이럴 때일수록 장기적인 안목을 가지고 미래 투자처와 협력 파트너를 찾는 노력을 게을리하지 않아야

겠습니다. 비록 현재 미얀마의 상황이 어렵지만, 지금까지 갖추어진 사업 저변이나 네트워크를 유지하면서 기다린다면 미얀마의 잠재력이 현실화되는 시점이 생각보다 빨리 올지도 모르는 일입니다.

투자는 장기적인 안목을 가지고 해야!
그리고 세상에 영원한 것은 없다!

제가 미얀마에 처음 도착한 2013년 2월은 미얀마가 50여 년간의 군부 독재를 뒤로하고 막 개혁개방의 길로 들어선 때였습니다. 그런데, 미얀마의 개혁개방과는 별개로 제가 미얀마에서 피부로 느낀 인상적인 점이 있습니다. 바로 부동산 임대료였습니다.

캐나다 오타와에서 뒤뜰이 있는 2층 단독주택을 임차할 수 있는 비용으로 양곤 시내에서는 방 두 칸짜리 작은 아파트 빌리기도 불가능했습니다. 당시 사무실로 가장 인기가 있던 술레 파고다 인근 다운타운의 '사쿠라 타워' 임대료는 1m^2당 75달러로 당시 뉴욕이나 도쿄 오피스 임대료와 맞먹는 가격이었습니다. 단기간에 전 세계에서 많은 사람들이 미얀마로 몰려들면서 부동산 시장에 심각한 초과 수요가 발생했기 때문입니다. 덕분에 저는 본의 아니게 대사관에서 꽤 떨어진 외각 지역에 집을 얻고 교통지옥을 겪으며 출퇴근을 해야 했습니다.

그리고 제 주변 한국인 중 부동산 투자로 수십 배 많게는 백 배 가까이 수익을 본 사람도 있다는 소식을 들을 수 있었습니다(물론 미얀마는 외국인의 부동산 소유를 허용하지 않기 때문에, 미얀마 파트너 명의 거래였을 것입니다). 이 분들의 공통점은 미얀마에서 최소 10년 이상 사업을 했다는 것이었습니다. '역시 장기간에 걸친 노력이 있어야 결실을 보는구나! 이 분들이 (당시 유행하던) 블루오션 투자를 하셨구나!'라는 생각을 했던 기억이 있습니다.

그런데 2021년 쿠데타 이후에는 반대 상황이 펼쳐지고 있습니다. 가격을 내려도 공실을 면치 못하는 주택이 속출한 것입니다. 그사이 많은 고층 건물들이 들어서기도 했고, 2010년대 이후 지속적으로 늘어났던 외국인들이 2021년 쿠데타 이후 미얀마에서 철수했기 때문입니다. 제가 살았던 지역만 해도 외국계 유치원이 철수하면서 주변 주택의 공실이 다수 발생했습니다.

이렇게 미얀마의 상황은 롤러코스터를 탄 듯이 급변하고 있습니다.

향후 10년 후의 미얀마 모습은 어떨까요?

참고) 쿠데타 이후 미얀마의 부동산 시장이 침체되었지만 폭락까지 간 상황은 아닙니다. 오히려 특정 지역에 따라서는 2023년 이후 과열되는 현상을 보이고 있습니다. 쿠데타 이후 미얀마 경제상황을 감안할 때 이는 정상적 경제활동의 결과라고 보기는 어렵습니다. 물가상승, 환율 상승하에서 '자산 가치를 보존하기 위한 도피성 투자'이지 않을까 추측합니다. 여기에 부동산 가격 상승을 예상한 중산층들도 투자에 가세했을 수 있습니다. 제가 아는 미얀마 친구도 "자동차를 팔아 집을 살까?" 라는 진담 섞인 농담을 던진 적이 있습니다. 외국인 투자 자본이 대거 철수한 상황에서 그나마 남아 있던 민간 자본까지 생산 활동과 무관한 부동산으로 몰려들 경우 미얀마의 경제 활력이 더욱 떨어지지는 않을까 우려됩니다.(코트라 분석 요약)

② 시나리오별 대응 전략 수립

10년 후 미얀마의 모습은 어떨까요? 정확한 미래를 알 수는 없지만, Part Ⅰ '미얀마의 미래 어떻게 될까?'에서 살펴봤듯이 최상의 경우와 최악의 경우를 포함한 몇 가지 시나리오를 예상해볼 수는 있겠습니다. 최상의 경우로는 미얀마 군부가 각성하고 미얀마의 미래를 위한 길로 향하는 것입니다. 거기에 더해 미얀마의 숙원인 소수민족들과 평화협정이 체결된다면 미얀마는 물론 미얀마에서 사업을 하는 한국 기업들에게도 다양한 사업 기회가 펼쳐질 것입니다. 최악의 경우는 외곽 지역에서 일어나고 있는 군부와 소수민족반군단체 또는 반군부 무장세력 간 전투상황이 악화되어 양곤, 만달레이 등 도시 지역에까지 불안정이 확산되는 경우를 상정할 수 있습니다. 그리고 그 중간 단계로는 미얀마 군부가 제한적 주도권을 가지지만 외곽 지역의 치안은 확보하지 못한 현재의 상황 지속 또는 친군부 민간정부가 들어서는 상황도 있을 수 있겠습니다.(미얀마의 미래와 관련된 좀 더 구체적인 내용은 Part Ⅰ의 '미얀마의 미래 어떻게 될까?' 참조)

최상의 경우와 최악의 경우는 미얀마와의 경제협력을 계속할 것인지 의사 결정을 내리는 측면에서 오히려 단순하고 명쾌한 결론을 제공합니다. 불확실성이 사라지기 때문입니다.

문제는 현재와 같은 '군부가 주도권을 가지지만 소수민족무장단체 또는 반군부 무장세력 간 전투가 벌어지는 상황' 달리 말하면 '미얀마 시장을 버리기는 아깝지만, 마냥 기다리기도 어려운 애매한 상황'이 지속되는 경우입니다. 그리고 그 기간이 길면 길수록 미얀마와 경제협력의 미래는 불투명해질 것입니다. 이 경우 불가피하게 미얀마에서 사업을 해왔던 기업들의 철수가 발생할 것입니다. 2021년 2월 쿠데타 초기 대부분 한국 기업들이 영업활동을 유지한 데 반해, 2023년에는 일부 기업들이 미얀마 시장에서 철수하는 것도 같은 맥락에서 볼 수 있습니다. 쿠데타가 발생한 지 3년이 지나고 미얀마에서의 사업 환경이 지속적으로 악화되는 현 상황에서 철수하는 기업이 발생하는 것 자체는 비즈니스 측면에서는 당연한 일일지도 모르겠습니다. 또한 대기업보다 재정, 인력이 부족한 중소기업, 소상공인들의 미얀마 철수가 앞설 것으로 예상됩니다. 다만 비상사태, 예를 들면 짧은 기간 내 다수 기업이 철수하게 될 경우 등에 있어서 우선 지원 순위, 철수 기업들의 자산보호 방안(특히, 재정 여력이 부족한 중소기업 지원 방안), 미얀마 경제 관련 당국과의 관계 관리 등에 대한 시나리오별 구체적인 계획이 있어야 할 것입니다.

시나리오를 논함에 있어 간과하지 말아야 할 중요한 점은 미얀마 상황이 안정될 때를 대비해서 미얀마 재진출 전략도 변수로 염두에 둔 철수가 되어야 한다는 것입니다. 이 때문에 미얀마에서 사업 환경이 악화되어 불가피하게 일시적으로 철수하게 된다는 인식을 가질 수 있도록 미얀마 당국과의 사전 교감이 중요합니다. 기업 자신은 물론 대사관과 코트라가 특히 꼼꼼히 챙겨봐야 할 사항으로 생각됩니다.

이 모든 시나리오별 대응 전략의 효과성은 '미얀마 상황이 호전될 경우 얼마나 빠른 시일 내에 미얀마에 재진출할 수 있느냐'로 평가받을 수 있을 것입니다. 최근 미얀마에서 진행되는 프로젝트를 싹쓸이하고 있는 중국은 계속해서 미얀마에서의 영향력을 늘리고 있습니다. 일본만 해도 (마치 화살을 먹인 활시위를 당겨놓은 것처럼) 미얀마 군당국과 관계를 관리하면서 언제든 미얀마에 추가로 투자할 기회를 엿보고 있습니다. 한국만 우물쭈물하다가 기회를 놓치는 일은 없어야 할 것입니다.

③ 기업의 자유로운 진출입 지원

2021년 쿠데타 이후 연이은 국제사회의 제재와 미얀마 군부 당국의 반시장적인 조치는 미얀마 경제 상황을 지속적으로 악화시켜 왔습니다. 군부가 변하지 않는 한 현 상황의 극적인 반전을 기대하기는 힘들 듯합니다. 이러한 상황에서는 현실을 최선의 상태(best case scenario)로 변화시키기 위한 방법을 모색하는 것 못지않게 현재의 상황이 더 악화되지 않도록 현상을 유지 · 관리하는 것 또한 중요할 것입니다. 따라서 현재 양곤, 만달레이, 바고 등 안전이 확보된 지역에 소재하는 개인과 기업이 계속 활동할 수 있는 공간이 필요합니다.

또한 진출해 있지만 사업성 악화로 미얀마 시장을 떠나기로 한 기업의 경우, 대사관과 우리 정부는 이들 기업의 신속한 미얀마 시장 철수를 지원해야 합니다. 기업의 사업 성패 여부와 존립이 달린 문제이기도 하거니와, 미얀마 당국에게도 현실을 직시할 기회를 제공할 필요가 있기 때문입니다. 실제 2023년 들어 국내 대기업 계열사가 미얀마 시장에서 신속한 철수를 위해 대사관의 도움을 요청한 사례가 있습니다. 이 회사는 미얀마 투자위원회(MIC)의 승인을 얻어 미얀마 파트너와 50:50 투자로 진출했는데, 미얀마 시장 철수를 위해서도 미얀마 투자위원회의 승인이 필요한 상황이었습니다. 이런저런 이유로 투자위원회 개최가 미뤄지고 있었기 때문에 대사관의 지원이 필요했습니다. 미얀마 투자위원회는 물론 투자위원회 위원장의 소속 기관인 투자대외경제관계부(MIFER, Ministry of Investment and Foreign Economic Relations), 투자위원회의 사무국인 투자기업관리국 등 유관기관과 협의를 대사관이 지원해준 바 있습니다. 제가 미얀마를 떠난 이후인 2023년 말 이 기업은 투자위원회의 철수 승인을 얻었다고 합니다.

반면 어려운 상황 속에서도 미얀마에 투자를 확대하는 기업들도 있습니다. 이들 기업에 대한 아낌없는 지원 또한 매우 중요합니다. 투자 지역의 안전 확보, 원료 조달, 신규 투자의 경우 서류상에 발견되지 않는 숨겨진 비용이 얼마나 되는지 등 정보와 함께 사업성 있는 투자가 진행되도록 지원할 필요가 있습니다.

④ 국가 프로젝트, 지속하지만 급하지 않게

미얀마 쿠데타 이후 우리 정부는 대미얀마 공적개발원조(ODA)를 재검토하고 신규 프로젝트에 대해서는 지원 중단을 선언했습니다. 이 말을 달리하면 기존에 진행되던 프로젝트는 요건을 갖추면 계속 추진될 수도 있음을 의미합니다. 특히 지원의 성격이 미얀마 일반 국민을 대상으로 한 인도적 지원이라면 대안 없이 중단하는 것보다는 시간이 걸리더라도 마무리하는 것이 미얀마 국민들의 삶의 질 향상에 기여한다는 공적원조 및 국가 프로젝트 본연의 목적에 부합하는 길일 것입니다.

기존에 진행되어온 대표적인 한-미얀마 협력 프로젝트들로는 Part Ⅳ '한국 그리고 미얀마' 장에서 설명한 '한-미얀마 우정의 다리', '500kV 송전망 구축 사업', 공적개발원조는 아니지만 '한-미얀마 경제협력 산업단지(KMIC)' 등이 있습니다. 그리고 이들 외에도 2023년 현재 한국수출입은행 지원(EDCF) 미얀마 사업으로 한국 정부의 승인을 받은 프로젝트들이 있습니다. '철도 현대화(밍에)', '운하 개선(양곤)', '전자정부 통합데이터센터 구축(네피도)', '한-미얀마 경제협력 산업단지(KMIC) 주변 인프라 구축' 등입니다.

2021년 2월 쿠데타는 이들 사업에도 큰 영향을 미치고 있습니다. 사업장 주변 안전 문제, 자재 조달 어려움 등 대부분 사업 완수를 지연시키는 부정적인 영향입니다. 미얀마 군 당국에 수혜가 가거나 국제사회의 경제제재와 관련된 민감한 사업은 진행이 중단되기도 했습니다. 한편 미얀마 일반 국민들의 지지도가 낮은 군부는 이들 사업의 진전에 큰 관심을 보이고 있습니다. 사업 완수는 군부 업적 홍보에 큰 도움이 되기 때문입니다.

이러한 상황에서 우리 정부와 사업 주체들은 어떤 선택을 해야 할까요? 우선 사업의 성격에 따라 다른 접근이 필요할 듯합니다. 앞서 언급했듯이 미얀마 일반 국민들의 삶의 질 향상을 위한 사업은 계속 진전시켜야 할 것입니다. 반면 혜택이 정부, 군부 등 특수

층에 돌아갈 가능성이 큰 사업은 우선순위 조정을 통해 후순위로 이동이 필요할 것입니다. 그리고 일반 국민들 삶의 질 향상을 가져올 수 있는 인도적 사업도 무리해서 급하게 추진할 필요까지는 없을 것입니다. 사업을 진행하는 수행업체의 사업성, 노동자들의 안전, 자재 조달 등 사업 환경을 고려해서 신중히 추진할 필요가 있습니다. 물론 이 과정에서 수출입은행, 한국토지주택공사, 무역보험공사 등 한국 공공기관의 적극적인 지원도 빠뜨리지 않고 챙겨야 할 사항입니다.

⑤ 연구기관, 미래를 위한 활동을 더 활발히 할 때

1975년 외교관계를 수립한 한국과 미얀마는 전체적으로 볼 때 시간이 지날수록 상호 관계가 더 밀접해지고 더 많은 양국 국민들이 서로를 알아가고 있습니다. 초창기부터 미얀마에 진출한 봉제 등 제조업체, 자원개발기업, 최근의 금융 등 우리 기업들과 서비스 및 자영업으로 미얀마에 진출한 우리 국민들의 노력이 있었기에 가능한 일이었을 것입니다. 그런데 현재 미얀마의 객관적인 상황을 고려할 때 생존 여부를 두고 사투를 벌이는 기업들의 원활한 활동은 여의치 않습니다. 따라서 우리 기업들이 과거처럼 눈에 보이는 분야에서 적극적인 활동을 펼치기에는 제약이 있어 보입니다. 그렇지만 현재의 어려움이 아무것도 하지 않아도 된다는 것을 의미하지는 않습니다. 눈에 띄지는 않지만 수면 아래에서 미래를 위한 노력을 펼쳐나가야 할 때입니다. 한국 기업들의 활동이 여의치 않다면 정부와 공공기관들이 우리 기업의 튼튼한 버팀목이 되도록 더 많은 노력을 기울여야 하겠습니다. 앞서 말한 정부 간 프로젝트를 지속하는 것도 하나의 예가 될 수 있습니다.

눈에 보이지는 않지만 미래를 준비하는 중요한 활동으로 연구·분석 분야 또한 빼놓을 수 없습니다. 지난 10여 년간 우후죽순처럼 쏟아졌던 미얀마 진출 전략을 내용으로 한 민간 컨설팅 업체 및 공공 연구기관들의 분석 자료는 대부분 유효 기간이 지났습니다. 오히려 지금처럼 어려운 시기에 미얀마에 대한 연구를 하지 않는다면, 미래에 미얀마 상황이 개선되어 막상 필요한 시기에 참고할 자료가 없는 난감한 상황이 발생할 수도 있습니다. 따라서 국책연구기관을 중심으로 대미얀마 경제협력 환경, 과거 경험 및 시사점, 미래 전망 등 심층적인 분석을 해두어야 하겠습니다. 다행히 한국에는 훌륭한 경제·산업분야 싱크탱크들이 있습니다. 이들의 활동이 현재의 폭풍우를 견뎌내고 향후 강하게 성장할 수 있도록 미래를 준비하는 데 큰 도움이 되기를 바랍니다.

⑥ 민간과 정부, 같지만 다르게

'장기적 안목을 가지고 다양한 시나리오를 고려하면서 미얀마와 경제협력을 지속할 방안을 준비한다.' 이는 미얀마와 관련된 모든 주체에게 해당하는 말일 것입니다. 하지만 그 주체가 누구인가에 따라 구체적인 대응 형태는 달라져야 할 것입니다.

주어진 기간에 실적이라는 증명이 필요한 민간 기업에게 장기(長期, long term)는 정부나 공공기관이 생각하는 장기(長期)에 비해 그 길이가 훨씬 짧을 것입니다. 그렇기 때문에 쿠데타 정국의 미얀마와 관련된 사업을 전개하는 우리 기업들의 운신 폭은 매우 좁을 수밖에 없을 것입니다. 과거에 행했던 대규모 투자 대신 소규모 프로젝트 기반으로 사업을 진행시킬 수밖에 없는 경우도 있을 것이고 때로는 발 빠르게 사업에서 손을 떼야 하는 상황도 발생할 수 있습니다.

반면 정부와 공공기관은 민간기업보다 더 긴 안목으로 양국 관계를 관리해야 하겠습니다. 비록 군당국과 공식적인 관계는 자제하더라도 인도주의적 공적개발원조를 지속하고 한국에 진출하는 미얀마 노동자 허용 폭을 넓히는 등 현실적인 협력을 지속함으로써 양국의 거리를 좁히는 노력을 지속할 수 있습니다. 그리고 쿠데타 관련 국제사회의 공동성명 등에도 계속 참여하여 국제사회의 책임 있는 일원으로서의 역할을 다 한다면, 미래 미얀마 정세가 호전되었을 때 더 효과적으로 우리의 목소리를 낼 수 있을 것입니다.

또한 정부는 현실에서 일어날 수 있는 최악의 상황도 상정한 정책을 고려할 필요가 있습니다. '최악의 경우 현재 미얀마 상황이 수십 년간 계속된다면 어떻게 될까?', '민간이라면 확실한 몇 가지 사업 외에는 미얀마에서 활동을 중단할 것인데, 이 경우 정부의 역할은?', '현 세대에 미얀마와 경제협력 정상화가 안 된다면 다음 세대라도 미얀마의 잠재력을 활용할 수 있도록 미얀마와의 관계를 관리할 필요가 있지 않을까?', '그렇다면 그 방법은?' 등을 고민해야 할 것입니다.

한국 기업들의 미얀마 활동을 지원하는 기관으로는 대사관, 대한무역투자진흥공사, 재미얀마한인상공회의소가 있습니다. 미얀마 경제가 불투명한 시기에 이들의 중요성은 더 커지고 있습니다. 그리고 미얀마에는 한국국제협력단, 수출입은행, 산업인력관리공단 등 공공기관도 진출하여 미얀마의 한국 기업들과 교민들에게 유용한 정보를 제공하고 위의 고민들에 대한 답을 찾기 위해 머리를 맞대고 있습니다.

민간과 기업이 같은 길을 가지만 때로는 빨리 가기 위해서 혼자 가고, 때로는 멀리 가기 위해서 함께 가는 지혜와 유연성이 필요한 시기입니다.

미얀마에서 비즈니스로 성공하려면

미얀마에서 상무관으로 근무하는 동안 다양한 기업과 기업인들을 만나면서 미얀마에서 비즈니스를 할 때 고려했으면 하고 느낀 점 몇 가지를 소개드립니다.

① 현장에 답이 있다! 그러나 가능한 시행착오 시간을 줄여라

제가 미얀마에서 만난 사람 중에는 한국에서 건설업으로 자수성가한 분도 있습니다. 10여 년 전 한 지인을 통해 미얀마에서 전자기기 판매업을 시작하였는데 막상 미얀마에 와보니 시장 환경이나 소요 비용이 본인이 듣던 것과 크게 달랐다고 합니다. 예를 들면, 직원 고용비는 적지만 생산력은 턱없이 떨어지는 경우, 인허가를 받을 때 모든 단계에서 필요한 급행료 등입니다. 숨겨진 비용에 대한 살아 있는 정보 제공이 생략된 것이었습니다. 사기 아닌 사기를 당했다고 볼 수도 있지만, 현장을 챙기지 못한 투자자 본인의 불찰이 컸다고 봅니다. 이후 전자기기 판매업을 정리하면서 꼼꼼히 미얀마 시장 정보를 파악하여 본인의 전문 분야인 건축에서 전자기기 판매업 손실을 만회했다고 합니다. 정말 다행인 일입니다만, 너무나 많은 시간과 노력이 소요된 후에 얻은 결과입니다.

앞서 '미얀마의 한국 기업들'에서 보았던 식용유 제조사 B사의 실패 또한 사업 현장인 미얀마 소비자 분석이 부족했기 때문에 발생한 일입니다.

현지 문화와 관습에 대한 이해 또한 중요합니다. 첫 번째 미얀마 근무시기 한국 유학을 희망하는 학생이 면접자인 제 앞에 앉아 팔짱을 끼는 모습을 보고 태도 점수에 감점을 한 적이 있습니다. 그런데 한두 명도 아니고 학생들이 면접장에 들어오는 족족 팔짱을 끼는 것을 보고 휴식 시간에 현지 직원에게 이유를 물어보니, '윗사람과 이야기할 때 취하는 자세'라는 말을 들을 수 있었습니다. (과거 전쟁이 빈번하던 시기 마주 앉은 상대방에게 팔짱을 끼는 것이 '나는 무기가 없어요'라는 표시였다는 말도 있는데, 윗사람에게 팔짱 끼는 관행의 정확한 이유인지는 확인되지 않습니다.) 부랴부랴 앞서 면접 본 후보자에 대한 감점을 삭제한 기억이 있습니다.

이 모든 일들이 구체적인 현장을 경험하지 않으면 확인하기 어려운 일들입니다. 다행히 미얀마에는 대한무역투자진흥공사와 재미얀마한인상공회의소가 있고 민간 경제연구기관으로는 미얀마경제연구소(MBRI, Myanmar Business Research Institute) 등이 활동하고 있으니, 이들 기관들을 활용하여 사전에 미얀마를 경험하는 것도 비용과 시간을 절약하는 좋은 방법일 수 있겠습니다.

② 한류, 좋은 재료이지만 만병통치약은 아니다

현재 한류는 지구촌의 보편적 현상입니다. 또한 한류를 활용한 사업도 활발히 진행되고 있습니다. 한류의 경제적 효과*는 크게 세 가지로 분류할 수 있습니다. ①드라마, 음악, 영화, 게임 등 문화콘텐츠는 직접적인 한류 상품입니다. ②한류와 관련된 상품 · 소비재의 판매, 관광객 유치 등은 한류와 간접적으로 관련된 경제 효과입니다. ③한국이라는 국가 또는 한국 상품의 이미지 향상은 한류와 관련된 가치 즉 무형의 효과입니다.

한류를 통해 가장 큰 혜택을 보는 주체는 국가로서의 대한민국일 것입니다. 위에 열거된 3가지 모두의 효과를 보고 있으니까요. 그런데 기업 차원에서 한류의 효과는 구체적 주체에 따라 다를 듯합니다. 엔터테인먼트사나 게임 등 콘텐츠 제작사는 직접적인 혜택을 볼 것입니다. 화장품, 식품 등을 생산 · 판매하거나 관광상품을 제공하는 업체도 혜택을 볼 수 있지만 제품이나 서비스의 질이 더 중요한 경쟁 요소일 것입니다. 한류의 이미지를 활용한 비즈니

* 한국국제문화교류진흥원은 한류의 경제적 효과를 수치화하여 발표하고 있는데, 2023년 한류 콘텐츠, 소비재, 관광 수출 규모가 약 145억 달러에 달한다고 발표한 바 있습니다.

스의 경우 한류가 매출에 미치는 영향은 더욱 제한적일 것입니다.

미얀마에서도 많은 한국 업체가 직간접적으로 한류를 활용한 비즈니스를 하고 있습니다. 2021년 쿠데타 전에는 한국의 엔터테인먼트 업체가 미얀마 보이 그룹을 양성하기도 할 정도였습니다. 하지만 대부분은 한류와 간접적으로 관련된 상품·서비스를 판매하거나 이미지를 활용하는 업체입니다. 그리고 한 가지 주목할 점은 미얀마에서 한류를 가장 적극적으로 활용하거나 활용하고자 하는 주체는 소상공인들이라는 점입니다. 한류의 이미지나 관련된 상품을 쉽게 사업과 연결시킬 수 있다고 생각하기 때문인 듯합니다. 그런데 엄밀히 볼 때 쉽게 시작하는 것과 효과적으로 한류와 상품을 연계하여 최종적으로 사업을 성공으로 이끄는 것 간의 상관성은 그리 크지 않은 듯합니다.

미얀마에서 한류를 연계한 사업을 할 경우 고려해야 할 요소들이 있기 때문입니다. 우선 소수 소득수준이 높은 사람들을 제외한 일반 미얀마 국민들의 구매력이 낮기 때문에 우리 기준에 맞는 가격에 선뜻 지갑을 열지 않을 가능성이 큽니다. 즉 한국 제품이 좋다는 것은 알지만 가성비를 따지지 않을 수 없다는 것입니다. 비슷한 제품을 만드는 중국 또는 한국 상품임을 가장하는 외국 제품에 자리를 뺏길 수도 있습니다. 2010년대 포스코 철강의 함석 제품이 '아버님 집에 함석지붕 놓아드려야겠어요!(과거 한국의 모 보일러 회사 광고 카피와 유사)'라는 광고와 함께 미얀마에서 대 히트를 친 적이 있습니다. 그런데 제가 상무관으로 근무한 2020년대 초반에는 포스코의 함석 제품은 여전히 최고의 품질을 자랑했지만 더 이상 히트상품은 아니었습니다. 값싼 중국제 함석에 밀린 것이었습니다. 물론 제품의 내구성을 생각한 개인이나 기업은 포스코산 함석을 구매했지만 제가 본 대다수 함석지붕은 녹이 쓴 중국 제품이었습니다. 그리고 아직 지적재산권에 대한 보호가 미비하기 때문에 한류를 가장한 가품(짝퉁)으로부터의 보호 또한 거의 이루어지지 않고 있다는 점도 고려해야 할 요소입니다. 미얀마는 중국, 태국 등과 수천 킬로미터의 국경을 접한 나라이기 때문에 가품의 유입 경로는 매우 다양한 상태입니다.

특히, 규모가 있는 기업에 비해 수익창출 모델이 제한적인 소상공인들은 한류 관련 사업을 추진할 경우, 한류에 대한 믿음에 앞서 수요층 분석, 잠재적 경쟁 업체 조사 등을 철저히 수행하여 사업성을 따져보고 신중에 신중을 기할 필요가 있겠습니다.

③ 이상과 현실, 반군부와 군부 모두 중요하다

미얀마에서 사업을 하게 되면 군부와 연계되는 것은 피하려야 피할 수 없는 것이 현실입니다. 두 세대 이상 미얀마를 지배해온 집단이 군부이기 때문입니다. 요지에 건설되는 대규모 건물 등 인허가권이 중요한 사업인 경우 특히 군부와의 관계는 큰 힘을 발휘하기도 합니다. 한때 우리 정부의 고위직을 역임하신 인사도 (불특정이지만) '미얀마 장군들'과의 친밀한 관계의 중요성을 강조할 정도였습니다. 실제 미얀마에 사업체를 둔 한국 본사 사장님들과 이야기를 하다 보면, 미얀마 군부 인사와 맺어온 관계가 사업 성공의 기반이었다는 말을 자주 들을 수 있었습니다. 군부와 관계가 '사업 성공의 충분조건은 아니지만 필요조건'이라고 받아들이면 되지 않을까 생각합니다.

그런데 2021년 2월 쿠데타 이후에는 군부에 더해 우리 기업이 중요하게 고려해야 할 주체가 추가되게 됩니다. '국민통합정부(NUG)'를 비롯한 반군부 진영입니다. 국민통합정부 수뇌부 인사들은 안전상의 이유로 불가피하게 미얀마가 아닌 외국에 머물고 있지만, 꾸준히 미얀마 관련 사안에 메시지를 발송하고, 미얀마 진출 외국 기업에게는 자신들에게 세금을 납부할 것을 주장하기도 하는 등 (비현실적이지만) 미얀마에 대한 통치권을 행사하고 있습니다. '저스티스포미얀마(JFM, Justice For Myanmar)' 같은 NGO들도 투박하지만 미얀마 진출 기업들에 대한 비난을 지속하고 있습니다. 대상 기업들의 활동이 군부의 자금줄이 된다는 논리입니다.

반군부의 주장은 분명 도덕적인 측면에서 명분이 있지만 너무나도 이상적입니다. 반면 미얀마에서 군부는 눈만 뜨면 마주치는 서슬 퍼런 현실입니다. 미얀마에 진출한 기업들에게는 매우 난감한 상황인 것입니다. 군부, 반군부 모두 가볍게 여길 수 없기 때문입니다. 장기적인 관점에서의 손익, 현지 직원들의 고용·훈련을 통한 미얀마의 발전에의 기여, 기업의사회적책임활동(CSR)과 지역사회 발전 연계 등 다양한 요소를 고려한 신중한 태도가 어느 때보다 중요한 시점입니다.

National Unity Government of Myanmar
Ministry of Electricity and Energy

Statement for the withdrawal of TotalEnergies and Chevron from Myanmar

Statement No. 1/2022

7th Waning Day of Pyartho, 1383
January 23, 2022

1. The Ministry of the Electricity and Energy of the National Unity Government welcomes the withdrawal of TotalEnergies and Chevron from Myanmar, and understand that there would be no longer financing or at risk of legitimizing the military junta.

2. The Ministry does, however, remain deeply concerned about the failure of the international community to enact sanctions on the Myanma Oil and Gas Enterprise (MOGE) and gas revenues. The military junta is misappropriating these revenues as the largest source of foreign earnings and it must be sanctioned immediately.

3. Oil and Gas companies in Myanmar should comply with orders of the Ministry of the Electricity and Energy of the National Unity Government to ensure all payments of gas revenues are made to bank accounts as specified by the NUG Deputy Minister of Electricity and Energy (representing the Managing Director of MOGE for all PSC - Production Sharing contracts, i.e., in accordance with the Ordinance 1/2021). Oil and Gas companies must not make or order any payments to MOGE accounts that are currently controlled by the military junta.

4. Rather than divesting, TotalEnergies and Chevron should have complied with these orders and should do such until such time as they withdraw from Myanmar. In particular, TotalEnergies, as a prudent operator, have to notify PTT, the buyer, to transfer all payments to the bank accounts specified by the MOEE-NUG.

국민통합정부(NUG) 성명서. 마지막 문장은 가스전 운영사들이 군부가 아닌 NUG 전력에너지부에 수수료를 납부할 것을 요청하고 있음.

④ This is Myanmar! 이것이 진짜 현실이다

'This is Myanmar!' 이 말은 다양한 의미로 쓰일 수 있습니다.

우선 미얀마에서 '어떤 문제에 대해 도저히 해결 기미가 보이지 않을 때 푸념처럼 쓰는 표현'입니다. 비꼬는 말이기 때문에 무례한 표현이지만, 미얀마의 현실을 내포하는 뼈 있는 말이기도 합니다.

사실 'This is Myanmar!'라는 말을 하거나 듣고 나면 허탈감과 무력감이 몰려오기 때문에 가급적이면 이 표현과 마주치지 않는 것이 좋습니다. 코로나19와 연이은 쿠데타로 해외에서 미얀마에 도착한 물류 컨테이너가 쌓여가지만 물건을 빼지 못하고 기약 없이 시간만 지나갈 때, 2014년경 부영건설이 미얀마 전국의 초중등 학교에 디지털 피아노 수천 대와 화이트보드 수만 개를 기증하고서도 미얀마 교육부의 복지부동으로 배포하지 못했을 때 등이 제가 마음속으로 'This is Myanmar!'를 외친 경우입니다.

그럼에도 불구하고 미얀마에서 성공적으로 사업을 꾸려가는 기업인들을 보면 분명 방법이 있는 듯한데, 그중 가장 중요한 요소는 끈기를 가지고 지속적인 노력을 하는 것인 듯합니다. 예를 들면 미얀마 파트너가 해야 되는 일이지만 내가 하나 더 한다 등인데, 이러한 상황이 발생할 수 있다는 것을 미리 예상하고 사업계획을 마련할 필요도 있을 듯합니다.

'This is Myanmar!'는 말 그대로 '여기 (한국 아닌) 미얀마야!' 라는 의미로 쓰일 수도 있습니다. 일이 안 풀릴 때 쓰는 'This is Myanmar!'가 주로 외국인이 쓰는 표현이라면, 이 후자의 'This is Myanmar!'는 미얀마 사람들이 더 자주 쓰는 표현이라 하겠습니다. 한국에서 오신 분들 중 가끔씩 미얀마의 규칙을 지키지 않아 어려움에 처한 경우가 있습니다. 한국에 없는 야간 통행금지를 가볍게 생각하고 통금 시간에 이동을 하다가 경찰에 연행되는 경우를 예로 들 수 있습니다. 양곤 같은 대도시에서는 실감이 나지 않을 수 있지만 미얀마는 엄연히 쿠데타 정국이기 때문에 경찰에 연행될 경우 매우 위험한 상황으로 발전할 수도 있습니다. 이분들이 풀려나는 과정에서 대사관의 행정력도 낭비되는 것이니, 다소 불편하더라도 미얀마에서는 미얀마의 법과 제도, 관행을 우선 따를 필요가 있습니다.

글을 마치며

이 책이 출간되기까지 생각보다 많은 시간이 걸렸습니다. 시시각각 변하는 미얀마 상황과 한국과 미얀마 사이에 최근 새롭게 진행되는 사안들을 하나둘 추가하면서 지체된 측면도 있습니다. 그렇지만 무엇보다도 많은 시간을 할애한 것은 미얀마와 관련된 사실 확인이었습니다. 미얀마에 대한 수치화된 자료가 절대적으로 부족하고, 그 와중에 잘못된 정보들도 돌아다니는 등 검증이 쉽지 않은 자료들도 존재했습니다. 주의를 기울였음에도 이 책에도 오류인 자료가 일부 있을 수 있습니다.

그리고 이 책을 쓰는 시간 내내 저의 뇌리를 맴돈 생각은 '내가 미얀마에서 지내온 시간만큼 미얀마를 알고 있는가?'라는 의문이었습니다. 책의 분량이 늘어날수록 그에 비례해 미얀마에 대해 모르는 부분이 속속 드러났습니다. 이에 더해 알고 있다고 생각했던 영역이 실은 착각이었다는 생각으로 돌아온 경우도 아주 많았습니다. 다행히 각기 다른 분야에서 활동하고 있지만 미얀마를 경험한 분들이 저의 이러한 한계의 많은 부분을 채워주셨습니다. 지상사 대표 출신이면서 미얀마 군부 쿠데타를 직접 겪은 사람들의 모임인 '미얀마 동지회'와 박정호, 김재환 사장님 등 오랫동안 미얀마에서 활동하시면서 생생한 현지 상황을 알려주신 분들께 다시 한번 진심으로 감사드립니다.

'미얀마는 우리에게 어떤 나라인가?' 이 또한 중간중간 글을 멈추고 생각에 잠기게 한 질문이었습니다. 이 책을 마무리하면서 느끼는 생각을 좀 직설적으로 표현하자면 '우리에게 많은 교훈을 주는 나라'라고 말하고 싶습니다. 미얀마는 훌륭했던 나라가 저발전과 빈곤의 나락으로 떨어지는 데는 한 세대면 충분하다는 것을 알려주었습니다. 그리고 그 지름길은 지도자들의 실정(失政) 특히, 상식에서 벗어난 경제정책만큼 빠른 것이 없음을 알려준 것도 미얀마입니다. 미래 세대를 위한 교육의 중요성도 미얀마를 통해서 새삼 다시 느끼게 되었습니다. 한국도 항상 명심해야 할 사항들입니다. 이에 더해 한국은 미얀마에게 어떻게 하면 성공할 수 있는지를 알려줄 수 있는 나라가 되면 좋겠다는 생각을 가지고 이 책 곳곳을 기술하였음을 밝혀둡니다.

이 글은 기본적으로 미얀마의 경제에 관한 책입니다. 정치, 사회와 관련된 기술은 이 책의 주제인 미얀마의 경제를 설명하기 위해 최소한으로 한정하려 노력했지만, 결과적으로 꽤 많은 부분이 정치와 관련된 기술이 되어버렸습니다. 생물과도 같이 계속 변화하는 미얀마의 경제가 미얀마의 정치에 압도당하고 있음이 반영되었다고 하면 조금의 변명이 될지 모르겠습니다. 상황이 이러하기 때문에 이 책이 경제에 관한 글이 될 수 있도록 뜨거운 가슴보다는 차가운 머리로 개인적인 감정은 배제한 채 미얀마를 기술하려 노력했음 또한 밝힙니다.

이 책은 또한 중앙부처의 공무원이 쓴 글입니다. 개인이나 기업 차원의 글보다는 국가 차원의 분석수준에서 기술된 부분이 많습니다. 결과적으로 딱딱하거나 실생활과는 동떨어지게 전개된 부분이 다수 포함되어 있습니다. 다만 경직성을 완화하고 현장감을 더하기 위한 노력으로 미얀마에서 근무하는 동안 인상 깊게 경험한 에피소드를 특별히 구분하여 책 곳곳에 기술했으니 조금은 편하게 읽을 수 있는 요소가 가미된 것이 아닌가 하는 혼자만의 생각도 가져봅니다.

애초에 저는 '미얀마에서 경제활동을 희망하는 개인이나 기업이 미얀마 경제를 알아가는 시간을 조금이라도 단축하는 데 활용하면 좋겠다'라는 생각으로 이 책을 쓰기 시작했습니다. 그런데 위에 설명했듯이 정치, 사회적인 부분도 많은 부분 기술되었습니다. 따라서 미얀마에 관심이 있고 다양한 측면의 미얀마를 보고 싶은 독자들이 읽어도 많은 도움이 될 듯합니다.

앞서 밝혔듯이 이 책은 가급적 개인적인 감정은 배제한 채 미얀마를 기술하려 노력한 결과물입니다. 다만, 아픈 과거와 강대국에 둘러싸인 지정학적 유사성 때문이기도 하지만 미얀마에서 지낸 시간이 짧지 않기 때문에 제3자인 이방인 이상의 감정으로 미얀마를 바라보며 기술한 것 또한 사실입니다. 구체적인 방식을 불문하고 미얀마 국민의 삶이 윤택해지기를 기원하며 책을 마칩니다.